REGULAÇÃO DA EDUCAÇÃO SUPERIOR
O DESAFIO DA EXPANSÃO COM GARANTIA DA QUALIDADE

COLEÇÃO FÓRUM
DIREITO E POLÍTICAS PÚBLICAS

RODOLFO DE CARVALHO CABRAL

Prefácio
Loussia Penha Musse Felix

Apresentação
Tristan McCowan

REGULAÇÃO DA EDUCAÇÃO SUPERIOR
O DESAFIO DA EXPANSÃO COM GARANTIA DA QUALIDADE

11

Belo Horizonte

FÓRUM
CONHECIMENTO JURÍDICO

2024

© 2024 Editora Fórum Ltda.

É proibida a reprodução total ou parcial desta obra, por qualquer meio eletrônico, inclusive por processos xerográficos, sem autorização expressa do Editor.

Conselho Editorial

Adilson Abreu Dallari
Alécia Paolucci Nogueira Bicalho
Alexandre Coutinho Pagliarini
André Ramos Tavares
Carlos Ayres Britto
Carlos Mário da Silva Velloso
Cármen Lúcia Antunes Rocha
Cesar Augusto Guimarães Pereira
Clovis Beznos
Cristiana Fortini
Dinorá Adelaide Musetti Grotti
Diogo de Figueiredo Moreira Neto (in memoriam)
Egon Bockmann Moreira
Emerson Gabardo
Fabrício Motta
Fernando Rossi
Flávio Henrique Unes Pereira

Floriano de Azevedo Marques Neto
Gustavo Justino de Oliveira
Inês Virgínia Prado Soares
Jorge Ulisses Jacoby Fernandes
Juarez Freitas
Luciano Ferraz
Lúcio Delfino
Marcia Carla Pereira Ribeiro
Márcio Cammarosano
Marcos Ehrhardt Jr.
Maria Sylvia Zanella Di Pietro
Ney José de Freitas
Oswaldo Othon de Pontes Saraiva Filho
Paulo Modesto
Romeu Felipe Bacellar Filho
Sérgio Guerra
Walber de Moura Agra

Luís Cláudio Rodrigues Ferreira
Presidente e Editor

Coordenação editorial: Leonardo Eustáquio Siqueira Araújo
Aline Sobreira de Oliveira

Rua Paulo Ribeiro Bastos, 211 – Jardim Atlântico – CEP 31710-430
Belo Horizonte – Minas Gerais – Tel.: (31) 99412.0131
www.editoraforum.com.br – editoraforum@editoraforum.com.br

Técnica. Empenho. Zelo. Esses foram alguns dos cuidados aplicados na edição desta obra. No entanto, podem ocorrer erros de impressão, digitação ou mesmo restar alguma dúvida conceitual. Caso se constate algo assim, solicitamos a gentileza de nos comunicar através do e-mail editorial@editoraforum.com.br para que possamos esclarecer, no que couber. A sua contribuição é muito importante para mantermos a excelência editorial. A Editora Fórum agradece a sua contribuição.

Dados Internacionais de Catalogação na Publicação (CIP) de acordo com ISBD

C117r   Cabral, Rodolfo de Carvalho
Regulação da educação superior: o desafio da expansão com garantia da qualidade / Rodolfo de Carvalho Cabral. Belo Horizonte: Fórum, 2024. (Coleção Fórum Direito e Políticas Públicas, v. 11).

306 p. 14,5x21,5cm
(Coleção Fórum Direito e Políticas Públicas, v. 11)
ISBN 978-65-5518-659-8
ISBN da coleção: 978-65-5518-447-1

1. Regulação da educação superior. 2. Políticas públicas. 3. Garantia da qualidade. 4. Direito à educação. I. Título.

CDD: 370
CDU: 37

Ficha catalográfica elaborada por Lissandra Ruas Lima – CRB/6 – 2851

Informação bibliográfica deste livro, conforme a NBR 6023:2018 da Associação Brasileira de Normas Técnicas (ABNT):

CABRAL, Rodolfo de Carvalho. *Regulação da educação superior*: o desafio da expansão com garantia da qualidade. Belo Horizonte: Fórum, 2024. 306 p. ISBN 978-65-5518-659-8. (Coleção Fórum Direito e Políticas Públicas, v. 11).

Para Mariana, Rosa e João. Sempre.

AGRADECIMENTOS

Este livro é resultado da minha tese de doutorado em Direito, Estado e Constituição defendida no Programa de Pós-Graduação em Direito da Universidade de Brasília (UnB), avaliada pelas professoras Maria Paula Dallari Bucci e Ana Cláudia Farranha e pelo professor Tristan McCowan, a quem agradeço pelas arguições e contribuições de alto nível e pela generosidade da indicação para publicação.

A pesquisa foi realizada no período da pandemia de COVID-19, num contexto de negação da ciência pelo governo brasileiro. Registro o meu agradecimento às universidades e institutos de pesquisa públicos do país, que seguiram investindo na ciência, na pesquisa e no conhecimento, em especial à Universidade de Brasília (UnB), pela sua história de resistência política e rigor acadêmico, e à Universidade Federal de Pernambuco (UFPE), minha casa. Agradeço também à *University College London* (UCL), referência internacional em estudos de educação, onde tive trocas e aprendizados únicos com professores e colegas pesquisadores de todo o mundo.

Não teria chegado aqui sem as valiosas orientações da professora Loussia Penha Musse Felix e do professor Tristan McCowan, a quem registro minha gratidão e amizade.

Agradeço a Mariana Martins, minha companheira de vida e de sonhos, pela parceria, encorajamento, revisões de textos, discussões e críticas. Por me inspirar a ser uma pessoa – e um pesquisador – melhor.

Meu agradecimento a Rosa e João, meus filhos, que me movem dia a dia a ser digno do amor e do orgulho deles e a construir um mundo melhor.

À minha mãe, Maria Soares de Carvalho, por ter me ensinado e mostrado que toda dedicação para a educação vale a pena.

À minha família: irmãs, cunhados, cunhadas, sobrinhos, sobrinhas, sogra (*in memoriam*) e sogro e avó de coração e amigos pela torcida e pelo apoio de sempre.

Aos amigos e amigas do Ministério da Educação (MEC) e do Instituto Nacional de Estudos e Pesquisas Educacionais Anísio Teixeira (Inep), lugares em que tive o privilégio de presenciar, aprender e participar de momentos únicos de formulação e implementação de políticas públicas de inclusão social por meio da educação.

Aos amigos e amigas da Advocacia-Geral da União (AGU), com quem aprendo diariamente na construção e garantia da segurança jurídica das políticas públicas e do Estado Democrático de Direito.

LISTA DE ILUSTRAÇÕES

Figuras	
Figura 1	Organização institucional da regulação da educação superior
Figura 2	Pirâmide de estratégias regulatórias
Figura 3	Pirâmide de constrangimentos (*enforcement*)
Figura 4	Modelo da pirâmide dupla
Figura 5	Diamante regulatório
Fluxogramas	
Fluxograma 1	Ciclo de políticas públicas
Fluxograma 2	Fluxo de avaliação dos cursos com CPC ≥ 3, sem visita *in loco*
Fluxograma 3	Fluxo de avaliação dos cursos com CPC < 3 ou CPC ≥ 3, com visita *in loco*
Fluxograma 4	Fluxo de avaliação institucional com IGC ≥ 3, sem visita *in loco*
Fluxograma 5	Fluxo de avaliação institucional com IGC < 3 ou IGC ≥ 3, com visita *in loco*
Gráficos	
Gráfico 1	Percentual de instituições de educação superior, por categoria administrativa
Gráfico 2	Percentual de instituições de educação superior, por organização acadêmica
Gráfico 3	Percentual de cursos de graduação, por categoria administrativa
Gráfico 4	Percentual de vagas ofertadas, por categoria administrativa
Gráfico 5	Percentual de matrículas, por categoria administrativa
Gráfico 6	Número de vagas oferecidas em cursos de graduação, por modalidade de ensino
Gráfico 7	Número de ingressos em cursos de graduação
Gráfico 8	Número de matrículas em cursos de graduação por modalidade de ensino
Gráfico 9	Número de matrículas em cursos de graduação, por categoria administrativa
Gráfico 10	Volume de negócios realizados – 2007-2015
Gráfico 11	Negociações totais por ano – 2007-2015 (em milhões de reais)
Gráfico 12	Quantitativo de alunos nas IES negociadas
Gráfico 13	Novos contratos de Fies, de 2008 a 2019
Gráfico 14	Número de bolsas do Prouni, de 2005 a 2019
Gráfico 15	Renúncias fiscais decorrentes do Prouni
Gráfico 16	Percentual de matrículas na rede privada com algum tipo de financiamento/bolsa – Brasil 2009-2019
Gráfico 17	Matrículas na rede privada por tipo de financiamento/bolsa
Gráfico 18	Distribuição da matrícula na rede privada por tipo de financiamento/bolsa
Gráfico 19	Linha do tempo da criação das universidades federais

	Gráficos
Gráfico 20	Número de ingressos em cursos de graduação por grau acadêmico
Gráfico 21	Participação percentual de docentes, em exercício, na educação superior privada por qualificação docente
Gráfico 22	Percentual de qualificação docente em IES particulares
Gráfico 23	Participação percentual de docentes, em exercício, na educação superior federal por qualificação docente
Gráfico 24	Percentual de qualificação docente em IES federais
Gráfico 25	Participação percentual de docentes, em exercício, na educação superior por regime de trabalho, segundo a categoria administrativa
Gráfico 26	Participação percentual de docentes, em exercício, na educação superior por regime de trabalho, segundo a categoria administrativa
Gráfico 27	Matrículas por função docente em exercício nas IES privadas
Gráfico 28	Evolução do percentual de docentes com bolsas de pesquisa e de extensão das IES privadas
Gráfico 29	Evolução do percentual de docentes com bolsas de pesquisa e de extensão das IES federais
	Quadros
Quadro 1	Visões de qualidade
Quadro 2	Concepções de avaliação
Quadro 3	Antecedentes da avaliação
Quadro 4	Parâmetros de conversão do NCc em Conceito Enade
Quadro 5	Procedimento para atribuição do Conceito Enade
Quadro 6	Composição do CPC e pesos das suas dimensões e componentes
	Tabelas
Tabela 1	Percentual de docentes sem graduação
Tabela 2	Percentual de docentes com graduação
Tabela 3	Percentual de docentes com especialização
Tabela 4	Percentual de docentes com mestrado
Tabela 5	Percentual de docentes com doutorado
Tabela 6	Percentual de docentes horistas
Tabela 7	Percentual de docentes em regime de tempo parcial
Tabela 8	Percentual de docentes em regime de tempo integral, dedicação não exclusiva
Tabela 9	Percentual de docentes em regime de tempo integral, dedicação exclusiva
Tabela 10	Relação de matrículas por função docente em exercício
Tabela 11	Docentes com bolsa de pesquisa
Tabela 12	Docentes com bolsas de extensão
Tabela 13	Percentual de cursos em cada faixa do CPC
Tabela 14	Percentual de IES em cada faixa do IGC
Tabela 15	Percentual de IES em cada faixa do IGC
Tabela 16	Percentual de cursos em cada faixa do CPC

LISTA DE ABREVIATURAS E SIGLAS

Abruem	Associação Brasileira dos Reitores das Universidades Estaduais e Municipais
ACE	Avaliação das Condições de Ensino
ACO	Avaliação das Condições de Oferta
Anac	Agência Nacional de Aviação Civil
Anatel	Agência Nacional de Telecomunicações
Andifes	Associação Nacional de Instituições Federais de Ensino Superior
Aneel	Agência Nacional de Energia Elétrica
BASis	Banco de Avaliadores do Sinaes
BNDES	Banco Nacional de Desenvolvimento Econômico e Social
Capes	Coordenação de Aperfeiçoamento de Pessoal de Nível Superior
CC	Conceito de Curso
CEA	Comissão Especial de Avaliação
CFE	Conselho Federal de Educação
CI	Conceito Institucional
CNE	Conselho Nacional da Educação
Conav	Comissão Nacional de Orientação da Avaliação
CPA	Comissões Próprias de Avaliação
CPC	Conceito Preliminar de Curso
CTAA	Comissão Técnica de Avaliação e Acompanhamento
DUDH	Declaração Universal dos Direitos Humanos
EaD	Educação a Distância
Enade	Exame Nacional de Desempenho dos Estudantes
ENC	Exame Nacional de Cursos
Enem	Exame Nacional do Ensino Médio
Fies	Fundo Nacional de Financiamento Estudantil
FNDE	Fundo Nacional de Desenvolvimento da Educação
Geres	Grupo Executivo para a Reformulação do Ensino Superior
IBGE	Instituto Brasileiro de Geografia e Estatística
IDD	Indicador de Diferença entre os Desempenhos Observado e Esperado
Ides	Índice de Desenvolvimento da Educação Superior
IDH	Índice de Desenvolvimento Humano
IES	Instituições de Educação Superior
Ifes	Instituições Federais de Ensino Superior
Ifet	Institutos Federais de Educação, Ciência e Tecnologia
IGC	Índice Geral de Cursos
Inep	Instituto Nacional de Estudos e Pesquisas Educacionais Anísio Teixeira
INPC	Índice Nacional de Preços ao Consumidor
Insaes	Instituto Nacional de Supervisão e Avaliação da Educação Superior
LDB	Lei de Diretrizes e Bases da Educação Nacional
MEC	Ministério da Educação
MP	Medida Provisória

LISTA DE ABREVIATURAS E SIGLAS

NCc   Nota dos Concluintes no Enade do curso de graduação
OAB   Ordem dos Advogados do Brasil
OCDE   Organização para a Cooperação e Desenvolvimento Econômico
Paiub   Programa de Avaliação Institucional das Universidades Brasileiras
Paru   Programa de Avaliação da Reforma Universitária
PDE   Plano de Desenvolvimento da Educação
Pidesc   Pacto Internacional sobre Direitos Econômicos, Sociais e Culturais
PNE   Plano Nacional de Educação
PNPG   Plano Nacional de Pós-Graduação (PNPG)
Prouni   Programa Universidade para Todos
QAA   *Quality Assurance Agency*
Reuni   Programa de Reestruturação das Universidades Federais
RQual   Regulamento de Qualidade dos Serviços de Telecomunicações
Sediae/MEC   Secretaria de Avaliação e Informação Educacional do Ministério da Educação
Seres/MEC   Secretaria de Regulação e Supervisão da Educação Superior do Ministério da Educação
Sesu/MEC   Secretaria de Educação Superior do Ministério da Educação
Sinaes   Sistema Nacional de Avaliação da Educação Superior
Sinapes   Sistema Nacional de Avaliação e Progresso do Ensino Superior
TCU   Tribunal de Contas da União
TEQSA   *Tertiary Quality and Standards Agency*
UFPR   Universidade Federal do Paraná
UFRN   Universidade Federal do Rio Grande do Norte
UnB   Universidade de Brasília
UNE   União Nacional dos Estudantes
Unesco   Organização das Nações Unidas para a Educação, a Ciência e a Cultura
Unicamp   Universidade Estadual de Campinas

SUMÁRIO

APRESENTAÇÃO DA COLEÇÃO
Maria Paula Dallari Bucci 17

PREFÁCIO
Loussia P. Musse Felix 19

APRESENTAÇÃO
Tristan McCowan 23

INTRODUÇÃO 27

CAPÍTULO 1
EDUCAÇÃO SUPERIOR: EXPANSÃO, QUALIDADE E REGULAÇÃO 41
1.1   Introdução 41
1.2   Educação como direito 42
1.2.1 Previsão normativa e significados 42
1.2.2 Direito à educação superior 48
1.3   Expansão da educação superior: de um sistema de elite para um sistema de massa 52
1.4   Educação superior e desenvolvimento 57
1.5   O Estado e a regulação da educação superior: garantia da qualidade 62
1.5.1 Expansão e garantia da qualidade 62
1.5.2 Regulação e educação superior 63
1.6   Conclusões 67

CAPÍTULO 2
CONTEXTO E MARCO REGULATÓRIO DA EDUCAÇÃO SUPERIOR NO BRASIL: O DESAFIO DA EXPANSÃO COM QUALIDADE 69
2.1   Introdução 69

2.2	Contexto regulatório da educação superior	70
2.3	Marco regulatório da educação superior	78
2.3.1	Estrutura normativa	78
2.3.2	Organização institucional	86
2.4	Políticas de expansão	91
2.4.1	Expansão pelo mercado	92
2.4.2	Plano Nacional de Educação (PNE) e Plano de Desenvolvimento da Educação (PDE)	99
2.4.3	Políticas de fomento ao setor privado	102
2.4.4	Fomento ao setor público	112
2.5	Conclusões	116

CAPÍTULO 3
A AVALIAÇÃO DA EDUCAÇÃO SUPERIOR: A GARANTIA DA QUALIDADE E A CONSTRUÇÃO DO SINAES 119

3.1	Introdução	119
3.2	Qualidade da educação superior: diferentes concepções	120
3.3	Avaliação da qualidade: sistemas e modelos	129
3.4	Avaliação da educação superior no Brasil: antecedentes	135
3.4.1	Reforma Universitária de 1968	135
3.4.2	Avaliação pela Capes e iniciativas isoladas de instituições	138
3.4.3	Programa de Avaliação da Reforma Universitária (Paru)	139
3.4.4	Nova política para a educação superior brasileira	141
3.4.5	Grupo Executivo para a Reformulação do Ensino Superior (Geres)	143
3.4.6	Programa de Avaliação Institucional das Universidades Brasileiras (Paiub)	145
3.5	Exame Nacional de Cursos (ENC)	149
3.6	Construção do Sinaes	155
3.6.1	Comissão Especial de Avaliação (CEA)	155
3.6.2	Lei do Sinaes	160
3.7	Sinaes como sistema de avaliação: avanços	164
3.8	Conclusões	167

CAPÍTULO 4
A IMPLEMENTAÇÃO DO SINAES: REGULAÇÃO E INDICADORES 171

4.1	Introdução	171
4.2	Sinaes como política pública: análise sob o método Direito e Políticas Públicas	172
4.2.1	Sinaes como política pública	172
4.2.2	Abordagem Direito e Políticas Públicas	177
4.3	Processo de implementação do Sinaes	180
4.3.1	Construção dos indicadores	190
4.4	Indicadores de qualidade	193
4.4.1	Indicadores do Enade: Conceito Enade e IDD	194
4.4.2	Conceito Preliminar de Curso (CPC)	200
4.4.3	Índice Geral de Cursos (IGC)	203
4.4.4	Conceitos da avaliação *in loco*	206
4.5	Ciclo avaliativo	208
4.6	Conclusões	210

CAPÍTULO 5
ELEMENTOS PARA UMA AVALIAÇÃO DA POLÍTICA DO SINAES 213

5.1	Introdução	213
5.2	Avaliação das políticas públicas	214
5.3	Experiências de avaliação de processos do Sinaes	219
5.4	Avaliação dos resultados do Sinaes	231
5.4.1	Elementos para uma avaliação dos resultados do Sinaes	231
5.4.2	Evolução dos insumos do Censo da Educação Superior	233
5.4.2.1	Grau de formação docente	233
5.4.2.2	Regime de trabalho dos docentes	239
5.4.2.3	Relação matrícula/função docente em exercício	243
5.4.2.4	Docentes com bolsas de pesquisa e de extensão	245
5.4.3	Evolução dos indicadores de qualidade	248
5.5	Conclusões	251

CAPÍTULO 6
A REGULAÇÃO POR INCENTIVOS E A POLÍTICA DE GARANTIA DA QUALIDADE 255

6.1	Introdução	255
6.2	Teoria da regulação responsiva	257

6.2.1	Persuasão como estratégia regulatória	257
6.2.2	Regulação por incentivos	265
6.3	Repercussão e aplicação da regulação responsiva	270
6.4	Articulação entre regulação por incentivos e política de garantia da qualidade	272
6.4.1	A regulação de conformidade na educação superior	274
6.4.2	Regulação por incentivos na educação superior: possibilidades	277
6.5	Conclusões	283

CONSIDERAÇÕES FINAIS 285

REFERÊNCIAS 293

APRESENTAÇÃO DA COLEÇÃO

A *Coleção Fórum Direito e Políticas Públicas* tem o objetivo de apresentar ao leitor trabalhos acadêmicos inovadores que aprofundem a compreensão das políticas públicas sob a perspectiva jurídica, com triplo propósito.

Em primeiro lugar, visa satisfazer o crescente interesse pelo tema, para entender os avanços produzidos sob a democracia no Brasil depois da Constituição de 1988. É inegável que as políticas públicas de educação, saúde, assistência social, habitação, mobilidade urbana, entre outras estudadas nos trabalhos que compõem a coleção, construídas ao longo de várias gestões governamentais, mudaram o patamar da cidadania no país. Certamente, elas carecem de muitos aperfeiçoamentos, como alcançar a população excluída, melhorar a qualidade dos serviços e a eficiência do gasto público, assegurar a estabilidade do financiamento e, no que diz respeito à área do Direito, produzir arranjos jurídico-institucionais mais consistentes e menos suscetíveis à judicialização desenfreada. O desmantelamento produzido pela escalada autoritária iniciada em meados dos anos 2010, no entanto, explica-se não pelas deficiências dessas políticas e sim pelos seus méritos – não tolerados pelo movimento reacionário. Compreender a estrutura e a dinâmica jurídica das políticas públicas, bem como a legitimação social que vem da participação na sua construção e dos resultados, constitui trabalho importante para a credibilidade da reconstrução democrática.

O segundo objetivo da coleção é contribuir para o desenvolvimento teórico sobre as relações entre Direito e Políticas Públicas. Publicando trabalhos oriundos de teses e dissertações de pós-graduação, constitui-se um acervo de análises objetivas de programas de ação governamental, suas características recorrentes e seus processos e institucionalidade jurídicos. Neles estão documentados os impasses inerentes aos problemas públicos de escala ampla, e estudadas algumas soluções ao mesmo tempo jurídicas e políticas, presentes em práticas de coordenação e articulação, seja na alternância de governo, nas relações federativas, ou na atuação intersetorial. Assim, sem perder a multidisciplinaridade característica dessa abordagem, valendo-se da bibliografia jurídica em cotejo com a literatura especializada, publica-se material de pesquisa empírica (não quantitativa) da qual se extraem os conceitos e relações que numa organização sistemática dão base para a teorização jurídica da abordagem Direito e Políticas Públicas. Com essa preocupação, a coleção também publicará trabalhos de alguns dos raros autores estrangeiros com obras específicas na área.

Finalmente, o terceiro objetivo da coleção é contribuir para a renovação teórica do direito público brasileiro, fomentando o desenvolvimento de uma tecnologia da ação governamental democrática, engenharia jurídico-institucional para o avanço da cidadania do Brasil. Isso permitirá ampliar a escala de experiências bem-sucedidas, inspirar melhores desenhos institucionais pela comparação com experiências similares, além de avançar na cultura da avaliação, agora positivada na Constituição Federal.

São Paulo, 22 de agosto de 2022.

Maria Paula Dallari Bucci
Professora da Faculdade de
Direito da Universidade de
São Paulo. Coordenadora da
Coleção Fórum Direito e Políticas Públicas.

PREFÁCIO

A pesquisa em direito no Brasil tem apresentado resultados promissores, e um nicho vigoroso de produção pode ser encontrado nos mais de 50 programas de pós-graduação que oferecem doutorado na área no país. A obra intitulada *Regulação da educação superior: o desafio da expansão com garantia de qualidade* é fruto desse contexto. Seu autor, o pernambucano Rodolfo de Carvalho Cabral (que fez sua graduação e mestrado na Faculdade de Direito da UFPE), tornou-se um doutorando do Programa de Pós-Graduação em Direito da Universidade de Brasília no ano de 2017 e, para minha honra e duradoura alegria, indicou-me como orientadora. Nossa convivência acadêmica foi sempre frutífera, plena de aprendizados mútuos e enorme disposição de meu orientando para empreender seu trabalho de pesquisador com evidente compromisso ético, imaginação teórica e coragem metodológica. Como profissional competente no campo do direito, inserido também nesse âmbito nos desafios da educação, trazia sua disciplina de trabalho, capacidade de planejamento, compromisso institucional e determinação luminosa de desvendar e esclarecer o tema que ora oferece a uma mais larga comunidade de interessados(as) em compreender a experiência brasileira, seu sistema de avaliação e os complexos e intrincados fatores que medeiam entre a expansão, o acesso e a garantia de qualidade no campo da educação superior.

Rodolfo de Carvalho Cabral oferece sob o prisma jurídico, agregando também categorias analíticas das teorias da educação, das políticas públicas e da economia, uma análise abrangente e original no tocante à adesão a políticas de alcance global, que, a partir do final do século XX, fariam da garantia de acesso e permanência à educação superior um destacado âmbito da atuação governamental em variadas latitudes do planeta. Nesse período, as universidades também intensificam sua atuação no planejamento e implementação de políticas públicas destinadas a organizar e realizar processos de inclusão social, cultural e econômica de estratos populacionais, sobretudo de jovens, em um mundo de promissores indicadores de que era possível concretizar direitos explicitados nas cartas constitucionais de países recém-saídos de décadas de situação política de opressão autoritária, como na América Latina, ou em países de democracias consolidadas que buscavam convergências a serem exploradas em cenários de cooperação, como foi o caso da União Europeia. O fato é que a última década do século XX e as duas primeiras do século XXI tiveram na educação superior um campo fértil de encontros e disputas de expectativas sociais, políticas públicas, interesses empresariais de variados matizes, perspectivas acadêmicas e projeções de estamentos profissionais sobre as competências de seus novos ingressantes.

A obra vai traçar os caminhos empreendidos no Brasil para acolher e realizar direitos sociais relativos à educação superior desde a Constituição Federal de 1988, oferecendo um claro e irretocável quadro normativo de iniciativa do Legislativo e aqueles provenientes do governo federal no tocante à sua temática. Escapando das armadilhas de um normativismo formalista, que, mesmo em pesquisas avançadas no campo do Direito, costuma retratar de maneira pouco original e significativa a estrutura e conteúdo das formas jurídicas, Rodolfo Cabral tem a capacidade de sedimentar e, ao mesmo tempo, movimentar as referências normativas para torná-las um guia condutor dotado de plasticidade e significados na compreensão de um fenômeno que atingiu estruturalmente instituições, grupos sociais e recursos públicos e que, sobretudo, trouxe para o sistema de educação superior um contingente na casa dos milhões de estudantes até então obstaculizados em projetos de vida que incluíssem a possibilidade de entrada na educação superior. A publicação oferece uma pesquisa completa sobre uma das experiências mais relevantes no cenário da educação brasileira, abrangendo sólidos parâmetros teóricos e levantamento primoroso de dados disponíveis nos institutos governamentais para generosamente ir demonstrando a seus leitores a magnitude e os meandros das formas de expansão no campo da educação superior. Em sua obra, Rodolfo de Carvalho Cabral revela que a lavratura do texto é consequência de ter alcançado domínio analítico sobre seu objeto, aglutinando com facilidade as demarcações legislativas e seus resultados quantitativos e, sobretudo, revela a dimensão de um fenômeno que terá resultados duradouros no país. Vejamos.

A expansão de vagas como política de governo foi consolidada pela Lei nº 10.172, de 9 de janeiro de 2001, que traçou diretrizes e metas para a educação no Brasil, com prazo de cumprimento de até dez anos. No tocante à educação superior, o Plano Nacional de Educação (PNE) determinou, na meta 1, que o Brasil atingisse até 2011 a marca de 30% de seus jovens entre 18 e 24 anos no ensino superior, o que representava a duplicação do número de matrículas de estudantes nessa faixa etária. Os dados do Censo da Educação Superior atestam que a meta foi cumprida: as matrículas passaram de cerca de 3,5 milhões de estudantes em 2002 para 6,8 milhões em 2011 (CABRAL, 2021).

Paralelamente ao PNE, o governo federal criou o Fundo Nacional de Financiamento Estudantil (Fies), o Programa Universidade para Todos (Prouni) e o Programa de Reestruturação das Universidades Federais (Reuni). Essas políticas incentivaram e possibilitaram o ingresso de jovens de baixa renda no ensino superior a partir de financiamentos com taxas de juros abaixo das praticadas no mercado, da concessão de bolsas integrais e parciais (no ensino privado) compensadas com isenções fiscais e da expansão e interiorização das universidades federais.

Como resultado da conjugação dessas políticas, em 2019 chegou-se ao número de 2.608 instituições de educação superior, sendo 302 públicas e 2.306 privadas (excluídas as unidades acadêmicas e os câmpus fora de sede), de 40.427 cursos de graduação e de 8.603.824 de estudantes matriculados (INEP, 2020).

A análise efetuada por Rodolfo de Carvalho Cabral consegue ordenar os principais e mais decisivos instrumentos de regulação, supervisão e avaliação do sistema de educação superior, demonstrando sua pertinência, mas também atendendo a uma evidente necessidade da crítica dos modelos, seus prismas relativos a perdas de possibilidades. O autor constatou que o sistema brasileiro de avaliação, que demandou a conjugação de tantos esforços institucionais (de entes públicos, acadêmicos, associações profissionais, entre outros), não atingiu seu mais crucial objetivo, que seria propiciar que a qualidade da formação e dos processos formativos fosse assegurada em níveis crescentes aos milhões de novos ingressantes na educação superior. A conclusão do autor é de que a avaliação como instrumento de avanços na qualidade foi solapada pela avaliação enquanto subsídio para os processos regulatórios meramente. Em suas palavras, "a limitação da avaliação enquanto subsídio para os processos regulatórios parece ter afastado o Sinaes da busca pela efetiva melhoria da qualidade" (CABRAL, 2021, p. 26).

Há muito a ser feito, e a obra de Rodolfo de Carvalho Cabral é, sem sombra de dúvidas, uma dessas contribuições que propiciam novo alento e entusiasmo a quantos(as) diuturnamente trabalham, lutam e não desistem de um dos direitos mais cruciais para todos os habitantes do planeta, o do acesso à educação plena, como base para uma vida digna e de ativa participação cidadã. O alcance da publicação é certamente imprevisível, mas auspicioso. Deve interessar ao campo do direito educacional, a pesquisadores(as) do campo da educação, das políticas públicas, do direito constitucional e muitos outros. A capacidade analítica e metodológica de Rodolfo de Carvalho Cabral em manejar com maestria conceitos e teorias da regulação, do campo da educação e das políticas públicas nos faz imaginar que sua obra vai cumprir um dos mais significativos potenciais da pesquisa em direito: propiciar que novos e tradicionais integrantes da comunidade constatem sua pertinência na compreensão dos desafios para o avanço do campo de conhecimento e que ilumine os caminhos sempre árduos, mas necessários, da crescente inclusão social pela via da educação de qualidade.

Loussia P. Musse Felix
Faculdade de Direito da
Universidade de Brasília (UnB)

APRESENTAÇÃO

Observa-se um crescimento impressionante no ensino superior nos últimos 50 anos. Houve um aumento da matrícula estimada, de apenas 10% da população jovem em idade universitária (de 18 a 24 anos), no começo da década dos anos 1970, para cerca de 20% em 2000, e evoluiu para cerca de 40% em 2023. Enquanto tal expansão tem sido verificada em diversos países, verifica-se que o maior volume ocorre em países de menor renda, especialmente em países grandes e populosos com renda média, como Brasil, Índia e China. Esse crescimento de oportunidades de formação educacional tem trazido benefícios significantes tanto para os indivíduos envolvidos quanto para as comunidades e países em que se inserem, levando a um maior acesso à informação, empregabilidade, expansão dos horizontes intelectuais e conscientização política.

Mesmo assim, esse cenário florido esconde algumas falhas significativas em tal crescimento. Primeiramente, os benefícios têm favorecido principalmente a classe média, sendo que os processos seletivos competitivos (vestibulares) e o custo das mensalidades conspiram para excluir os grupos de baixa renda ou os demais grupos desfavorecidos socialmente, seja por raça, etnia, cultura, gênero, religião ou deficiências. Em segundo lugar, o setor tem sido preenchido por políticas mercantilistas, trazendo novos atores comercialmente motivados (explicitamente orientados para o lucro ou mascarados de filantropos). Esses atores vêm dirigindo o ensino superior para um caminho de orientação estritamente profissionalizante. Assim, os papéis intelectual, cívico e pessoal vêm sendo empobrecidos. Em parte como resultado do apontado acima e, também, por conta do perigo de uma expansão acelerada em qualquer setor, essa expansão tem trazido também desafios em relação à qualidade na maioria dos lugares (dependendo do contexto social), como salas de aula e demais ambientes superlotados, infraestrutura e instalações inadequadas, métodos de ensino demasiadamente padronizados e redução da grade curricular.

Como resultado dessas tendências, o movimento entre os estágios de Martin Trow de sistemas de elite, de massas e universal não tem se apresentado como uma simples evolução quantitativa, mas também como uma mudança na natureza do ensino superior. Na maioria dos países, as instituições de ensino superior têm sido estratificadas e, assim, as elites sociais vêm mantendo seus privilégios de acesso ao ensino superior, tanto no setor público quanto no privado – a partir de uma melhor preparação por meio de melhores níveis de formação escolar e, ainda, devido às maiores possibilidades de arcar com os custos das mensalidades. Os novos grupos sociais com acesso ao ensino superior, na sua maioria, têm que se contentar com o ensino ofertado por instituições de menor qualidade (em muitos casos, são apenas uma extensão do ensino médio), que – um pouco melhor do que não ter diploma – oferecem muito pouco em termos de aprendizado significativo ou avanço profissional.

Quais são as implicações dessas tendências perante o direito à educação – acesso ao ensino superior? Um ponto inicial é que a mercantilização do ensino superior tem minado a crença de que o acesso ao ensino superior seja um direito – ainda há um crescente entendimento de que seja uma questão apenas de investimento no futuro econômico de cada pessoa e, assim, haja uma redução na destinação de fundos públicos e um foco inadequado em favor de que se torne um direito universal. Mesmo assim, movimentos de estudantes em todo o mundo, do Chile à África do Sul ou à Alemanha, têm demonstrado a importância duradoura do acesso ao ensino superior, não somente para os indivíduos que se beneficiam diretamente, mas também como uma meta social geral. Da mesma forma, enquanto se evolui para uma universalização do acesso ao ensino superior e, assim, para uma chance de conquista de tal direito, as tendências referidas acima são prejudiciais de duas maneiras particulares: primeiramente, a estratificação das instituições levam a disparidades inaceitáveis em qualidade e prestígio (ambas se traduzem em oportunidades subsequentes à diplomação diferenciadas em relação ao mercado de trabalho); em segundo lugar, nem todos os estudantes se beneficiam de um mínimo de qualidade a se esperar de uma instituição de ensino superior. Sendo assim, para além de mal-entendidos e de questões conceituais, não há a conquista de um direito à educação se não houver qualidade da oferta.

Este livro assume a tarefa crucial de examinar as alavancas de políticas públicas para assegurar que um crescimento impressionante no acesso ao ensino superior ocorrido no Brasil e internacionalmente pode ser insignificante e de reduzido impacto para todos, além de levar a maior iniquidade social e econômica. Essa não é uma tarefa fácil: as universidades são notoriamente reativas a mudanças impostas de fora para dentro e são comumente apontadas como conservadoras e resistentes a mudanças. No entanto, aqueles que atuam dentro das universidades (tanto funcionários quanto estudantes) estão, como regra geral, altamente comprometidos com a qualidade de suas atividades acadêmicas, com os interesses da sociedade de que fazem parte e com as políticas públicas que as apoiam (ao invés de direcionarem).

O Sistema de Avaliação do Ensino Superior (Sinaes) é uma política de interesse internacional, dada sua inovadora conjunção de medidas tanto quantitativas quanto qualitativas, sob perspectivas internas e externas. Assim, esta análise é crucial para leitores internacionais como também para aqueles no Brasil. No contexto do âmbito de ranqueamentos internacionais altamente reducionistas – focados em indicadores de exclusão mais do que indicadores de impacto, que valorizam medidas de rendimento em termos de publicações em periódicos acadêmicos restritos e seleção de estudantes elitistas –, essa tarefa se torna particularmente urgente. É particularmente importante conceituar a avaliação em relação ao direito de acesso ao ensino superior, este último concebido não apenas como entrada em instituições de ensino superior (acesso a qualquer instituição), mas como garantia de acesso a uma experiência de alta qualidade de aprendizado e igualdade de oportunidades dentro do sistema.

Ressalte-se que aqui a uniformidade no setor do ensino superior não é o objetivo. Como apontado neste livro, sistemas de avaliação devem promover não a homogeneidade, mas a qualidade, inovação e resultados que podem se apresentar em diversas formas. Nesse sentido, o direito ao ensino superior não é acesso e frequência a um tipo específico de instituição com certa grade curricular e metas predeterminadas. Na verdade, é a liberdade de perseguir um aprendizado elevado em diversos formatos, em variados tipos de instituições, mas sempre promovendo uma experiência vibrante e desafiadora de aprendizado, tanto individual quanto coletivamente, que engrandecerá o desenvolvimento pessoal, profissional e civil.

Tristan McCowan
Institute of Education – University College London

INTRODUÇÃO

A educação superior se apresenta como um importante fator de desenvolvimento tanto do ponto de vista individual quanto coletivo. Para os países, o investimento em educação superior gera benefícios econômicos e sociais. Além dos ganhos de produtividade, a formação universitária contribui para a redução das desigualdades e traz impactos positivos em termos de cidadania, participação social, saúde, entre outros.

As políticas públicas de diversos países têm se ocupado em criar condições para o crescimento dos sistemas e para a democratização do acesso à educação superior ao redor mundo.

Segundo a tendência internacional, a oferta da educação superior no Brasil foi objeto de contínuos movimentos de expansão nas últimas duas décadas e meia. Os incentivos de mercado, aliados à desregulação num primeiro momento e, posteriormente, às políticas públicas de promoção da ascensão social mediante inclusão na educação superior, transformaram o setor em uma área estratégica nas esferas social e econômica do país.

Até o ano de 1997, a educação superior era ofertada basicamente pelo Estado e por instituições privadas filantrópicas e confessionais. Segundo o Censo da Educação Superior daquele ano (INEP, 1998), havia a oferta de 6.132 cursos de graduação em 900 instituições de educação superior (IES) em funcionamento. Destas, 211 instituições eram públicas, das quais 56 federais, 74 estaduais e 81 municipais, e 689, instituições privadas. O setor abrigava 1.945.615 matrículas. Naquele ano, foram ofertadas 699.198 vagas, sendo 88.704 nas instituições federais, 64.323 nas instituições estaduais, 40.794 nas instituições municipais e 505.377 nas instituições particulares. Em 1997, 260.224 estudantes concluíram os respectivos cursos.

O sistema era destinado a poucos agentes provedores e abrigava um baixo número de estudantes. O ingresso na educação superior não estava no horizonte palpável da maioria dos jovens que concluíam o ensino médio. As universidades públicas ofertavam poucas vagas com vestibulares concorridos, e as instituições privadas, apesar dos fins oficiais não lucrativos, demandavam o pagamento de mensalidades que não se adequavam ao orçamento de grande parte das famílias, que não dispunham de programas de financiamento suficientes.

Essa conjuntura começou a ser modificada com a edição da Medida Provisória nº 1.477-39, de 8 de agosto de 1997, que alterou a legislação para abrir a possibilidade da oferta da educação superior com fins lucrativos, no contexto da política de abertura econômica liberal do governo Fernando Henrique Cardoso (1995-2002). O que antes era um setor fechado, ocupado apenas pelo Estado e por instituições tradicionais, geralmente ligadas a instituições religiosas ou a grupos familiares, transformou-se num novo e auspicioso campo de exploração econômica, considerando a histórica demanda represada. Tinha início um processo contínuo de crescimento que perduraria pelas décadas seguintes.

A expansão de vagas como política de governo foi consolidada pela Lei nº 10.172, de 9 de janeiro de 2001, que traçou diretrizes e metas para a educação no Brasil, com prazo de cumprimento de até dez anos. No tocante à educação superior, o Plano Nacional de Educação (PNE) determinou, na meta 1, que o Brasil atingisse até 2011 a marca de 30% de seus jovens entre 18 e 24 anos no ensino superior, o que representava a duplicação do número de matrículas de estudantes nessa faixa etária. Os dados do Censo da Educação Superior atestam que a meta foi cumprida: as matrículas passaram de cerca de 3,5 milhões de estudantes em 2002 para 6,8 milhões em 2011.

A chegada do governo Lula (2003-2010) trouxe o foco na inclusão social, por meio do ingresso na educação superior, com o incremento do Fundo Nacional de Financiamento Estudantil (Fies) e a criação do Programa Universidade para Todos (Prouni) e do Programa de Reestruturação das Universidades Federais (Reuni). Essas políticas incentivaram e possibilitaram o ingresso de jovens de baixa renda no ensino superior a partir de financiamentos com taxas de juros abaixo das praticadas no mercado, da concessão de bolsas integrais e parciais (no ensino privado) compensadas com isenções fiscais e da expansão e interiorização das universidades federais.

Como resultado da conjugação dessas políticas, em 2022 chegou-se ao número de 2.595 instituições de educação superior, sendo 312 públicas e 2.283 privadas (excluídas as unidades acadêmicas e os câmpus fora de sede), de 44.951 cursos de graduação e de 9.444.116 de estudantes matriculados (BRASIL, 2023).

O Estado teve um papel determinante na expansão do setor, que chegou a ter metas ambiciosas de crescimento incluídas em lei. Para além da condução dessas políticas, no entanto, o Estado tem também o desafio de aliar o crescimento do setor com a correspondente garantia da qualidade. A Constituição Federal de 1988 estabelece a livre oferta do ensino pela iniciativa privada, mas a submete à autorização e avaliação de qualidade pelo poder público. Ou seja, os agentes privados podem atuar na educação superior, mas têm que observar o arcabouço normativo estabelecido pelo Estado e se submeter à avaliação de qualidade pelo agente regulador.

A mudança de perfil do setor privado, que teve início com a abertura para a entrada de instituições com fins lucrativos e, posteriormente, passou a envolver o ingresso de fundos internacionais de investimentos e ser objeto de movimentos de concentração econômica, exige do Estado, enquanto guardião da qualidade da educação superior, uma análise da efetividade de seus instrumentos de atuação e a adequação dos poderes regulatórios a essa nova realidade.

Nesse contexto, o Estado e as políticas públicas que tinham o objetivo de intervir na educação superior adquiriram um papel central e intransferível de acolher e ordenar demandas complexas relativas à necessidade de expansão de acesso com a garantia da qualidade. Cumpre destacar, nesse sentido, a disciplina da oferta, a garantia do atendimento de necessidades sociais historicamente reprimidas ou pelo menos negligenciadas e, sobretudo, o estabelecimento e implementação de mecanismos que suportem e equilibrem a tensão entre crescimento e qualidade (FELIX, 2006).

O campo da educação superior teve que ser regulado com o desafio de balancear os diversos interesses e demandas de um setor que alguns autores chamam de quase-mercado (BERTOLIN, 2011). A disciplina estatal sobre a matéria teve que ir além dos ditames tradicionais da regulação econômica, da correção das falhas de mercado, para considerar o controle da qualidade ofertada pelos agentes regulados e a viabilização das políticas públicas de fomento e inclusão.

A ampliação da oferta da educação superior não foi acompanhada, num primeiro momento, pela criação de instrumentos de supervisão pelo poder público. Isso resultou numa expansão geral e sem critério de qualidade, que alimentou uma posição no senso comum contrária à expansão, entendida como mercantilização desqualificada (BUCCI, 2013). Cresceu em importância a agenda política pela imposição de regras e critérios mais rígidos de qualidade para o funcionamento de instituições e cursos.

Em substituição ao então vigente Exame Nacional de Cursos (ENC), conhecido como "Provão", muito criticado pela valorização excessiva de um único componente – a avaliação dos estudantes – e pelo ranqueamento, foi criado, em 2004, o Sistema Nacional de Avaliação da Educação Superior (Sinaes), com o objetivo geral de assegurar o processo nacional de avaliação das instituições e cursos de educação superior no sistema federal de ensino. Buscou-se instituir a ideia de sistema no qual a avaliação interna e externa das instituições seria integrada com a avaliação dos cursos e com a avaliação dos estudantes.

Felix (2006) destaca que, apesar de não haver uma hierarquização expressa dos princípios contidos na lei, pode-se afirmar que a finalidade prioritária seria a "melhoria da qualidade da educação", ou seja, haveria uma prevalência no sentido da avaliação como fator de indução qualitativa.

O desenho institucional do Sinaes construído na implementação da política resultou na opção metodológica pela criação de indicadores numéricos para aferir a qualidade das instituições (Índice Geral de Cursos – IGC), dos cursos de graduação (Conceito Preliminar de Curso – CPC) e dos estudantes (Conceito do Exame Nacional de Desempenho dos Estudantes – Enade e Indicador de Diferença entre os Desempenhos Observado e Esperado – IDD). Foram criados também os chamados Conceito de Curso (CC) e Conceito Institucional (CI), resultantes dos relatórios das visitas *in loco* por especialistas externos.

Os indicadores são calculados e publicados pelo Instituto Nacional de Estudos e Pesquisas Educacionais Anísio Teixeira (Inep), autarquia federal vinculada ao Ministério da Educação, de acordo com os chamados ciclos avaliativos. As instituições e cursos são divididos em grupos, que, a cada três anos, têm seu ciclo finalizado, e os indicadores são calculados e publicados.

Thomas Dye apresenta uma definição clássica de política pública como "tudo o que um governo decide fazer ou deixar de fazer" (DYE, 1972, p. 2). Para James Anderson (1978), a política pública tem uma relação intrínseca com a resolução de problemas sociais. No campo da análise jurídica de políticas públicas, Maria Paula Dallari Bucci conceitua política pública como o "programa de ação governamental que resulta de um conjunto de processos juridicamente regulados, visando coordenar os meios à disposição do Estado e as atividades privadas, para a realização de objetivos socialmente relevantes e politicamente determinados" (BUCCI, 2006, p. 39).

Tomando-se o Sinaes como ponto de partida de uma ação estatal destinada a concretizar mandamentos constitucionais e produzir efeitos determinados em um campo de ação definido, as categorias analíticas da disciplina das políticas públicas fornecem subsídios interessantes para se analisar esse programa.

O presente trabalho tem como objeto, assim, realizar uma análise da política pública de garantia da qualidade da educação superior no Brasil, consubstanciada pelo Sinaes, a partir dos desenhos jurídico-institucionais resultantes da sua implementação, e da avaliação sobre o seu funcionamento e sobre os impactos e resultados no problema público que a originou.

A partir do diagnóstico sobre o desenho final e sobre o funcionamento e resultados do Sinaes, será proposta a aplicação de instrumentos de regulação por incentivos, com base na teoria da regulação responsiva, como forma de ressignificar a relação entre avaliação e regulação, e conferir à política da garantia da qualidade da educação superior um caráter para além da mera verificação de conformidade, que limita o próprio sentido da Lei do Sinaes, mas para a busca contínua da melhoria dos indicadores, com objetivos e metas próprios.

Propõe-se um estudo multidisciplinar que agregue ao direito categorias analíticas das teorias da educação, das políticas públicas e da economia.

O trabalho tem também como ponto de partida a experiência profissional do autor nas Secretarias de Educação Superior (Sesu) e de Regulação e Supervisão da Educação Superior (Seres) do Ministério da Educação, e no Instituto Nacional de Estudos e

Pesquisas Educacionais Anísio Teixeira (Inep), na gestão e na assessoria jurídica, por mais de dez anos.

Foi adotada a metodologia de análise do ciclo de políticas públicas – ou análise sequencial, esquema de interpretação que organiza a vida de uma política pública em fases sequenciais e interdependentes. O ciclo funciona como um quadro de referência para a análise processual da política, compreendida como um processo que se desenvolve em etapas. Segundo Secchi (2012), o ciclo da política pública pode ser assim organizado: 1) identificação do problema; 2) formação da agenda; 3) formulação de alternativas; 4) tomada de decisão; 5) implementação; 6) avaliação; e 7) extinção. O presente estudo se debruçou especificamente sobre as fases de implementação e avaliação.

Buscou-se analisar as fases do ciclo das políticas públicas sob um viés jurídico, com base na abordagem Direito e Políticas Públicas (DPP), que busca uma análise interdisciplinar das políticas públicas que inclua também o seu componente jurídico como essencial para o alcance dos fins para elas determinados. A abordagem procura "compreender a moldura jurídico-institucional que estrutura um programa de ação governamental, levando em consideração o contexto político-institucional no qual ela se insere" (BUCCI; COUTINHO, 2017, p. 315). Seu objetivo é examinar os pontos de contato entre os aspectos políticos e jurídicos que cercam a ação governamental e como se promovem transformações jurídico-institucionais, notadamente sob a perspectiva do Poder Executivo.

As fases de implementação e avaliação da ação governamental foram analisadas, assim, sob o prisma jurídico, mas não necessariamente da legalidade ou da interpretação e efetividade das normas, e sim dos arranjos jurídico-institucionais que concretizaram a política em si.

Nesses termos, considerou-se que o momento de implementação desempenha um papel criador, que abarca a construção do arcabouço normativo que vai moldar os arranjos institucionais da política, a modelagem final dos seus instrumentos, a capacidade de gestão e planejamento das burocracias administrativas e a garantia orçamentária para a execução daquele programa. E todos esses processos envolvem tomadas de decisão complexas, que têm o potencial de reordenar os desenhos inicialmente pensados para serem executados. É na implementação que se chega ao formato final da política que vai ser efetivamente posta em prática.

O arcabouço normativo infralegal desempenha um papel central na conformação jurídica desses arranjos. A análise dos decretos e portarias que regulamentaram a lei fornece um retrato sobre as concepções e objetivos que resultaram do processo de implementação, bem como sobre o seu potencial para alcançar as finalidades legais da política.

O processo de implementação do Sinaes foi caracterizado como mais um momento das disputas travadas em torno do sentido da avaliação, assim como ocorreu nas propostas anteriores de criação de processos de avaliação e na própria concepção da lei que instituiu a política. Os arranjos institucionais consubstanciados na regulamentação da lei e no desenho dos instrumentos da política pública foram objeto de intensos debates em torno da concepção de avaliação que o sistema deveria encampar. Essa discussão foi retratada nos documentos oficiais – normativos e não normativos – publicados após a aprovação da lei e no desenho final que o programa adquiriu.

A análise das normas e dos documentos publicados pelo MEC no processo de implementação mostrou que o desenho jurídico-institucional decorrente da regulamentação do Sinaes resultou num programa de ação governamental com predominância de concepções quantitativas de avaliação – materializada nos indicadores numéricos de qualidade – e enfoque no papel da avaliação como subsídio para os processos regulatórios.

A avaliação, por seu turno, é a etapa do ciclo em que são estudados a adequação dos instrumentos e os impactos efetivos das políticas públicas implementadas. Envolve as atividades realizadas por uma gama de atores estatais e sociais com o intuito de determinar como uma política pública se saiu na prática, bem como estimar o provável desempenho dela no futuro. A avaliação examina tanto os meios utilizados quanto os objetivos alcançados por uma política pública na prática (WU; RAMESH; HOWLETT; FRITZEN, 2014). Essa fase permite analisar o potencial e a efetividade da política pública no cumprimento dos seus objetivos.

Os meios utilizados pela política, o seu funcionamento, são objeto da chamada avaliação de processos. Essa avaliação tem como foco detectar possíveis defeitos na elaboração dos procedimentos, identificar barreiras e obstáculos à sua implementação (COSTA; CASTANHAR, 2003) e analisar os fatores que influenciam o funcionamento daquele programa de ação governamental.

Foram discutidas duas recentes avaliações externas de processos do Sinaes realizadas pelo Tribunal de Contas da União (TCU) e pela Organização para a Cooperação e Desenvolvimento Econômico (OCDE) e suas implicações no âmbito do Inep. Os relatórios e trabalhos acadêmicos analisados demonstram que o sistema pode – e deve – ser aperfeiçoado. Pode-se fazer referência, como pontos cruciais, aos insumos considerados nas fórmulas de cálculo e à metodologia de cálculo dos indicadores de qualidade; e à dinâmica de realização e de integração dos resultados das visitas *in loco*.

A avaliação de resultados de uma política pública toma como questão central a análise da sua efetividade, os impactos em face do problema público que deu causa à sua implementação. E, para tanto, são buscados elementos que permitam estabelecer relações causais entre as ações de um programa e o resultado final obtido. Esse tipo de avaliação tem como objetivo, pois, "identificar os efeitos líquidos de uma intervenção social" (COSTA; CASTANHAR, 2003, p. 980).

Um caminho lógico para fazer a avaliação de resultados seria a sistematização da evolução dos indicadores de qualidade publicados a cada ciclo avaliativo. Após o estudo de algumas séries históricas, os números deixariam claras as tendências de melhora, manutenção ou piora nos indicadores de qualidade das instituições, cursos e estudantes. No caso do Sinaes, no entanto, a utilização da metodologia da padronização estatística para o cálculo dos indicadores de qualidade, além de não refletir a real qualidade auferida no processo avaliativo, tem o efeito de dificultar a avaliação dos resultados da política pública. Isso se dá porque o cálculo do desvio-padrão leva em consideração as notas obtidas pelos demais estudantes/cursos/instituições naquele ano específico. Por não refletir um resultado absoluto, os resultados dos ciclos avaliativos seguintes não podem ser comparados, pois utilizam insumos totalmente diferentes.

Considerando essas dificuldades operacionais, neste estudo foram buscados elementos que permitissem uma avaliação dos resultados do Sinaes a partir da análise dos dados brutos do Censo da Educação Superior. Tais elementos vão desde a implementação do primeiro ciclo avaliativo – notadamente dos componentes que são mensurados pelo Censo e são ao mesmo tempo utilizados para o cálculo de indicadores de qualidade (elementos que são oficialmente compreendidos como diretamente relacionados com a qualidade) – a insumos que, mesmo não considerados no Sinaes, são utilizados por outros sistemas de avaliação. São eles: grau de formação dos docentes, regime de trabalho dos docentes, relação número de matrículas/por função docente, e docentes envolvidos com atividades de pesquisa e extensão.

Além da comparação dos dados brutos de insumos do Censo, foi proposto também um estudo sobre o percentual de instituições situadas em cada faixa de qualidade do IGC e do CPC nos ciclos avaliativos desde a sua implementação. Essa análise teve como objetivo verificar se haveria progressão no percentual de IES para as faixas das escalas mais altas que pudesse indicar um movimento no sentido da melhoria contínua da qualidade, oficialmente prevista como objetivo do Sinaes.

A pesquisa quantitativa cobriu os anos de 2009, início da publicação dos dados dos indicadores de qualidade, até 2018, último censo e indicadores publicados quando da coleta de dados da pesquisa.

A análise dos dados do Censo e dos indicadores possibilita inferir que a implementação dos instrumentos da política teve um impacto positivo na qualidade da educação superior. As condições de oferta hoje são em geral melhores do que antes da implementação da política de indicadores de qualidade a qual nos referimos neste trabalho. Como fatores que justificam esse incremento, pode-se fazer referência ao Sinaes e também às políticas públicas de fomento à pesquisa e expansão da educação superior, como o Programa de Apoio a Planos de Reestruturação e Expansão das Universidades Federais (Reuni), o Programa Ciência sem Fronteiras e o aumento na concessão de bolsas de mestrado e doutorado.

Esses resultados não são, no entanto, objeto da estratégia definida e planejada, e não são devidamente monitorados. A limitação da avaliação enquanto subsídio para os processos regulatórios parece ter afastado o Sinaes da busca pela efetiva melhoria da qualidade. O sistema é conformado com a obtenção dos indicadores mínimos exigidos pela legislação. O conceito de garantia da qualidade não precisa – e não deve –, no entanto, se limitar à busca de um patamar mínimo a ser seguido pelos agentes e utilizado como insumo da regulação. O Sinaes previu entre os seus objetivos a melhoria contínua do padrão de qualidade, e a política pública de avaliação deve dispor de instrumentos que possibilitem e permitam a persecução desse fim.

Com base na análise do conceito de garantia da qualidade adotado pela política regulatória da educação superior, propõe-se um redesenho de alguns dos instrumentos dessa política pública, a partir da ideia de incentivos regulatórios que possam dotar o ente regulador de outras estratégias para o cumprimento do objetivo da melhoria contínua da qualidade. Ou seja, discutir o conceito da garantia da qualidade para além dos subsídios para os processos regulatórios, da preocupação com o padrão mínimo, e sim como a busca constante da melhoria dos índices de qualidade das instituições e cursos.

Propõe-se então a análise da aplicabilidade de elementos da teoria da regulação responsiva (AYRES; BRAITHWAITE, 1992; BRAITHWAITE, 2011; KOLIEB, 2015) aos instrumentos regulatórios do Sinaes, notadamente da incorporação dos incentivos regulatórios para a obtenção dos resultados previstos e esperados da política pública.

A teoria da regulação responsiva teve suas bases lançadas por Ian Ayres e John Braithwaite em *Responsive regulation: transcending the deregulation debate*, em 1992. Os autores adotaram como ponto de partida a discussão então em voga sobre a necessidade de reformas para desregular os mercados ou, por outro lado, para aumentar o papel regulatório do Estado e propuseram, em contraposição a essa polarização, uma metodologia na qual as estratégias regulatórias poderiam ser reformuladas para tornar a regulação mais eficaz, a partir do diálogo entre os agentes, e adotando-se elementos tanto de autorregulação quanto de intervenções estatais mais severas, havendo também uma flexibilidade na atuação da regulação, que pode ensejar respostas mais ou menos interventivas para a coibição de uma infração e que também existam medidas que incentivem as boas práticas pelos setores regulados. Tem-se como um dos elementos-chave, assim, a possibilidade do uso da persuasão como ferramenta regulatória.

Jonathan Kolieb (2015) acrescenta que a teoria da regulação responsiva não deve se limitar a analisar as possibilidades e estratégias para a punição dos agentes que descumprem as regras regulatórias, a regulação de conformidade (*compliance regulation*). Propõe um aprimoramento da regulação responsiva para agregar o que ele chama de regulação aspiracional (*aspirational regulation*), ou seja, estratégias regulatórias que incentivem os agentes a atingirem patamares superiores aos padrões comportamentais mínimos exigidos.

Tomando como ponto de partida as técnicas de persuasão e punição da regulação responsiva, Kolieb propõe a adição de instrumentos de recompensa que incentivem a melhoria contínua na atividade regulatória que induza comportamentos virtuosos dos agentes.

Essas teorias trouxeram importantes contribuições e elementos para a proposição de instrumentos que signifiquem um passo adiante na política pública da garantia da qualidade, uma política que utilize os instrumentos regulatórios para incentivar incrementos nos índices de qualidade abaixo do mínimo permitido, mas que também disponha desses instrumentos para promover a melhoria contínua dos indicadores para os níveis mais altos e garanta aos estudantes – e à sociedade – a melhor formação possível.

A formulação da política do Sinaes prevê estratégias que buscam garantir a conformidade dos agentes regulados com os padrões mínimos de qualidade exigidos pela legislação. Detectados os índices inferiores, os instrumentos regulatórios são utilizados para que as instituições de educação superior adotem comportamentos que garantam o retorno aos padrões mínimos esperados.

A adoção da regulação responsiva, sob a vertente aspiracional, pode, no entanto, proporcionar a criação de instrumentos regulatórios que incentivem a efetiva melhoria dos índices de qualidade da educação superior, mesmo que os agentes já estejam no ambiente de conformidade mínima. A política pode agregar o desenho de instrumentos regulatórios que induzam as instituições a buscarem a obtenção dos índices mais altos de qualidade (4 e 5), chegando gradativamente a níveis de excelência, e não apenas se conformando com indicadores de qualidade no limite do padrão legal. Para tanto, há uma gama de possibilidades entre os processos e programas existentes à disposição dos agentes reguladores para a operacionalização dessa política.

Propõe-se, assim, que a política regulatória não seja restrita às medidas corretivas – que foram essenciais num determinado momento –, mas que passe a contemplar também a indução, incentivos para que as instituições superem os padrões mínimos exigidos, o que Kolieb chama de "regulação aspiracional", uma faceta da regulação responsiva. Essa medida demanda uma reformulação da política de garantia da qualidade do Sinaes, com um redesenho dos instrumentos regulatórios para contemplar efetivamente o objetivo de melhoria da qualidade a que se propõe a política pública.

Para tanto, a presente obra foi organizada em seis capítulos, assim dispostos:

O *Capítulo 1 – Educação superior: expansão, qualidade e regulação* expõe os fundamentos jurídicos da ideia de educação como um direito, na esfera internacional e no ordenamento brasileiro. A partir desses parâmetros, busca os fundamentos para a discussão sobre o direito à educação superior. Analisa o processo de expansão da educação superior, os movimentos que alteraram as estruturas dos sistemas de elite, que passaram a ser caracterizados, em sua maioria, como sistemas de massas. O capítulo discute também o papel da educação superior para o desenvolvimento, seus benefícios econômicos e não econômicos. Por fim, destaca a importância da qualidade para a concretização dos benefícios da educação superior e a responsabilidade do Estado pela sua garantia por meio de uma política regulatória que tenha como fundamento e objetivo a concretização das políticas públicas e dos direitos fundamentais.

O *Capítulo 2 – Contexto e marco regulatório da educação superior no Brasil: o desafio da expansão com qualidade* expõe o contexto regulatório atual da educação superior a partir da sistematização dos dados oficiais do Censo da Educação Superior sobre os números de instituições, cursos e matrículas; discute o marco regulatório do setor, com base nas normas que disciplinam a atividade regulatória do poder público e da estrutura institucional responsável pela sua aplicação; aborda os números sobre a expansão da educação superior; e debate as diversas políticas públicas que contribuíram para esse processo, tanto no campo privado quanto no setor público.

No *Capítulo 3 – A avaliação da educação superior: a garantia da qualidade e a construção do Sinaes*, discutem-se as diferentes concepções sobre a qualidade da educação superior e os modelos de avaliação. A partir desses paradigmas, analisam-se as iniciativas de construção dos processos de avaliação da educação superior no Brasil, desde os antecedentes na Reforma Universitária de 1968 até o processo de formação da agenda e da publicação da Lei do Sinaes. Por fim, discutem-se o modelo e o paradigma de qualidade e de avaliação adotados pelo Sinaes.

O *Capítulo 4 – A implementação do Sinaes: regulação e indicadores* tem como objetivos analisar o modelo de avaliação efetivamente implementado pela política pública, tomando como ponto de partida a meta de "melhoria da qualidade" prevista na lei, e estudar quais os conceitos e objetivos que resultaram da implementação do Sinaes. Para tanto, apresenta a ideia do Sinaes enquanto política pública e das metodologias do ciclo de políticas públicas e abordagem Direito e Políticas Públicas. Analisa, então, o processo de implementação do Sinaes e descreve a construção dos indicadores de qualidade dele resultantes.

O *Capítulo 5 – Elementos para uma avaliação da política do Sinaes* analisa o funcionamento e os impactos do Sinaes na qualidade da educação superior desde a implementação dos indicadores de qualidade. O capítulo reflete sobre as avaliações de processos realizadas pelo TCU e pela OCDE e propõe uma avaliação dos resultados da política a partir dos dados do Censo da Educação Superior e da evolução dos indicadores oficiais de qualidade.

Por fim, o *Capítulo 6 – A regulação por incentivos e a política de garantia da qualidade* busca problematizar as limitações da política de garantia da qualidade com seus instrumentos centrados na regulação de conformidade e, tomando por base os elementos da regulação responsiva, notadamente na sua vertente de incentivos, discutir outra forma de articulação entre regulação e avaliação, em que as estratégias regulatórias podem ser utilizadas para elevar os padrões de qualidade para além do mínimo legal exigido, ou seja, para incentivar a busca pelos patamares mais elevados de qualidade.

O Estado, considerando o papel de fomentador e de financiador do sistema, deve buscar os padrões de excelência. Essa é a expectativa dos estudantes. Essa é a expectativa da sociedade. E assim se concretiza o direito.

CAPÍTULO 1

EDUCAÇÃO SUPERIOR: EXPANSÃO, QUALIDADE E REGULAÇÃO

1.1 Introdução

A educação superior assume no imaginário social as noções de aquisição e produção de conhecimento, de pesquisa e de lócus privilegiado para o debate de ideias e, também, de formação profissional e mobilidade social.

Por muito tempo, o ingresso nas universidades foi restrito a uma pequena parcela das populações. Apenas uma elite tinha acesso a esse espaço. A conclusão de um curso de graduação conferia certo *status* social, uma vez que, ao seu detentor, eram atribuídas a distinção do saber garantido a poucos e as melhores oportunidades de trabalho. Nesse sentido, José Murillo de Carvalho (2008, p. 65) destaca o papel da educação superior na unificação ideológica da elite, "uma ilha de letrados num mar de analfabetos".

A ideia de que a formação na educação superior possibilitava maiores índices de produtividade que poderiam ajudar a alavancar o crescimento econômico serviu como base para incluir a expansão do setor na agenda dos estados, de forma independente ou com auxílio de organizações internacionais de fomento. Nas últimas décadas, portanto, o setor passou por transformações em todo o mundo e foi inserido nas políticas públicas de expansão das economias.

As políticas de expansão foram também influenciadas por uma demanda social historicamente reprimida, potencializada pelo considerável aumento do número de estudantes concluintes do ensino médio e pela melhoria das condições econômicas em vários países, o que levou as famílias a almejarem melhores posições sociais para seus filhos.

O rápido crescimento dos sistemas de educação superior, por um lado, democratizou o acesso – os sistemas assumiram um perfil predominante de massa, e não mais de elite (TROW, 1973) –, mas, por outro, levantou o debate sobre as condições de qualidade, principalmente nos países com expansão marcante das instituições com fins lucrativos, como no caso do Brasil.

O presente capítulo tem como objeto situar o debate da importância da educação superior também para o desenvolvimento, sob os pontos de vista econômico e social, analisar o processo de expansão dos sistemas de educação superior ao redor do mundo e destacar o papel do Estado na garantia da qualidade.

Primeiramente, serão expostos os fundamentos jurídicos da ideia de educação como um direito na esfera internacional e no ordenamento brasileiro. A partir desses parâmetros, serão apresentados os fundamentos para a discussão sobre o direito à educação superior.

Posteriormente, será discutido o processo de expansão da educação superior, os movimentos que alteraram as estruturas dos sistemas de elite, que passaram a ser caracterizados, em sua maioria, como sistemas de massa. O capítulo discute também o papel da educação superior para o desenvolvimento, seus benefícios econômicos e não econômicos, nas searas individual e coletiva.

Por fim, serão destacadas a importância da qualidade para a concretização dos benefícios da educação superior e a responsabilidade do Estado pela sua garantia por meio de uma política regulatória que tenha como fundamento e objetivo a concretização das políticas públicas e dos direitos fundamentais.

1.2 Educação como direito

1.2.1 Previsão normativa e significados

O direito à educação é largamente reconhecido na esfera internacional e consagrado nas declarações, acordos e pactos internacionais do sistema global de direitos humanos.

A Declaração Universal dos Direitos Humanos (DUDH), adotada pela Assembleia Geral das Nações Unidas em 1948, prevê o direito à educação como universal e estabelece que ela deverá promover o pleno desenvolvimento da personalidade humana, o fortalecimento do respeito pelos direitos humanos e pelas liberdades fundamentais e a promoção da compreensão, da tolerância e da amizade entre todas as nações e grupos raciais ou religiosos. O acesso universal é limitado, no entanto, apenas aos graus elementares e fundamentais.[1]

O Pacto Internacional sobre Direitos Econômicos, Sociais e Culturais (Pidesc), de 1966, também adotado pela Assembleia Geral das Nações Unidas, reconheceu o direito de toda pessoa à educação e o seu papel essencial na promoção do pleno desenvolvimento da personalidade humana e do sentido de sua dignidade e do fortalecimento do respeito aos direitos humanos e liberdades fundamentais. O Pacto enumerou ainda diretrizes e compromissos a serem seguidos pelos Estados-Partes para a imediata universalização da educação fundamental e progressiva universalização da educação média e da educação superior.[2]

---

[1] Artigo 26
1. Todo ser humano tem direito à instrução. A instrução será gratuita, pelo menos nos graus elementares e fundamentais. A instrução elementar será obrigatória. A instrução técnico--profissional será acessível a todos, bem como a instrução superior, esta baseada no mérito.
2. A instrução será orientada no sentido do pleno desenvolvimento da personalidade humana e do fortalecimento do respeito pelos direitos do ser humano e pelas liberdades fundamentais. A instrução promoverá a compreensão, a tolerância e a amizade entre todas as nações e grupos raciais ou religiosos e coadjuvará as atividades das Nações Unidas em prol da manutenção da paz.
3. Os pais têm prioridade de direito na escolha do gênero de instrução que será ministrada a seus filhos (ONU, 1948).

[2] Artigo 13
1. Os Estados Partes do presente Pacto reconhecem o direito de toda pessoa à educação. Concordam em que a educação deverá visar ao pleno desenvolvimento da personalidade humana e do sentido de sua dignidade e fortalecer o respeito pelos direitos humanos e liberdades fundamentais. Concordam ainda em que a educação deverá capacitar todas as pessoas a participar efetivamente de uma sociedade livre, favorecer a compreensão, a tolerância e a amizade entre todas as nações e entre todos os grupos raciais, étnicos ou religiosos e promover as atividades das Nações Unidas em prol da manutenção da paz.
2. Os Estados Partes do presente Pacto reconhecem que, com o objetivo de assegurar o pleno exercício desse direito:
a) A educação primária deverá ser obrigatória e acessível gratuitamente a todos;
b) A educação secundária em suas diferentes formas, inclusive a educação secundária técnica e profissional, deverá ser generalizada e torna-se acessível a todos, por todos os meios apropriados e, principalmente, pela implementação progressiva do ensino gratuito;

Cabe mencionar, também, o Protocolo Adicional à Convenção Americana sobre Direitos Humanos em Matéria de Direitos Econômicos, Sociais e Culturais (Protocolo de São Salvador), de 1988, que reconheceu o direito de toda pessoa à educação e o direito universal e gratuito à educação fundamental, em consonância com o Pidesc.[3]

No âmbito do ordenamento jurídico brasileiro, a Constituição Federal de 1988 dispõe sobre a educação em variadas seções e prevê, no art. 6º, a educação como um direito fundamental de natureza social, ou seja, de titularidade não apenas dos indivíduos, mas de toda a coletividade.

A educação consta também na Constituição como uma seção específica na Ordem Social. O art. 205 garante a universalidade do

---

c) A educação de nível superior deverá igualmente tornar-se acessível a todos, com base na capacidade de cada um, por todos os meios apropriados e, principalmente, pela implementação progressiva do ensino gratuito;
d) Dever-se-á fomentar e intensificar, na medida do possível, a educação de base para aquelas pessoas que não receberam educação primária ou não concluíram o ciclo completo de educação primária;
e) Será preciso prosseguir ativamente o desenvolvimento de uma rede escolar em todos os níveis de ensino, implementar-se um sistema adequado de bolsas de estudo e melhorar continuamente as condições materiais do corpo docente.

[3] Artigo 13 – Direito à Educação
1. Toda pessoa tem direito à educação.
2. Os Estados-Partes neste Protocolo convêm em que a educação deverá orientar-se para o pleno desenvolvimento da personalidade humana e do sentido de sua dignidade, e deverá fortalecer o respeito pelos direitos humanos, pelo pluralismo ideológico, pelas liberdades fundamentais, pela justiça e pela paz. Convêm também em que a educação deve tornar todas as pessoas capazes de participar efetivamente de uma sociedade democrática e pluralista e de conseguir uma subsistência digna; bem como favorecer a compreensão, a tolerância e a amizade entre todas as nações e todos os grupos raciais, étnicos ou religiosos, e promover as atividades em prol da manutenção da paz.
3. Os Estados-Partes neste Protocolo reconhecem que, a fim de conseguir o pleno exercício do direito à educação:
a) o ensino de primeiro grau deve ser obrigatório e acessível a todos gratuitamente;
b) o ensino de segundo grau, em suas diferentes formas, inclusive o ensino técnico e profissional, deve ser generalizado e acessível a todos, pelos meios que forem apropriados e, especialmente, pelo estabelecimento progressivo do ensino gratuito.
c) o ensino superior deve tornar-se igualmente acessível a todos, de acordo com a capacidade de cada um, pelos meios que forem apropriados e, especialmente, pelo estabelecimento progressivo do ensino gratuito;
d) deve-se promover ou intensificar, na medida do possível, o ensino básico para as pessoas que não tiverem recebido ou terminado o ciclo completo de instrução do primeiro grau;
e) deverão ser estabelecidos programas de ensino diferenciados para os deficientes, a fim de proporcionar instrução especial e formação a pessoas com impedimentos físicos ou deficiência mental.

direito à educação e estabelece os responsáveis pela sua concretização, assim como os seus objetivos, ao dispor que a educação é direito de todos e dever do Estado e da família, e será promovida e incentivada com a colaboração da sociedade, tendo por objetivos o pleno desenvolvimento da pessoa, seu preparo para o exercício da cidadania e sua qualificação para o trabalho.[4] A Constituição busca aqui aliar as ideias de educação como elemento de exercício da cidadania e também de qualificação para o trabalho – discussão que será tratada adiante.

O art. 206 enumera os princípios que deverão orientar o ensino em consonância com as declarações internacionais sobre o tema aqui mencionadas, dentre eles os princípios da igualdade de condições para o acesso e permanência na escola; gratuidade do ensino público em estabelecimentos oficiais; garantia de padrão de qualidade e garantia do direito à educação e à aprendizagem ao longo da vida, entre outros.[5]

Segundo o art. 208 da Constituição, o dever do Estado com a educação será efetivado mediante a garantia de educação básica obrigatória e gratuita dos 4 (quatro) aos 17 (dezessete) anos de idade, assegurada inclusive sua oferta gratuita para todos os que a ela não tiveram acesso na idade própria, progressiva universalização do ensino médio gratuito e o acesso aos níveis mais elevados do ensino, da pesquisa e da criação artística, segundo a capacidade de cada um.[6]

---

[4] Art. 205. A educação, direito de todos e dever do Estado e da família, será promovida e incentivada com a colaboração da sociedade, visando ao pleno desenvolvimento da pessoa, seu preparo para o exercício da cidadania e sua qualificação para o trabalho.

[5] Art. 206. O ensino será ministrado com base nos seguintes princípios: I – igualdade de condições para o acesso e permanência na escola; II – liberdade de aprender, ensinar, pesquisar e divulgar o pensamento, a arte e o saber; III – pluralismo de ideias e de concepções pedagógicas, e coexistência de instituições públicas e privadas de ensino; IV – gratuidade do ensino público em estabelecimentos oficiais; V – valorização dos profissionais da educação escolar, garantidos, na forma da lei, planos de carreira, com ingresso exclusivamente por concurso público de provas e títulos, nas das redes públicas; VI – gestão democrática do ensino público, na forma da lei; VII – garantia de padrão de qualidade; VIII – piso salarial profissional nacional para os profissionais da educação escolar pública, nos termos de lei federal; X – garantia do direito à educação e à aprendizagem ao longo da vida.

[6] Art. 208. O dever do Estado com a educação será efetivado mediante a garantia de: I – educação básica obrigatória e gratuita dos 4 (quatro) aos 17 (dezessete) anos de idade, assegurada inclusive sua oferta gratuita para todos os que a ela não tiveram acesso na idade própria; II – progressiva universalização do ensino médio gratuito; (...) V – acesso aos níveis mais elevados do ensino, da pesquisa e da criação artística, segundo a capacidade de cada um.

Os §§1º e 2º do art. 208 dispõem ainda que a educação é um direito público subjetivo e que o não oferecimento do ensino obrigatório pelo poder público, ou sua oferta irregular, importa responsabilidade da autoridade competente. Ou seja, tem-se um direito ao qual corresponde uma prestação positiva do Estado, sob pena de responsabilização dos agentes públicos.

Os direitos, princípios e objetivos referentes à educação foram reproduzidos e detalhados na Lei de Diretrizes e Bases da Educação Nacional (LDB) – Lei nº 9.496, de 20 de dezembro de 1996 (BRASIL, 1996).

O Pidesc e o Protocolo de São Salvador foram internalizados no ordenamento brasileiro pelos Decretos nº 591, de 6 de julho de 1992 (BRASIL, 1992), e 3.321, de 30 de dezembro de 1999 (BRASIL, 1999).

Tais prescrições buscam também conciliar as diversas concepções que o termo educação pode abarcar quanto aos aspectos social/coletivo e individual, objetivos e justificativas morais e econômicas.

Tem-se, assim, um quadro consolidado de garantia normativa do direito à educação, tanto na esfera internacional quanto no ordenamento jurídico interno brasileiro, que demonstram o grau de aceitação e consolidação do direito e demandam políticas específicas para a sua garantia e concretização, seja pelo Estado, seja pela sociedade como um todo.

Felix (2006) afirma que a educação, como direito fundamental social, tem caráter eminentemente público e natureza de direito transindividual. É serviço público essencial, franqueado à iniciativa privada, nos termos da Constituição. Como direito público subjetivo, a educação seria, por isso mesmo, uma expressão do estágio de organização e democracia de cada comunidade política. No atual contexto, a educação e a saúde seriam direitos sociais que maior relevância adquirem quando espelhados para a comunidade, uma vez que sua garantia em termos individuais maximiza as possibilidades coletivas de crescimento e aperfeiçoamento de sistemas correlatos, como o sistema econômico e até o político.

McCowan (2015a) destaca que, não obstante o direito à educação ser marcado por um elevado nível de consenso sobre a sua existência, como se depreende das convenções e acordos internacionais referidos, a percepção sobre o seu conteúdo é permeada por discussões e divergências. O direito à educação pode assumir diversas formas e justificativas, e essa discussão permeia a formulação e implementação de políticas públicas internas e programas internacionais de apoio à expansão de sistemas escolares ao redor do mundo.

Hodgson (1998) apresenta como justificativas para o direito à educação o interesse público a ela inerente, baseado no papel da educação na promoção da democracia, da paz mundial e da preservação da cultura da comunidade; e a perspectiva da dignidade, desenvolvimento e bem-estar individuais, na medida em que a educação possibilita a aquisição de competências e habilidades essenciais para uma vida digna em sociedade, a oportunidade para que as pessoas percebam o seu potencial e possam ainda garantir suas necessidades básicas. Haydon (1977) justifica o direito à educação com base na importância da socialização e da autonomia para uma vida plena. A concepção instrumental vai ter destaque em Wringe (1986), que apresenta uma perspectiva de educação como elemento essencial para o exercício de outros direitos humanos.

McCowan (2015b) defende que a ideia de educação como direito deve perpassar os elementos de socialização, na medida em que ela proporciona os conhecimentos e habilidades essenciais para a vida em sociedade, bem como autonomia, que confere as ferramentas para as pessoas serem aptas a fazerem escolhas conscientes. Com base nessas premissas, o autor entende o conceito de educação como um direito humano e elenca as quatro características essenciais que o caracterizam:

a) valor intrínseco: a educação tem um valor em si mesmo, não se limita ao aspecto instrumental de servir como suplemento para outros direitos;

b) engajamento em processos educacionais: as pessoas têm o direito de participar de processos significativos de aprendizagem;

c) aproveitamento ao longo da vida: o direito à educação não pode ser limitado a determinado período da vida, deve incluir todos os níveis de educação;

d) consonância com a totalidade dos direitos humanos: os alunos devem estar cientes de que estão envolvidos em um processo intencional de aprendizagem e ter desejo e consciência de estarem nele envolvidos.

1.2.2 Direito à educação superior

Não obstante o direito à educação, de forma geral, ser largamente aceito e normativamente garantido, a discussão sobre sua garantia no tocante à educação superior assume contornos mais complexos.

A educação superior foi tradicionalmente ofertada para uma parcela reduzida das sociedades, notadamente de alto poder aquisitivo ou alta formação cultural. E por ser acessível a tão poucos, o diploma conferia prestígio social e criava consideráveis vantagens posicionais. Isso fez a educação superior ser por muito tempo considerada um privilégio, com repercussões majoritariamente individuais, o que não justificaria, por conseguinte, investimentos do Estado para a sua concretização e expansão.

Essa condição não é, no entanto, inerente à educação superior. Os benefícios sociais e individuais dela decorrentes justificam que esse nível educacional também seja compreendido como um direito, não obstante as particularidades de cada sistema ao redor do mundo.

As demandas sociais pelas oportunidades geradas pela educação superior são crescentes (MARGINSON, 2016), desencadeando discussões sobre o direito ao acesso e o papel do Estado na sua concretização.

O significado de educação superior varia de acordo com o país: alguns sistemas definem educação superior pelo tipo de instituições que a ofertam, outros pelos formatos dos cursos. As características variam também conforme a exigência de duração dos programas. Há países que consideram educação superior apenas o treinamento para certas atividades ou, ainda, apenas os cursos relacionados ao conhecimento teórico "puro" (ciências, humanidades etc.). Não há, assim, uma padronização em escala internacional do que é considerado educação superior. Essa variedade se reflete, inclusive, na própria terminologia adotada nos países, tendo-se os termos *"higher education"*, *"tertiary education"*, *"post-school"*, entre outras nomenclaturas possíveis.

Segundo Marginson (2018), educação superior significa não apenas a aquisição de conhecimentos ou de habilidades profissionais e educacionais complexas. Também significa *status* social. Embora haja uma variação a cada país sobre até que ponto o termo "ensino superior" possa ser considerado socialmente exclusivo, os esforços para mudar a definição podem ser contestados.

Para Dias Sobrinho (2003), educação superior seria uma expressão de conteúdo um tanto elástico que englobaria um subsistema posterior ao nível médio e que comportaria um leque de instituições educacionais, diferenciadas quanto à natureza jurídica, áreas de atuação, vocação, função etc.

Não obstante essa variedade de significados e percepções, McCowan (2015a) entende que alguns padrões devem ser estabelecidos. Primeiramente, a educação superior demandaria a aquisição substancial de aprendizagem anterior. O ingresso na educação superior depende de uma formação sólida prévia e, por isso, seria, em geral, direcionada a adultos. O segundo aspecto é que ela envolve estudos aprofundados em cursos de longa duração. Não é qualquer curso realizado após a conclusão da educação fundamental que pode receber o *status* de educação superior. Um programa de educação superior precisa ter um currículo e uma carga horária compatíveis com o grau de formação dele esperado, o que demanda um tempo mínimo para a sua conclusão. A educação superior poderia ser entendida, nesses termos, como a atividade organizada para proporcionar aprendizados específicos a pessoas com formação básica completa, em instituições criadas para tal fim (MCCOWAN, 2019).

No âmbito normativo, as referências à educação superior no direito internacional são consideravelmente limitadas quando comparadas com as previsões de garantias da educação fundamental. O art. 26 da DUDH, citado no tópico anterior, dispõe que "o acesso aos estudos superiores deve estar aberto a todos em plena igualdade, em função do seu mérito". Ao contrário da educação fundamental, não há referência à obrigatoriedade e à universalidade. A Declaração se limita a prever a garantia do acesso à educação superior para aqueles que tenham mérito para nela ingressar.

Na medida em que alguns sistemas disponibilizam um número de vagas extremamente limitado para a quantidade de interessados para que o conteúdo desse direito tenha alguma aplicabilidade, é necessário então que, para a sua concretização, sejam considerados o requisito processual do acesso equitativo e o grau de disponibilidade da oferta (MCCOWAN, 2015c).

O Pidesc estabelece: "A educação de nível superior deverá igualmente tornar-se acessível a todos, com base na capacidade de cada um, por todos os meios apropriados, e, principalmente, pela implementação progressiva do ensino gratuito". Aqui, pode-se observar certo avanço na previsão da implementação progressiva da gratuidade e na utilização do termo "capacidade", que pode ser entendido como um potencial de desenvolvimento futuro, ao invés de "mérito", que se refere a conquistas acadêmicas anteriores dos estudantes (BEITER, 2006 apud MCCOWAN, 2015a). Esse movimento em direção à gratuidade não tem sido, no entanto, uma marca dos processos de expansão dos sistemas de educação superior ao redor do mundo; pelo contrário, verifica-se, inclusive, a imposição de cobranças de taxas em estabelecimentos oficiais, em desacordo com o previsto no Pacto.

A *Declaração Mundial sobre a Educação Superior no Século XXI: Visão e Ação*, aprovada na Conferência Mundial sobre Educação Superior da Organização das Nações Unidas para a Educação, a Ciência e a Cultura (Unesco), em 1998, conceitua educação superior como "todo tipo de estudos, treinamento ou formação para pesquisa em nível pós-secundário, oferecido por universidades ou outros estabelecimentos educacionais aprovados como instituições de educação superior pelas autoridades competentes do Estado" (UNESCO, 1998).

O documento apresenta a ideia de igualdade de acesso e dispõe que o acesso à educação superior "deve permanecer aberto a qualquer pessoa que tenha completado satisfatoriamente a escola secundária ou seu equivalente ou que reúna as condições necessárias para a admissão, na medida do possível, sem distinção de idade e sem qualquer discriminação" (art. 3º). O art. 14 destaca o financiamento da educação superior como serviço público e que a sociedade em seu conjunto deve apoiar a educação em todos os níveis, inclusive a educação superior, dado o seu papel na promoção do desenvolvimento econômico, social e cultural sustentável.

No âmbito interno, a Constituição Federal de 1988 segue a linha do acesso com base no mérito e prevê a "garantia de acesso aos níveis mais elevados do ensino, da pesquisa e da criação artística, segundo a capacidade de cada um" (art. 208, inciso V). Nesse ponto, menciona-se que o conceito de mérito, no entanto, tem assumido contornos mais inclusivos, notadamente a partir da introdução de políticas afirmativas de cotas raciais e sociais.

Não obstante as limitações dos textos legais na garantia do direito à educação superior, McCowan (2011) defende que a afirmação da educação como direito seria contraditória com a imposição de uma limitação temporal para o seu exercício. Qualquer limite de desenvolvimento educacional estabelecido para marcar o fim do direito seria arbitrário, na medida em que não seria possível determinar o nível de educação suficiente para se atingirem os benefícios por ela proporcionados.

Nesse ponto, no Brasil, a Constituição (art. 206, inciso IX) e a LDB (art. 13, inciso XIII) garantem o direito à educação e à aprendizagem ao longo da vida. Não haveria sentido, assim, limitar o exercício desse direito à educação fundamental.

Para além da afirmação do direito à educação superior no contexto de um direito geral à educação, que dura a vida inteira, McCowan (2020) destaca também elementos específicos que o justificam. Em primeiro lugar, a educação superior proporciona, na maioria das sociedades, acesso privilegiado aos empregos mais reconhecidos e bem remunerados em razão dos conhecimentos e habilidades adquiridos, mas também do *status* que o diploma de ensino superior proporciona notadamente nas sociedades com altos índices de desigualdade. Mas, além do aspecto instrumental, a educação superior tem um importante valor intrínseco: a experiência de aprendizagem e o processo individual e coletivo de desenvolvimento intelectual. O autor menciona ainda o aspecto cívico de desenvolvimento da consciência política e da cidadania, e aspectos individuais decorrentes do valor da interação com a comunidade acadêmica.

Felix (2006) entende que a educação superior no contexto brasileiro está consolidada como bem público, que é usufruído tanto em instituições mantidas diretamente pelo Estado quanto em instituições mantidas pelo investimento privado, adstritas ambas as categorias a valores e princípios definidos e garantidos pelo Estado.

As ideias de garantia e concretização do direito à educação superior, no entanto, não precisam adotar o mesmo formato do direito à educação fundamental, com obrigações e metas de universalização impostas aos Estados. A educação superior é uma das diversas formas de qualificação educacional possíveis disponíveis após a conclusão do ensino médio, como os cursos técnicos, cursos profissionalizantes e cursos livres. Não obstante trazer vários benefícios aos que dela participam, a matrícula na educação superior não é, assim, um pressuposto necessário para o desenvolvimento profissional e pessoal. Tem um papel complementar, que não pode ser imposto.

Um ponto-chave que demanda políticas públicas para a sua efetivação é que, reconhecendo-se a educação superior como um direito, deve então ser oportunizado o acesso aos que nela desejem ingressar. Num contexto de histórico privilégio, é necessária a existência de programas de criação de vagas gratuitas e também que as vagas que demandam pagamento de taxas sejam ofertadas conjuntamente com a disponibilização de bolsas e financiamentos que permitam o acesso a elas pelos que não podem arcar com os valores exigidos.

Outro elemento para a concretização do direito à educação superior é a qualidade. Com efeito, as justificativas para a garantia do direito perdem o sentido se não há qualidade na educação ofertada. O conceito e as formas de avaliação da qualidade serão abordados posteriormente, mas cabe aqui registrar a importância de sua garantia, ainda mais num quadro de massificação da educação superior em vários países, nem sempre com o devido acompanhamento dos padrões mínimos de qualidade esperados.

Por fim, a educação superior deve ser considerada um direito, no sentido de que deve ser disponibilizada para todos, mas deve também ser considerada um privilégio, uma vez que é uma oportunidade preciosa que deve ser aproveitada tanto quanto possível e, em seguida, usada em benefício da sociedade (MCCOWAN, 2020).

1.3 Expansão da educação superior: de um sistema de elite para um sistema de massa

O acesso à educação superior foi historicamente restrito a uma pequena parcela da sociedade. O ingresso nas universidades era possibilitado apenas às elites econômicas e culturais. Essa ainda é, de certa forma, uma realidade nas instituições internacionais de maior prestígio, mas o quadro geral passou por transformações.

Nas últimas décadas, os sistemas foram diversificados para abrigar uma maior pluralidade de perfis de provedores e, também, um maior número de estudantes. Não obstante variações de modelos e de políticas de cada país, pode-se afirmar que houve um notório movimento de expansão da educação superior ao redor do mundo. Entre 1970 e 2013, o número de estudantes de educação superior no mundo multiplicou-se por 6,12, enquanto a população global multiplicou-se por 1,93 (UNESCO, 2015; BANCO MUNDIAL, 2015).

Trow (1973; 2007) foi pioneiro na identificação e análise desse movimento de expansão da educação superior no mundo no período posterior à Segunda Guerra Mundial. Essa expansão se deu, segundo o autor, não pela demanda da economia por egressos qualificados com diplomas, mas principalmente pelas aspirações sociais decorrentes da ambição das famílias por melhores posições sociais e, dos estudantes, por realização pessoal. O papel do Estado teria sido, assim, reativo, com a implementação de políticas públicas de facilitação do acesso para atender essa demanda social.

O autor criou uma categorização dos sistemas de acordo com o percentual de estudantes egressos do ensino médio matriculados na educação superior: sistemas de elite são aqueles com menos de 15%; sistemas de massa quando essa porcentagem varia de 15% a 50% (a partir desse percentual, o campo assume outras características); e sistemas de acesso universal quando a taxa de matrícula ultrapassa os 50% (que passa a abrigar novas formas e modelos de educação superior).

Essa classificação não se refere a modelos necessariamente sucessivos, nos quais um sistema substitui e se impõe sobre o outro. Trow ressalta que é possível a existência simultânea de formatos de elite, de massa e universais num mesmo sistema, notadamente em estruturas verticais de diferenciação sistêmica. Cada modelo de sistema assume características próprias em relação a aspectos sociais, educacionais e políticos.

O autor relaciona essas fases com mudanças na própria concepção de educação superior. Os sistemas de elite têm como objetivo primordial formar a classe dominante e, assim, preparam os estudantes para ocuparem postos-chave nos governos e nas profissões mais prestigiadas. Nos sistemas de massa, as instituições seguem preparando as elites, mas uma parcela maior de estudantes, que inclui setores antes não contemplados. O foco passa a ser então a formação técnica para determinados setores prestigiados. Nas instituições de acesso universal, por seu turno, dá-se início à preocupação com a preparação de um número considerável de estudantes para a vida, com o treinamento para maximizar a adaptação da população para uma sociedade que enfrenta rápidas mudanças sociais e tecnológicas.

Sobre a percepção da sociedade acerca do ingresso na educação superior, quando o acesso é altamente restrito, geralmente é visto como um privilégio, decorrente das condições de nascimento ou de talento – ou de ambas. À medida que o percentual de matrículas ultrapassa o percentual de 15%, dá-se início à ideia de acesso à educação superior como um direito para os que detêm certa qualificação e, quando esse percentual ultrapassa 50%, a matrícula na educação superior passar a ser vista como uma obrigação social, notadamente nas classes médias e altas. À medida que o número de pessoas matriculadas na educação superior cresce, as melhores posições no mercado de trabalho passam a ser reservadas para quem conclui esse nível educacional.

Marginson (2016, 2018) revisita essa discussão e cria a nomenclatura "sistemas de alta participação" (*high participation systems*), quando mais de 50% de estudantes egressos do ensino médio estão matriculados na educação superior. O autor justifica essa opção por considerar que o termo "universal" seria mais apropriado para os sistemas com 100% – ou próximo disso – de matrículas.

A expansão dos sistemas de educação superior de alta participação teria relação direta com as melhorias nas condições de equidade pelo mundo, na medida em que o acesso proporcionaria inclusão social. Os sistemas de alta participação tendem a ser estratificados a partir de uma diferenciação vertical entre tipos de provedores (universidades de elite e de massa) e, também, por uma redução da diversidade de tipos de instituições, com certa padronização entre os provedores de mesmo perfil. Esse crescimento tem como marca ainda a ascensão do sistema privado, notadamente com fins lucrativos. No tocante à governança, os sistemas de alta participação são marcados por controles multiníveis e mecanismos de acompanhamento (MARGINSON, 2018).

Quando Trow publicou *Problems in the transition from elite to mass higher education* (1973), apenas 19 países tinham ultrapassado a marca de 15% de matrículas. O autor então apontou que qualquer movimento de pausa na expansão da educação superior teria poucas chances de sucesso.

Os dados do Banco Mundial (2016) demonstram que essa previsão de crescimento contínuo da educação superior se concretizou: em 2013, havia 56 sistemas de alta participação com mais de 50% de matrículas, e 112 sistemas de massa, na definição de Trow, com mais de 15%. Menos de 50 sistemas de educação superior, menos de um quarto do total, ainda permaneciam na escala de menos de 15% como sistemas de elite.

Não obstante a narrativa de Trow de expansão dos sistemas como uma resposta às demandas sociais, os Estados e as agências internacionais têm desempenhado um papel preponderante também como indutores desses processos, com a implementação de políticas públicas de financiamentos às instituições e aos estudantes, bem como com a imposição de um regramento regulatório que promova e organize esses movimentos.

Marginson (2018) destaca que o Estado desempenha um papel primordial nos primeiros estágios da expansão. Não seria possível ampliar um sistema sem algum tipo de financiamento público para a infraestrutura e treinamento de pessoal. As aspirações por educação superior seriam também incentivadas e tornadas acessíveis por subsídios para as taxas educacionais e, também, para a manutenção dos estudantes durante os cursos. Nesse ponto, a demanda social funcionaria como um estágio da política pública, de criação da agenda. Nos estágios posteriores da expansão, no entanto, essa relação seria revertida. Uma vez que um sistema de massa – ou de alta participação – já está estabelecido, aí sim o processo de expansão tem continuidade a partir da própria demanda social. O Estado seguiria, no entanto, presente, com intervenções seletivas para aumentar a participação de estudantes de determinados grupos sociais.

Schendel e McCowan (2016) analisam a expansão dos sistemas de educação superior especificamente nos países de baixa e média renda e apontam uma forte pressão pelo aumento de matrículas nesses países por parte tanto dos agentes ofertantes – muito em razão da importância da educação superior para a economia do conhecimento – quanto dos agentes demandantes, notadamente o crescente número de egressos do ensino secundário que veem a educação superior como o melhor caminho para a melhoria da condição econômica e para mobilidade social.

    Os autores apontam que, enquanto todos os países enfrentam dificuldades para conciliar as agendas de restrições orçamentárias com as demandas por aumento de participação nas universidades, os países de baixa e média renda têm que lidar, além disso, com questões adicionais específicas. As restrições orçamentárias impõem limitações severas tanto em relação ao financiamento do sistema de educação superior em si quanto no tocante à partilha dos custos das taxas com os estudantes e suas famílias. Ainda em decorrência da limitação orçamentária, os sistemas de educação superior nesses países foram tradicionalmente restritos para a elite, e a rápida expansão representa um choque significativo, que desestabiliza as estruturas então vigentes. Mesmo quando há financiamento disponível, a capacidade de expansão é limitada pelo número insuficiente de quadros acadêmicos qualificados para ocupar os postos nas instituições. O déficit de qualidade nos níveis educacionais primários e secundários tende a ocasionar o ingresso na educação superior de uma proporção considerável de estudantes que não dispõem das qualificações mínimas requeridas. Finalmente, países com menos recursos tendem a ter sua autonomia limitada e são obrigados a se submeterem à influência de organizações internacionais e de doadores externos nas suas agendas políticas e educacionais (SCHENDEL; MCCOWAN, 2016).

    No Brasil, o primeiro movimento de expansão teve início com o viés de expansão do mercado e fomento ao desenvolvimento econômico, com o advento das instituições com fins lucrativos. Em um segundo momento, agregou-se a essa política a agenda da inclusão social e redução das desigualdades.

    Esse quadro de rápida expansão de sistemas de educação superior predominantemente de elite para sistemas de massa/alta participação ao redor do mundo inegavelmente tem um lado positivo, tendo em vista os benefícios coletivos e individuais proporcionados pela educação superior. Esse movimento traz consigo, no entanto, o desafio de garantir a qualidade, sem a qual essa expansão perde o sentido e se torna uma via para a mera aquisição de um diploma de graduação sem que as qualificações necessárias a ele inerentes sejam incorporadas.

1.4 Educação superior e desenvolvimento

Por muito tempo, prevaleceu a ideia segundo a qual uma vez que a educação superior era restrita a uma pequena parcela da sociedade, de elite, os investimentos públicos nesse setor perpetuariam as injustiças sociais. Deveriam então ser priorizados os investimentos na educação fundamental e na educação secundária. Como resultado, verificou-se, principalmente nos países de baixa renda, a redução do financiamento das agências internacionais e governos na educação superior, com impactos diretos na qualidade. As mudanças no sistema produtivo associadas à globalização e o advento da chamada "economia do conhecimento", aliados ao crescimento da demanda como resultado da expansão de matrículas na educação primária e secundária, no entanto, redirecionaram a atenção das agências e governo para a importância da educação superior para o desenvolvimento (OKETCH; MCCOWAN; SCHENDEL, 2014).

Conforme mencionado no tópico anterior, a educação superior tem sido objeto de movimentos de expansão em várias partes do mundo nas últimas décadas – inclusive no Brasil – e, em geral, esses são promovidos a partir de altos investimentos governamentais. Dentre as justificativas para esses investimentos e para a expansão em si, pode-se mencionar o atendimento das demandas do mercado de trabalho para o desenvolvimento econômico, mas a expansão da educação superior tem também efeitos sociais, culturais e políticos nas sociedades (BRENNAN, 2018).

Para Oketch, McCowan e Schendel (2014), a análise do impacto da educação superior no desenvolvimento envolve elementos econômicos e não econômicos. Crescimento econômico e desenvolvimento não seriam sinônimos, mas conceitos inter-relacionados. A ideia de desenvolvimento incorporaria, pois, uma série de outros resultados para além dos dados de crescimento do produto interno bruto (PIB), como redução da pobreza, diminuição da desigualdade de renda, melhoria dos indicadores de saúde, escolaridade, qualidade da educação, cidadania, proteção dos direitos humanos e, ainda, proteção do meio ambiente.

Blackmur (2007) aponta que, no período pós-Segunda Guerra Mundial, criou-se um consenso em vários países no sentido de que a melhoria das condições de vida dependeria do real crescimento do PIB *per capita* e da sua distribuição entre a comunidade, e a educação superior teria o potencial de influir significativamente nesse processo de desenvolvimento.

A chamada teoria do capital humano (*human capital theory*) teve proeminência na justificativa dos investimentos do Estado na expansão da educação superior com base nos seus impactos para o desenvolvimento econômico. O valor do investimento público na educação superior seria recuperado com os ganhos individuais e públicos provenientes do desempenho do trabalho qualificado por ela proporcionado. Estudantes com maiores níveis de educação desempenhariam funções mais especializadas e rentáveis, e a melhoria da renda promoveria também o crescimento da produtividade e da economia como um todo.

Segundo Schultz (1961), o investimento no conhecimento seria o caminho para incentivar o desenvolvimento. Esse investimento no capital humano representaria uma melhoria no bem-estar individual, assim como um retorno na taxa de produtividade dos trabalhadores, e deveria ser realizado pelo Estado, único ente apto a promover um investimento educacional de larga monta capaz de atingir a todos. O investimento na educação, no caso dos próprios indivíduos, teria como fundamento a expectativa de ganhos futuros de renda e, no caso das políticas públicas dos Estados, a promoção do crescimento econômico.

Para Becker (1964), capital humano seria o conjunto de capacidades produtivas que uma pessoa poderia adquirir a partir da acumulação de conhecimentos aptos a serem utilizados na produção de riqueza. Assim, o nível de capital humano de uma população influenciaria diretamente o sistema econômico com o aumento da produtividade, da renda, dos conhecimentos e habilidades e, assim, contribuiria com a sociedade de forma individual e coletiva.

Essa teoria fundamentou durante décadas as políticas de incentivos na expansão dos sistemas de educação superior em países de baixa e média renda pelos organismos multilaterais de fomento, como o Banco Mundial, a Organização das Nações Unidas para a Educação, a Ciência e a Cultura (Unesco) e a Organização para a Cooperação e Desenvolvimento Econômico (OCDE).

A teoria do capital humano foi objeto de críticas de diversos vieses. Segundo Marginson (2017), a teoria trata de dois domínios heterogêneos – educação e trabalho – como se fosse possível unificá-los e, com isso, elimina da análise outras possíveis explicações para as relações heterogêneas entre esses campos, que variam de acordo com o país, o campo de estudo, o tipo de instituição, entre outros. Essa corrente de pensamento afirma-se também como uma teoria universal com base em uma lente limitada, que não considera a variedade de modelos e sistemas sociais.

Sen (1997) aponta que seria um equívoco analisar o desenvolvimento da educação como somente uma forma de tornar as pessoas mais produtivas, considerando apenas a melhoria dos recursos humanos. Nessa teoria, as pessoas seriam apenas os meios de produção, quando são, na verdade, os fins últimos do processo de melhoria na educação. O autor considera que a melhoria em variáveis como educação e saúde não seria apenas uma forma de geração do crescimento econômico (valor instrumental), mas também um elemento constitutivo da capacitação das pessoas (valor intrínseco).

A relação entre a educação superior e o crescimento econômico assume outras bases na teoria do crescimento endógeno (*endogenous growth theory*), que expandiu essa análise para além da tradicional referência ao aumento da produtividade e renda. Adota-se como ponto de partida que a existência de pessoal altamente qualificado é um pré-requisito para o crescimento no contexto da sociedade do conhecimento, tendo em vista a necessidade de adaptação às evoluções tecnológicas em andamento. A educação tem uma relação direta com a inovação e o desenvolvimento de novas tecnologias, essenciais para o crescimento econômico (LUCAS, 1988).

Oketch, McCowan e Schendel (2014) afirmam que há uma clara relação entre a proporção de indivíduos com diploma de educação superior e o crescimento econômico dos países. Com um crescente número de jovens completando a educação primária e secundária, a educação superior mostra-se como crucial para o desenvolvimento econômico. Os autores destacam ainda alguns estudos que sugerem que o investimento em educação superior teria maior impacto no crescimento econômico em comparação com o investimento nos níveis educacionais inferiores.

Conforme adiantado, os impactos da educação superior – em suas facetas de ensino, pesquisa e extensão – no desenvolvimento não podem, entretanto, ser mensurados apenas sob o aspecto econômico. Existe uma gama de benefícios não econômicos proporcionados pela formação na educação superior.

McMahon (1999) trabalha com o conceito de desenvolvimento endógeno, segundo o qual, mais do que benefícios econômicos, a educação superior contribui para a melhoria da qualidade de vida e de oportunidades para os indivíduos a partir de benefícios não econômicos, ou seja, aqueles que se manifestam no período de vida fora do trabalho. McMahon e Oketch (2013) indicam que os níveis mais avançados de educação levam a melhorias nas condições de saúde – para os indivíduos e também para suas famílias –, maior expectativa de vida, avanços no planejamento familiar, entre outros benefícios. Ademais, esses fatores combinados teriam o potencial de contribuir ainda para a melhoria da produtividade dos indivíduos, o que levaria, em outra instância, também ao crescimento econômico.

Segundo Brennan (2018), a educação superior teria uma dimensão social decorrente dos benefícios da expansão desses sistemas para as sociedades. A extensão do acesso à educação superior possibilitaria a extensão das oportunidades de mobilidade social para uma larga parcela da sociedade e, com isso, contribuiria para a redução das desigualdades. O autor faz referência aos países em desenvolvimento em particular, nos quais maiores parcelas da população estão podendo ingressar na educação superior e, assim, se beneficiando das oportunidades de futuro por ela proporcionadas.

A experiência da educação superior tem um impacto direto na vida dos estudantes em termos de cidadania, saúde e bem-estar, impactos esses que se estendem também para suas famílias.

Esses elementos trazem consigo benefícios sociais na participação política e engajamento em causas sociais e, quando agregados com os benefícios econômicos, tem-se ideia do potencial transformador da educação superior (BRENNAN, 2018).

Para Felix (2006), a educação superior não pode ser encarada como mero artefato destinado a uma profissionalização mais eficaz e refinada dos sujeitos sociais, mas, sim, como um importante elemento de participação na sociedade do conhecimento. Nesse sentido, a "qualificação para o trabalho" tem relação não apenas com a aquisição de conhecimentos técnicos pelos indivíduos, mas também com a relevância do trabalho para a sociedade como instrumento de sobrevivência e promoção de uma maior igualdade social, o que contribuiria para a ampliação das possibilidades do exercício da cidadania.

Oketch, McCowan e Schendel (2014) também mencionam os substanciais benefícios não econômicos da educação superior para a sociedade. Segundo os autores, as evidências demonstram claramente os efeitos positivos da graduação nas habilidades dos estudantes, com reflexos em diferentes áreas, como participação política, saúde e nutrição e redução das desigualdades de gênero. A educação superior fortalece também as instituições governamentais e não governamentais, o que impacta positivamente em valores como democracia e proteção ambiental.

Unterhalter e Howell (2020) avaliam a importância da educação superior no desenvolvimento de países de baixa e média renda, e listam como benefícios econômicos e não econômicos: melhoria da qualificação profissional, crescimento econômico equitativo e sustentável, redução da pobreza, novos conhecimentos que contribuem para a inovação tecnológica e social, fortalecimento e transformação das instituições, fortalecimento da participação social e política, entre outros.

Está sedimentado, pois, na literatura especializada e nas evidências fáticas que a educação superior desempenha um papel essencial no desenvolvimento dos países, tanto no aspecto econômico propriamente dito – na formação de mão de obra qualificada no mercado de trabalho e na inovação – quanto no aspecto não econômico – cidadania, redução das desigualdades, saúde, gênero.

1.5 O Estado e a regulação da educação superior: garantia da qualidade

1.5.1 Expansão e garantia da qualidade

As políticas de expansão da educação superior foram largamente aplicadas ao redor do mundo, e com certo sucesso, tendo em vista a evolução das taxas de matrícula que caracterizam a maioria dos sistemas como "de massa" ou de "alta participação". E a educação superior tem o potencial de gerar impactos econômicos e sociais para os indivíduos, suas famílias e para a sociedade como um todo.

A relação entre o crescimento do setor e a concretização dos benefícios dele esperados é, no entanto, complexa. Não é possível se obter uma fórmula exata entre expansão e benefícios econômicos e não econômicos da educação superior. Uma das condicionantes que devem ser consideradas nessa relação é a qualidade da educação.[7]

Segundo Hanushek (2013), as políticas baseadas na teoria do capital social com foco limitado no aumento do grau de escolaridade não são suficientes para garantir o incremento das condições econômicas. Os impactos esperados se tornariam mais concretos com a adição da questão da qualidade da educação. Para o autor, a mera aquisição de escolaridade em si não teria efeitos concretos sobre os ganhos individuais e distribuição da renda – e sobre o crescimento econômico –, mas, sim, sobre as ferramentas cognitivas adquiridas pelos estudantes nesses processos. O foco na qualidade, no entanto, envolve decisões políticas complexas. Aparentemente, é mais simples planejar a expansão do sistema do que a melhoria da sua qualidade.

Sem qualidade, os referidos benefícios não econômicos também se perdem. Quando não há uma avaliação de qualidade efetiva que garanta um padrão mínimo, o sistema passa a abrigar instituições que não estão aptas a fornecer a formação necessária

---

[7] Os conceitos de qualidade da educação superior e sobre os sistemas de avaliação dessa qualidade estão mais detalhados no *Capítulo 3 – A avaliação da educação superior: a garantia da qualidade e a construção do Sinaes*.

para que os estudantes desenvolvam suas habilidades sociais. Além de gerar frustração em face do investimento de tempo e de recursos despendidos naquela graduação, a educação superior se limita a reduzir as desigualdades – as instituições tradicionais de elite têm mais recursos disponíveis para contratar os melhores docentes e fornecer as melhores estruturas.

Um sistema de educação superior com alto grau de participação tem na qualidade um requisito essencial para ocasionar a melhoria das condições de vida, assim como a distribuição desses benefícios. Ainda, num mundo globalizado, um sistema de educação superior de alta qualidade permite a formação de boas conexões internacionais e, assim, facilita a introdução de novas ideias e forma relações de troca e cooperação com países estrangeiros, com a movimentação de estudantes e pesquisadores (WILLIAMS *et al.*, 2013).

Schendel e McCowan (2016) destacam que esse rápido crescimento dos sistemas de educação superior levantou o debate sobre o desafio da garantia da qualidade da educação ofertada, notadamente em razão de o processo de massificação trazer consigo um aumento considerável do número de estudantes e, também, da diversidade desses alunos, inclusive em termos de níveis de formação acadêmica prévia.

A expansão demanda estrutura acadêmica adequada, docentes com titulação compatível, corpo administrativo com experiência, entre outros fatores que nem sempre foram devidamente contemplados notadamente nos países de baixa e média renda que tiveram a predominância das instituições com fins lucrativos como marca nesse processo. A insuficiência desses recursos teve impactos consideráveis na qualidade dos cursos ofertados e desencadeou a agenda da avaliação como um processo necessário a ser considerado e agregado na política de massificação da educação superior.

1.5.2 Regulação e educação superior

O direito à educação superior, aliado à sua importância para o desenvolvimento econômico e social das sociedades, levanta o debate sobre o papel do Estado na sua concretização e no fomento à expansão. Há modelos nos quais o crescimento do setor se deu como resultado direto da implementação de políticas públicas e outros nos quais a atuação do Estado foi mais restrita, limitando-se ao estabelecimento de regras regulatórias mínimas e na concessão de financiamentos que viabilizassem esse crescimento. De uma forma ou de outra, no entanto, a atuação estatal fez-se presente.

Seja para atender a uma demanda social reprimida, como apontado por Trow (1973), seja pelos papéis que a educação superior desempenha no desenvolvimento, nos sentidos econômico e não econômico, o Estado tem sido um sujeito essencial na expansão dos sistemas de educação superior ao redor do mundo.

Blackmur (2007) reflete que, tendo em vista o destaque que as políticas de expansão da educação superior assumiram nos projetos de crescimento econômico e distribuição de renda, os governos naturalmente se debruçaram sobre a *performance* dos seus respectivos sistemas nacionais. O Estado teria um interesse estratégico no desenvolvimento da economia do conhecimento e nos seus impactos nos empregos, desenvolvimento econômico e internalização, e a análise da equidade e qualidade seria essencial.

A intervenção do Estado no domínio da educação se dá, nesses termos, pela regulação, entendida, de forma geral, como uma forma de atuação ou intervenção governamental em atividades compreendidas como centrais para a sociedade (BALDWIN; CAVE; LODGE, 2011).

Hodges (2015) conceitua regulação como atividade estatal de controle sobre uma atividade que tem fundamento legal para ser desenvolvida e que o Estado deseja que esteja sujeita a certos parâmetros. Os governos – e suas instituições reguladoras – estabelecem os padrões dessas atividades e buscam direcionar os comportamentos dos agentes de forma a reduzir o risco à qualidade e reputação do setor.

A intervenção regulatória do Estado no domínio da educação superior nos moldes aqui defendidos encontra abrigo nas chamadas teorias da regulação de interesse público, que atribuem aos agentes estatais responsáveis pela elaboração e implementação da regulação o objetivo de alcançar benefícios coletivos com fins de promover o bem-estar geral da comunidade (MORGAN; YEUNG, 2007). Feintuck (2010), ao defender a teoria do interesse público da regulação, aponta o caráter restrito da racionalidade mercadológica como fundamento para a regulação a fim de englobar uma série de valores políticos e sociais estabelecidos nas democracias liberais e que podem ser vistos, em sua essência, como garantias de ordem constitucional.

No campo das teorias de interesse público, tem-se ainda a vertente das teorias substantivas da regulação, nas quais valores como justiça social e redistribuição de renda figuram como justificativas para a atuação regulatória (MORGAN; YEUNG, 2007). O fenômeno regulatório serviria, pois, ao fim maior de garantia institucional dos direitos fundamentais (ARANHA, 2019).

A regulação é aqui compreendida, assim, como a atividade estatal de intervenção indireta sobre a conduta dos sujeitos públicos e privados, de modo permanente e sistemático, para implementar as políticas públicas de governo e realizar os direitos fundamentais (JUSTEN FILHO, 2005).

Aranha (2019) conceitua, nessa linha, a atividade regulatória como a presença de "regras e atuação administrativa de caráter conjuntural pautadas no pressuposto de diuturna reconfiguração das normas de conduta e dos atos administrativos pertinentes para a finalidade de redirecionamento constante do comportamento das atividades submetidas a escrutínio", que teriam por eixo orientador "parâmetros regulatórios definidos a partir dos enunciados de atos normativos e administrativos de garantia dos direitos fundamentais" (ARANHA, 2019, p. 243).

Notadamente em contextos de subdesenvolvimento, a regulação deve ser desenhada de forma a provocar e induzir ganhos de equidade, ou seja, servir como um canal de fomento de metas de justiça redistributiva (COUTINHO, 2014).

A educação superior é normalmente entendida como uma atividade regulada. Os altos investimentos públicos no fomento da expansão e a sua importância para as economias nacionais demonstram a essencialidade da avaliação pública sobre essa atividade. Os reguladores buscam, então, estabelecer os padrões a serem seguidos pelas instituições provedoras (KING, 2018).

Lodge (2018) destaca que a regulação da educação superior pode envolver diferentes objetivos, que estão tradicionalmente associados a diferentes modelos regulatórios. Tem-se a regulação baseada na supervisão por agências oficiais (*oversight*), a imposição de padrões de balizamento para competição por fundos e ranqueamento entre os provedores (*rivalry*), a análise por órgãos colegiados formados por especialistas (*mutuality*) e a regulação com base em acompanhamento contínuo a partir de visitas anônimas e surpresa (*contrived randomness*). Haveria uma tendência de crescimento da análise por agências. A título exemplificativo, tem-se a *Quality Assurance Agency* (QAA), no Reino Unido, a *Tertiary Quality and Standards Agency* (TEQSA), na Austrália, e a Agência de Avaliação e Acreditação do Ensino Superior (A3ES), de Portugal. No Brasil, tais funções não são exercidas por uma agência única. As competências são partilhadas pela Secretaria de Regulação e Supervisão da Educação Superior do Ministério da Educação (Seres/MEC) e pelo Instituto Nacional de Estudos e Pesquisas Educacionais Anísio Teixeira (Inep).[8]

Cada componente da educação superior está, por princípio, potencialmente sujeito a algum tipo de avaliação de qualidade pelo poder público, pelo menos em termos de atendimento aos padrões mínimos exigidos. A determinação desses padrões de qualidade vai depender do que cada governo defina como expectativas e interesses no processo de expansão dos seus sistemas de educação superior. Podem definir a qualidade de cada componente conforme o seu impacto no desenvolvimento econômico, equidade, opinião pública ou falhas de mercado (BLACKMUR, 2007).

O papel do Estado na regulação da educação superior mostra-se como faceta essencial da garantia do direito à educação. A experiência de desregulação do setor não se mostrou apta a promover os valores da qualidade e equidade; pelo contrário, acarretou um crescimento desordenado do número de instituições, sem o devido controle da qualidade da educação ofertada. A "regulação pelo mercado" limitou-se ao aspecto concorrencial, no qual os estudantes optavam pela instituição de acordo com os preços das mensalidades.

Bucci (2013) comenta as disposições da Constituição brasileira sobre o papel do Estado na garantia da qualidade da educação e defende que a correta aplicação do comando constitucional se

---

[8] O *Capítulo 2 – Contexto e marco regulatório da educação superior no Brasil: o desafio da expansão com qualidade* detalha a estrutura regulatória da educação superior no Brasil.

corporifica num conjunto de regras processuais, leis, decretos e portarias, que dependem, numa via de mão dupla, de uma ligação viva com o sentido constitucional. A realização dos direitos sociais – que depende de uma escala ampla, compatível com o tamanho das demandas – estaria condicionada a um papel ativo do poder público, e o problema não seria apenas definir o papel do Estado, mas "apontar os modos de sua atuação para a realização bem-sucedida dos objetivos democraticamente escolhidos" (BUCCI, 2013, p. 27).

Nesse contexto, o Estado e as políticas públicas com o objetivo de intervir na educação superior adquiriram um papel central e intransferível de acolher e ordenar demandas complexas relativas à necessidade de expansão de acesso com a garantia da qualidade. Destacam-se, nesse sentido, a disciplina da oferta e, sobretudo, o estabelecimento e implementação de mecanismos que suportem e equilibrem a tensão entre crescimento e qualidade (FELIX, 2006).

Dessa forma, entende-se que a atuação do Estado na educação superior deve ser pautada por uma política regulatória apta a concretizar os poderes/deveres administrativos constitucionalmente a ele atribuídos, com vistas à garantia da qualidade, dentre eles: a institucionalização de um sistema de avaliação; os processos de autorização de abertura de IES e cursos; fiscalização de cumprimento da legislação educacional; formas de financiamento das IES públicas e privadas; e políticas de fomento, uma política de regulação que garanta a expansão do sistema, mas que incremente a capacidade do Estado de melhorar a qualidade.

No âmbito da educação superior, falar de política regulatória significa trabalhar as noções de regulação como meio de implementação de políticas públicas, no caso, da garantia do acesso – por meio da expansão de vagas – e da melhoria da qualidade.

1.6 Conclusões

A educação superior deixou de ser encarada como um privilégio, acessível a poucos e com ganhos estritamente individuais, e assumiu o papel de direito a ser garantido a todos que tenham interesse e às qualificações prévias requeridas.

Isso se deu também porque as análises empíricas demonstram que a educação superior é um elemento importante para o desenvolvimento individual e coletivo, e proporciona inegáveis impactos positivos para o crescimento econômico e social. Além dos ganhos de produtividade, possibilita benefícios sociais que extrapolam a esfera dos indivíduos diretamente envolvidos e se alargam para suas famílias e para a sociedade como um todo.

Para que esses impactos sejam concretizados, no entanto, é necessário garantir equidade no acesso e qualidade da educação ofertada, e o Estado desempenha uma função essencial nesses campos através das políticas de fomento e de garantia da qualidade. A expansão dos sistemas de educação superior tem que necessariamente estar vinculada a uma política de promoção da qualidade.

A intervenção do Estado nessa seara deve se dar a partir de uma política regulatória que garanta a qualidade e, assim, concretize o direito.

CAPÍTULO 2

CONTEXTO E MARCO REGULATÓRIO DA EDUCAÇÃO SUPERIOR NO BRASIL: O DESAFIO DA EXPANSÃO COM QUALIDADE

2.1 Introdução

A Constituição Federal atribui ao poder público a competência para autorizar o funcionamento e avaliar a qualidade das instituições e cursos de educação superior. Ao mesmo tempo, a educação é incluída no rol dos direitos sociais como prestação positiva a ser garantida pelos entes federativos e como direito de todos e dever do Estado.

Essa dupla função do Estado como agente regulador e, também, agente responsável pela formulação e implementação de políticas públicas que garantam o acesso à educação superior acarreta uma necessidade de permanente intersecção entre essas funções. As políticas de expansão do setor não podem ignorar a necessidade da garantia da qualidade. Ao mesmo tempo, os critérios da avaliação de qualidade não devem prescindir dos objetivos e funções da educação superior num contexto de expansão após décadas de demanda reprimida por vagas.

A educação superior passou por intensas transformações nos últimos anos em decorrência da abertura do setor à oferta com fins lucrativos, num primeiro momento, e das políticas públicas de inclusão social por meio do acesso ao ensino superior, num segundo momento. O setor, que antes era um espaço restringido, ocupado pelas instituições públicas e por tradicionais instituições privadas comunitárias, filantrópicas e confessionais, passou por um processo de massificação e se tornou uma das principais arenas de políticas públicas e de atividades econômicas no território nacional.

Esse processo moldou a formulação da política nacional de garantia da qualidade, estabelecendo a agenda da criação do Sistema Nacional de Avaliação da Educação Superior (Sinaes). O presente capítulo objetiva, assim, apresentar o contexto atual da educação superior no país e discutir o processo de expansão do setor.

Para tanto, primeiramente será exposto o contexto atual da educação superior no Brasil a partir da sistematização dos dados oficiais do Censo da Educação Superior sobre os números de instituições, cursos e matrículas, de acordo com a categoria administrativa, organização acadêmica e modalidades de ensino, de forma a mostrar a complexidade do universo regulatório.

Posteriormente, será discutido o marco regulatório do setor, com base nas normas que disciplinam a atividade regulatória do poder público e da estrutura institucional responsável pela sua aplicação.

Por fim, serão abordados os números do Censo da Educação Superior sobre a expansão da educação superior e debatidas as diversas políticas públicas que contribuíram para esse processo, tanto no campo privado quanto no público.

2.2 Contexto regulatório da educação superior

Segundo os dados do Censo da Educação Superior 2019 (BRASIL, 2020), publicado pelo Instituto Nacional de Estudos e Pesquisas Educacionais Anísio Teixeira (Inep), a rede de educação superior brasileira é formada 2.608 instituições de educação superior, das quais 302 são públicas (11,6%) e 2.306 são privadas (88,4%). Dentre as instituições públicas, 110 são federais (4,2%), 132 são estaduais (5,1%) e 60 são municipais (2,3%).

Gráfico 1 – Percentual de instituições de educação superior, por categoria administrativa

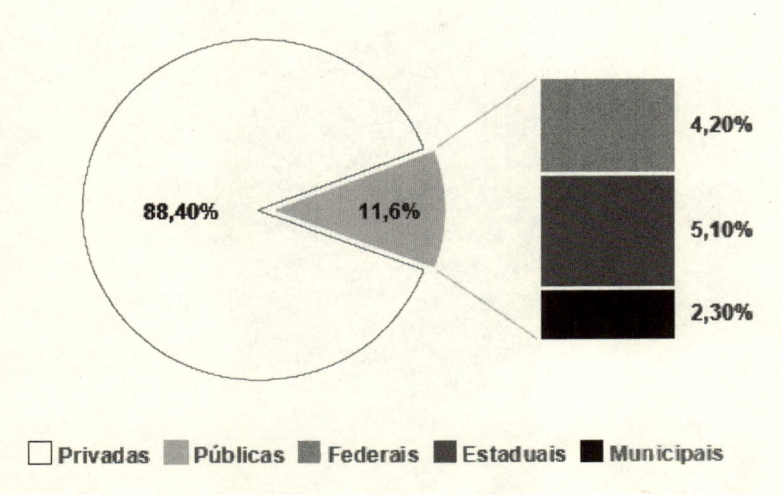

[Gráfico de pizza: Privadas 88,40%; Públicas 11,6% (Federais 4,20%; Estaduais 5,10%; Municipais 2,30%)]

Fonte: Elaboração própria com dados do Censo da Educação Superior 2019 (BRASIL, 2020).

No tocante à organização acadêmica, predomina entre as IES o formato de faculdade (79,6%), notadamente em razão do setor privado (83,8%). O Censo aponta ainda que a maioria das universidades no Brasil é pública (54,5%). Do número total, 198 instituições são universidades (7,6%); 294, centros universitários (11,3%); 2.076, faculdades (79,6%); e 40, institutos federais e centros federais de educação tecnológica (1,5%).

Gráfico 2 – Percentual de instituições de educação superior, por organização acadêmica

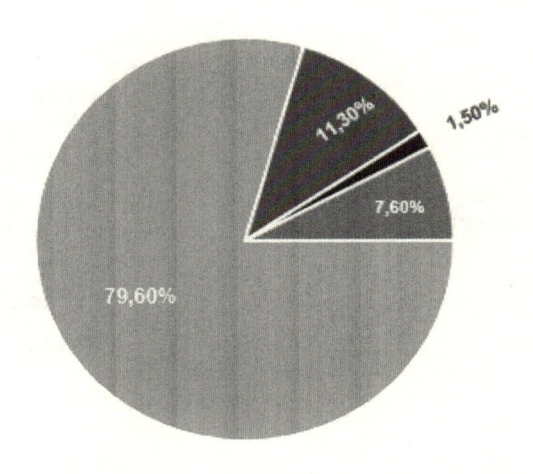

- Faculdades
- Centros Universitários
- Institutos Federais e Centros Federais de Educação Tecnológica
- Universidades

Fonte: Elaboração própria com dados do Censo da Educação Superior 2019 (BRASIL, 2020).

Não obstante as universidades existentes no Brasil equivalerem a apenas 7,6% do total de IES, concentram 52,2% das matrículas de graduação. Apesar do alto número de faculdades, por outro lado, nelas estão matriculados apenas 19% dos estudantes de graduação (BRASIL, 2020).

A rede de educação superior brasileira oferta 40.427 cursos de graduação, dos quais 10.714 são ofertados por instituições públicas (26,5%) e 29.713, por provedores privados (73,5%). Dentre as instituições públicas, as federais ofertam 6.669 cursos (16,5%); as estaduais, 3.442 (8,5%); e as municipais, 603 (1,5%).

Gráfico 3 – Percentual de cursos de graduação,
por categoria administrativa

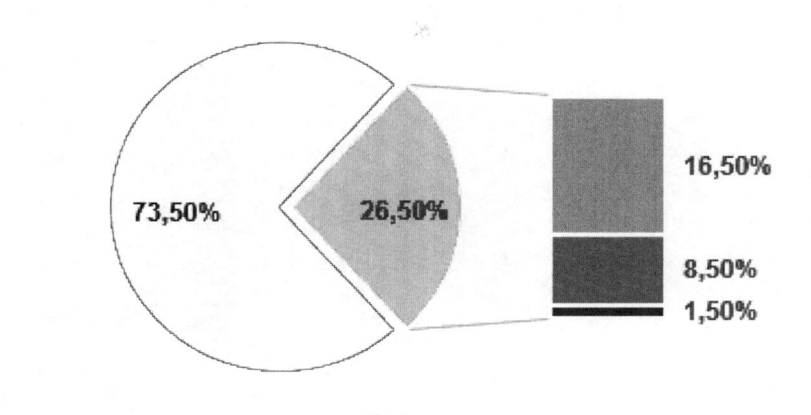

73,50% | 26,50%

16,50%

8,50%
1,50%

☐ Privadas ■ Públicas ■ Federais ■ Estaduais ■ Municipais

Fonte: Elaboração própria com dados do Censo da Educação Superior 2019 (BRASIL, 2020).

Em 2019, foram oferecidas 16.425.302 vagas, sendo 71,6% vagas novas e 27,7% vagas remanescentes. Em relação ao número de vagas oferecidas em cursos de educação superior, a proeminência do setor privado se destaca ainda mais. O sistema público ofereceu 837.809 dessas vagas (5,1%), e o sistema privado, 15.587.493 (94,9%). Dentre as instituições públicas, as federais ofertaram 484.569 vagas (2,9%); as estaduais, 228.372 (1,4%); e as municipais, 124.868 (0,8%).

Gráfico 4 – Percentual de vagas ofertadas, por categoria administrativa

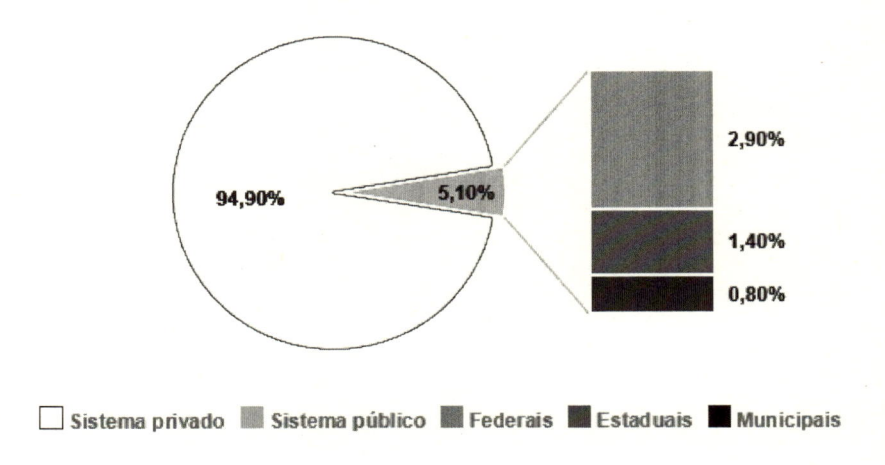

[Gráfico: Sistema privado 94,90%; Sistema público 5,10%; Federais 2,90%; Estaduais 1,40%; Municipais 0,80%]

☐ Sistema privado ▓ Sistema público ▓ Federais ▓ Estaduais ▓ Municipais

Fonte: Elaboração própria com dados do Censo da Educação Superior 2019 (BRASIL, 2020).

Nem todas as vagas ofertadas são, no entanto, ocupadas. Segundo o Censo da Educação Superior, quase 45% das vagas oferecidas são preenchidas nos processos seletivos para preenchimento de vagas novas em cursos presenciais. Já nos cursos a distância, o preenchimento é de menos de 20%.

No que tange às matrículas, tem-se um número total de 8.603.824 estudantes matriculados na educação superior, dos quais 2.080.146 estão vinculados às instituições públicas (24,2%), e 6.523.678 estão registrados junto às instituições privadas (75,8%). Dentre as instituições públicas, as federais abrigam 1.335.254 matrículas (15,5%); as estaduais, 656.585 (7,6%); e as municipais, 88.307 (1,1%).

Gráfico 5 – Percentual de matrículas,
por categoria administrativa

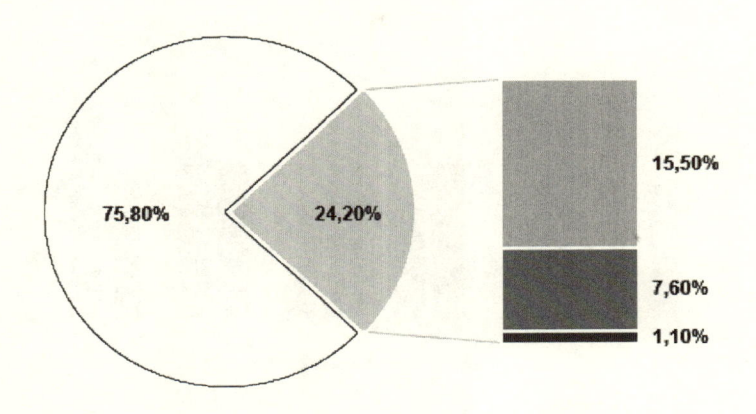

[Gráfico de pizza mostrando: Instituições privadas 75,80%; Instituições públicas 24,20%; detalhamento das públicas: Federais 15,50%; Estaduais 7,60%; Municipais 1,10%]

□ Instituições privadas ■ Instituições públicas ■ Federais ■ Estaduais ■ Municipais

Fonte: Elaboração própria com dados do Censo da Educação Superior 2019 (BRASIL, 2020).

No tocante à modalidade de ensino, pode-se apontar uma tendência recente de crescimento da educação a distância (EaD), notadamente no setor privado. Os dados mostram a oferta atual de 6.029.702 vagas na educação presencial na rede de ensino superior e de 10.395.600 vagas na educação superior a distância. A partir de 2018, as vagas ofertadas para educação a distância ultrapassaram pela primeira vez as vagas ofertadas para o ensino presencial.

Gráfico 6 – Número de vagas oferecidas em cursos de graduação, por modalidade de ensino

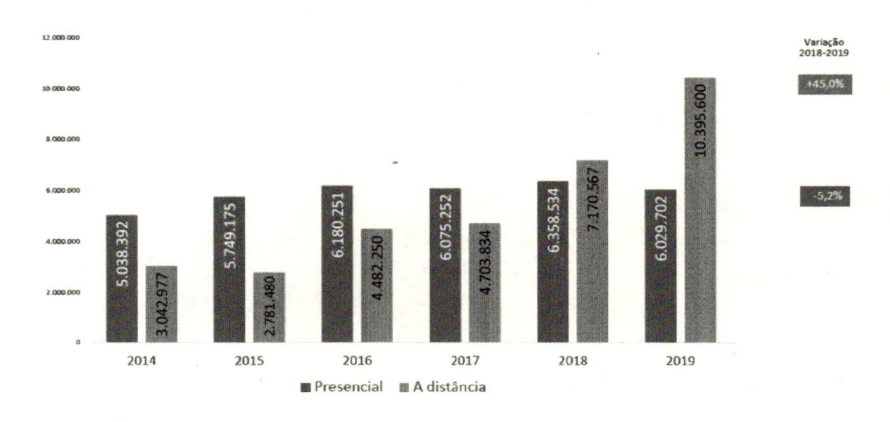

Ano	Presencial	A distância
2014	5.038.392	3.042.977
2015	5.749.175	2.781.480
2016	6.180.251	4.482.250
2017	6.075.252	4.703.834
2018	6.358.534	7.170.567
2019	6.029.702	10.395.600

Variação 2018-2019: +45,0%; -5,2%

Fonte: Censo da Educação Superior 2019 (BRASIL, 2020).

As notas estatísticas do Censo da Educação Superior destacam que, entre 2009 e 2019, o número de ingressos variou positivamente 20,3% nos cursos de graduação presencial e triplicou (192,4%) nos cursos a distância. O aumento no número de ingressantes em 2018 e 2019, inclusive, foi sustentado pelo significativo aumento nos cursos na modalidade a distância, compensando a queda registrada nos cursos presenciais. Entre 2018 e 2019, a modalidade a distância teve uma variação positiva de 19,1%, enquanto os cursos presenciais tiveram uma variação de -3,8% no número de ingressantes.[9]

---

[9] Essa tendência tende a se acentuar ainda mais no contexto da pandemia de COVID-19.

CAPÍTULO 2
CONTEXTO E MARCO REGULATÓRIO DA EDUCAÇÃO SUPERIOR NO BRASIL: O DESAFIO DA EXPANSÃO COM QUALIDADE | 77

Gráfico 7 – Número de ingressos em cursos de graduação

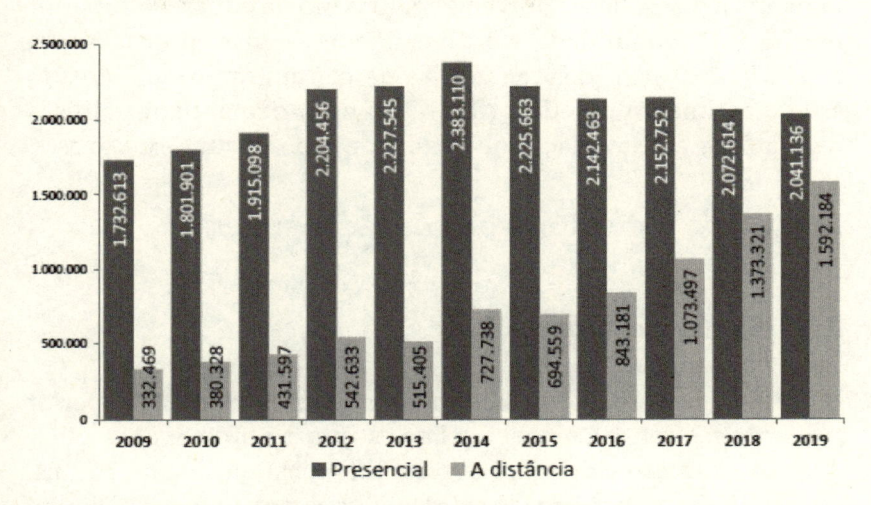

Ano	Presencial	A distância
2009	1.732.613	332.469
2010	1.801.901	380.328
2011	1.915.098	431.597
2012	2.204.456	542.633
2013	2.227.545	515.405
2014	2.383.110	727.738
2015	2.225.663	694.559
2016	2.142.463	843.181
2017	2.152.752	1.073.497
2018	2.072.614	1.373.321
2019	2.041.136	1.592.184

Fonte: Censo da Educação Superior 2019 (BRASIL, 2020).

As matrículas na educação a distância chegaram ao patamar inédito de 28,5% do total, com um número bruto de 2.450.264.

Gráfico 8 – Número de matrículas em cursos de graduação por modalidade de ensino

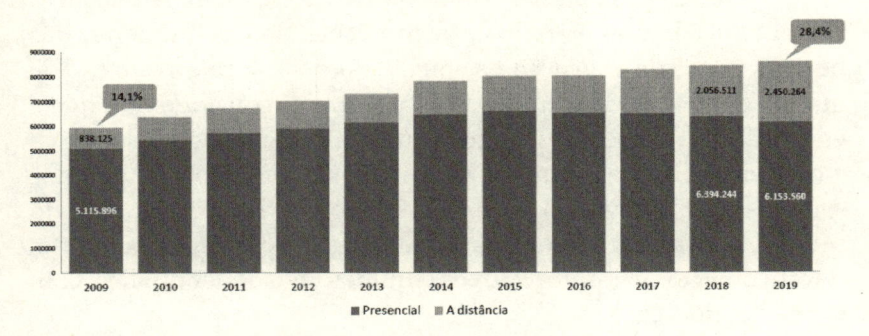

Ano	Presencial	A distância
2009	5.115.896	838.125 (14,1%)
2017		2.056.511
2018	6.394.244	
2019	6.153.560	2.450.264 (28,4%)

Fonte: Censo da Educação Superior 2019 (BRASIL, 2020).

Os dados sobre o contexto da educação superior expõem o tamanho e o desafio do universo regulatório da educação superior no Brasil. A quantidade e a diversidade de provedores, cursos e estudantes, além das tendências de concentração de mercado e de crescimento da educação a distância, demandam políticas regulatórias e de avaliação de qualidade coordenadas e eficazes.

2.3 Marco regulatório da educação superior

2.3.1 Estrutura normativa

A competência do Estado para regular a educação superior tem previsão constitucional e sólida estrutura normativa.

A educação, direito social garantido constitucionalmente (art. 6º), deverá ser proporcionada pela União, pelos estados, pelo Distrito Federal e pelos municípios, com fulcro em sua competência comum. O art. 206 da Constituição Federal de 1988 (BRASIL, 1988) explicita os princípios orientadores da educação, abordando a necessidade de igualdade de condições para o acesso e permanência na escola (I); a coexistência de instituições públicas e privadas (III); a garantia do padrão de qualidade (VII), entre outros.

O art. 209 estabelece a livre oferta de ensino pela iniciativa privada, desde que atendidas as condições de cumprimento das normas gerais da educação nacional e a autorização e avaliação de qualidade pelo poder público. Nesses termos, considerando que a educação é um direito social fundamental, com dimensão coletiva e caráter público, as instituições privadas interessadas em ofertar serviços educacionais, anteriormente à concretização da oferta do serviço, e se já autorizadas para manter a regularidade na oferta, devem obter os atos autorizativos emitidos pelo poder público, com caráter periódico:

> Art. 209 O ensino é livre à iniciativa privada, atendidas as seguintes condições:
> I – cumprimento das normas gerais da educação nacional;
> II – *autorização e avaliação de qualidade pelo Poder Público* (BRASIL, 1988, grifo nosso).

A Lei nº 9.394, de 20 de dezembro de 1996, a Lei de Diretrizes e Bases da Educação Nacional (LDB) (BRASIL, 1996), reproduz a obrigatoriedade da emissão de atos autorizativos pelo poder público para a oferta educacional pelos entes privados e atribui à União a tarefa de assegurar o processo nacional de avaliação das instituições de educação superior e a competência regulatória em relação aos cursos e instituições de educação superior do seu sistema de ensino, nos seguintes termos:

> Art. 7º O ensino é livre à iniciativa privada, atendidas as seguintes condições:
> I – cumprimento das normas gerais da educação nacional e do respectivo sistema de ensino;
> II – *autorização e avaliação de qualidade pelo Poder Público*;
> III – capacidade de autofinanciamento, ressalvado o previsto no art. 213 da Constituição Federal. (Grifo nosso)
> (...)
> Art. 9º. A União incumbir-se-á de:
> (...)
> VIII – assegurar processo nacional de avaliação das instituições de educação superior, com a cooperação dos sistemas que tiverem responsabilidade sobre este nível de ensino;
> IX – autorizar, reconhecer, credenciar, supervisionar e avaliar, respectivamente, os cursos das instituições de educação superior e os estabelecimentos do seu sistema de ensino.
> (...)
> Art. 46 A autorização e o reconhecimento de cursos, bem como o credenciamento de instituições de educação superior, terão prazos limitados, sendo renovados, periodicamente, após processo regular de avaliação (BRASIL, 1988, grifo nosso).

A União e os estados devem organizar, manter e desenvolver as instituições oficiais de seus respectivos sistemas e, ainda, autorizar, reconhecer, credenciar, supervisionar e avaliar os cursos das instituições de educação superior e os estabelecimentos dos seus sistemas de ensino. Definiu a LDB que o sistema federal compreende as instituições mantidas pela União e as instituições privadas de educação superior e que o sistema estadual, na educação superior, compreende as instituições mantidas pelo estado ou municípios.

Ainda segundo a LDB, no âmbito do seu sistema de ensino compete ao ente autorizar, reconhecer, credenciar e supervisionar, tomando por referência a avaliação. É uma competência que encerra o poder de polícia, cuja responsabilidade não pode ser recusada. Nessa linha, cabe à União autorizar, avaliar e fiscalizar as instituições de seu sistema de ensino (públicas mantidas pela União e privadas de educação superior). Aos estados, da mesma forma, com as instituições dos respectivos sistemas. É, repita-se, uma competência indelegável e irrenunciável, de exercício obrigatório. Assim, um estado não pode autorizar instituições de outro sistema de educação ou autorizar as instituições do seu sistema a atuarem fora de seus limites territoriais.

A depender do regime de mantença, tem-se definido o vínculo da IES com o sistema estadual de ensino ou com o sistema federal de ensino: a) se financiadas/mantidas preponderantemente por recursos privados, conforme orientação do Supremo Tribunal Federal na ADI nº 2.501/DF, as IES devem ser qualificadas como privadas e ser vinculadas ao sistema federal de ensino; e b) se financiadas/mantidas preponderantemente por recursos públicos, sejam eles estaduais ou municipais, as IES podem ser regularmente vinculadas ao sistema estadual de ensino.

Ainda segundo a LDB, a educação superior abrange os cursos sequenciais por campo de saber, de diferentes níveis de abrangência, abertos a candidatos que atendam aos requisitos estabelecidos pelas instituições de ensino, desde que tenham concluído o ensino médio ou equivalente; os cursos de graduação, abertos a candidatos que tenham concluído o ensino médio ou equivalente e tenham sido classificados em processo seletivo; os cursos de pós-graduação, compreendendo programas de mestrado e doutorado, cursos de especialização, aperfeiçoamento e outros, abertos a candidatos diplomados em cursos de graduação e que atendam às exigências das instituições de ensino; e os cursos de extensão, abertos a candidatos que atendam aos requisitos estabelecidos em cada caso pelas instituições de ensino.

Dando seguimento à exposição do marco legal da educação superior, é essencial mencionar também a Lei nº 10.861, de 14 de abril de 2004 (BRASIL, 2004), que instituiu o Sistema Nacional de Avaliação da Educação Superior (Sinaes) com o objetivo de assegurar o processo nacional de avaliação das instituições de educação superior, dos cursos de graduação e do desempenho acadêmico de seus estudantes. O Sinaes tem por finalidades, segundo a lei, a melhoria da qualidade da educação superior, a orientação da expansão da sua oferta, o aumento permanente da sua eficácia institucional e efetividade acadêmica e social e, especialmente, o aprofundamento dos compromissos e responsabilidades sociais das instituições de educação superior.

A atividade regulatória do poder público na educação superior no sistema federal de ensino foi inicialmente regulamentada pelo Decreto nº 2.306, de 19 de agosto de 1997 (BRASIL, 1997). Uma sucessão de decretos se sobrepôs, com variações mais ou menos significativas, a depender da concepção de regulação dos respectivos governos que se sucederam no período, e hoje encontra-se em vigor o Decreto nº 9.235, de 15 de dezembro de 2017 (BRASIL, 2017), que dispõe sobre o exercício das funções de regulação, supervisão e avaliação das instituições de educação superior e dos cursos superiores de graduação e de pós-graduação no sistema federal de ensino.

Com base nesse decreto, a ação do poder público no sistema federal de ensino é organizada em torno de um tripé de funções: regulação, avaliação e supervisão.

O poder público federal exerce a regulação da educação superior por meio de atos autorizativos temporários de funcionamento de IES e de oferta de cursos superiores de graduação e de pós-graduação *lato sensu*, com os objetivos, segundo o Decreto nº 9.235, de 2017, de promover a igualdade de condições de acesso e o padrão de qualidade das instituições e dos cursos e estimular o pluralismo de ideias e de concepções pedagógicas e a coexistência de instituições públicas e privadas de ensino.

O início do funcionamento de uma IES privada – mantida por recursos exclusivamente particulares – é condicionado à edição prévia de ato de credenciamento pelo Ministério da Educação. O processo de credenciamento é composto por análise documental, avaliação externa *in loco* realizada pelo Inep,[10] parecer da Secretaria de Regulação e Supervisão da Educação Superior (Seres) do MEC e parecer do Conselho Nacional da Educação (CNE), a ser homologado

---

[10] Para melhor compreensão do processo avaliativo, vide *Capítulo 4 – A implementação do Sinaes: regulação e indicadores.*

pelo ministro de Estado da Educação. A regular continuidade das suas atividades depende de sucessivos pedidos de recredenciamento junto ao MEC, dentro do prazo fixado no ato autorizativo vigente. As IES públicas têm um regime diferenciado e são criadas por lei.

A oferta de cursos de graduação em faculdades depende da autorização prévia do Ministério da Educação. Assim como o processo de credenciamento, o processo de autorização é composto por análise documental e avaliação externa *in loco* realizada pelo Inep; contudo, nesse caso, a Secretaria de Regulação e Supervisão da Educação Superior do MEC tem poder de decisão, e o ato prescinde de parecer do CNE e homologação do ministro.

As universidades e centros universitários, no entanto, têm a prerrogativa da autonomia para a criação de cursos e devem apenas informar à Seres os cursos criados por atos próprios para fins de supervisão, avaliação e posterior reconhecimento.

Ressalta-se que os cursos de graduação em direito, medicina, odontologia, psicologia e enfermagem têm regimes diferenciados e dependem de autorização do Ministério da Educação em processo que envolve prévia manifestação do Conselho Federal da Ordem dos Advogados do Brasil (OAB) e do Conselho Nacional de Saúde, respectivamente, inclusive em universidades e centros universitários.

A validade dos diplomas a serem emitidos pelas IES depende, no entanto, do reconhecimento do curso. A instituição deve protocolar pedido de reconhecimento de curso no período compreendido entre 50% e 75% do prazo previsto para integralização de sua carga horária. Deverá, ainda, protocolar sucessivos pedidos de renovação de reconhecimento dos cursos. Os processos de reconhecimento e renovação de reconhecimento de curso serão compostos por análise documental, avaliação externa *in loco* realizada pelo Inep e decisão da Seres.

Importa problematizar a natureza do ato autorizativo na regulação da educação superior no campo da teoria dos atos administrativos. A autorização administrativa no direito brasileiro é entendida, em regra, como um ato administrativo unilateral, discricionário e precário, que concede ao particular o uso de bem público (autorização de uso), ou prestação de serviço público (autorização de serviço público), ou ainda o desempenho de atividade material ou prática de ato que, sem esse consentimento, seriam legalmente proibidos (autorização como ato de polícia) (DI PIETRO, 2016). Por meio da autorização, faculta-se ao particular o desempenho de atividade ou a prática de ato que, sem tal consentimento da administração pública, seriam legalmente proibidos (TOURINHO, 2018).

No caso dos atos autorizativos da regulação da educação superior, o caráter discricionário da autorização pode ser, no entanto, questionado. O Ministério da Educação edita atos normativos que disciplinam os trâmites e documentos necessários para a análise dos pedidos de emissão de atos autorizativos. Havendo o cumprimento dos requisitos legais para concessão do pedido, a decisão das autoridades regulatórias não está inserida no âmbito da conveniência e oportunidade do gestor, atributos típicos dos atos discricionários. Haveria, nesse caso, um direito do requerente, um caráter vinculante no processo decisório desses pedidos.

Há determinadas situações, por outro lado, nas quais a política regulatória sobre os atos autorizativos assume contornos discricionários. A título exemplificativo, os processos de autorização dos cursos de medicina foram objeto de uma política específica, no âmbito do Programa Mais Médicos.[11] O MEC fechou o protocolo para novos pedidos de abertura de cursos de medicina e condicionou a emissão desses atos à aprovação em processos seletivos de novos projetos, regidos por editais específicos.

Verifica-se, assim, que a discricionariedade reside na definição dos trâmites e requisitos para a emissão dos atos autorizativos, mas, uma vez satisfeitos esses parâmetros, o ato administrativo de autorização para oferta teria caráter vinculante. A autorização não possuiria função constitutiva de um novo direito, mas, sim, a remoção de limites ao exercício de um direito preexistente, conceito mais próximo ao consolidado na doutrina administrativista italiana (TOURINHO, 2018). O art. 209 da Constituição estabelece o direito, e a emissão do ato autorizativo remove as barreiras administrativas ao seu exercício.

---

[11] Lei nº 12.871, de 22 de outubro de 2013 (BRASIL, 2013). Reordenou a oferta de cursos de medicina e de vagas para residência médica, priorizando regiões de saúde com menor relação de vagas e médicos por habitante e com estrutura de serviços de saúde em condições de ofertar campo de prática suficiente e de qualidade para os alunos.

Apesar da nomenclatura adotada, pode-se afirmar que os atos autorizativos guardam mais semelhança com o instituto da licença administrativa do que com a autorização. A licença é entendida como ato administrativo vinculado concedido ao particular que preencha os requisitos legais. Nos dizeres de Celso Antonio Bandeira de Mello (2006, p. 418), "licença é ato vinculado, unilateral, pelo qual a Administração faculta a alguém o exercício de uma atividade, uma vez demonstrado pelo interessado o preenchimento dos requisitos legais exigidos".

A avaliação da educação superior realiza-se no âmbito do Sinaes, nos termos previstos pela Lei nº 10.861, de 2004. Tal sistema compreende a avaliação interna e externa das instituições de educação superior, a avaliação dos cursos de graduação e a avaliação do desempenho acadêmico dos estudantes de cursos de graduação. A avaliação realiza-se em ciclos avaliativos de três anos. A renovação de qualquer ato autorizativo, seja de instituição (recredenciamento), seja de curso (renovação de reconhecimento), é obrigatoriamente condicionada à respectiva avaliação positiva.[12]

A última função que compõe o tripé regulatório (BUCCI, 2009) é a supervisão, que permite ao MEC acompanhar, a qualquer tempo, tanto as instituições quanto os cursos, solicitando informações e determinando as providências que entender necessárias para saneamento das deficiências eventualmente detectadas. Essa atribuição foi disciplinada nos arts. 62 e seguintes do Decreto nº 9.235, de 2017:

> A iniciativa da supervisão, com as medidas de ajuste, consiste numa abordagem inédita em relação às práticas anteriores, ao passo em que serve, mais do que a aplicar medidas sancionatórias, para induzir a melhoria efetiva da qualidade, com repercussões imediatas sobre a formação de pessoal de nível superior. A dinâmica combina poder de constrição sobre a instituição e proteção dos interesses dos alunos matriculados nos cursos. A função corretiva do Poder Público prepondera, nesse ponto, sobre a atuação meramente punitiva.
> Confere-se um sentido ativo à missão constitucional de fiscalização do Poder Público, quando se alarga o espectro de sua atuação, do controle prévio, baseado na análise de documentos, para referenciais

---

[12] Os processos de avaliação no âmbito do Sinaes serão detalhados nos capítulos posteriores.

de controle posterior, extraídos da realidade acadêmica dos estudantes e do ensino. A menção à qualidade deixa de ser apenas um requisito hipotético e futuro para a entrada de uma instituição ou curso no mercado educacional e passa a ser exigida e acompanhada nos cursos em funcionamento (BUCCI, 2009, p. 15).

A supervisão pode ter caráter preventivo ou repressivo e é instaurada para apurar deficiências ou irregularidades nos cursos ou instituições. A deficiência caracteriza-se pelo não atendimento, por parte de IES e de seus cursos, aos parâmetros de qualidade estabelecidos nos instrumentos de avaliação do Sinaes. A irregularidade é caracterizada pelo não cumprimento, por parte da IES ou de sua mantenedora, das normas da legislação educacional.

Partindo do conceito de poder de polícia como o "ato de condicionar a liberdade e a propriedade dos indivíduos (...), impondo coercitivamente aos particulares um dever de abstenção a fim de conformar-lhes os comportamentos aos interesses sociais normatizados" (BANDEIRA DE MELLO, 2006, p. 207), pode-se entender o processo de supervisão como uma manifestação desse poder administrativo no âmbito da educação superior.

Nesse ponto, cabe destacar que a Constituição prevê, como visto, apenas a autorização de funcionamento e a avaliação de qualidade da educação superior pelo poder público. Não há referência à atividade de supervisão. A LDB, da mesma forma, não menciona a supervisão. Trata-se, pois, de uma sistematização, por meio de decreto, do poder de polícia da Administração sob um campo específico. A aplicação de penalidades administrativas sem previsão em lei é foco de constantes discussões judiciais, mas prevalece a tese da legitimidade do MEC no processo de supervisão, obedecido o devido processo legal administrativo.

O processo pode resultar na aplicação das penalidades de desativação de cursos e habilitações; intervenção; suspensão temporária de atribuições de autonomia; descredenciamento; redução de vagas autorizadas; suspensão temporária de ingresso de novos estudantes; ou suspensão temporária de oferta de cursos.

O detalhamento dos conceitos e a definição dos procedimentos administrativos referentes a cada uma dessas funções são objeto de portarias normativas específicas editadas pelo MEC.

O marco regulatório em vigor representou importante mudança de perfil em relação ao anteriormente existente. Teve por objeto, segundo os seus idealizadores, tirar do limbo o art. 209 da Constituição para que o poder público passasse a zelar, concretamente, pela qualidade da educação superior.

> Essa estratégia é a resultante de duas componentes de transformação da atuação do Estado neste campo. A primeira delas, basicamente política, exprime a visão de que ao Estado cabe papel mais amplo que o de apenas organizar as informações oriundas dos exames nacionais de curso ("Provão"). Essa visão se contrapõe à concepção de auto-regulação do "mercado", baseada na livre orientação de estudantes em relação às ofertas de ensino disponíveis (...).
> A segunda vertente, menos visível, refere-se ao aparelhamento do Estado para o desempenho dessas atribuições, o que corresponde à tradução jurídico-institucional da determinação política acima exposta. Tratava-se, em resumo, da recomposição da autoridade do Estado em face de um setor que havia se desregulado de fato, mais que de direito (BUCCI, 2009, p. 4).

Buscou-se resgatar a dimensão essencial do marco normativo da educação no país, ampliando suas bases para além de um mero instrumentalismo pragmático e rasteiro a fim de torná-lo parte essencial da ampliação de direitos fundamentais para o campo da implementação da cidadania (FELIX, 2006).

2.3.2 Organização institucional

A operacionalização da regulação da educação superior se dá através de uma elaborada estrutura organizacional, que envolve secretarias diversas do MEC, órgãos colegiados ligados ao ministério e autarquias federais.

A disposição desses órgãos e entidades é prevista no Decreto nº 9.235, de 2017, segundo o qual as competências para as funções de regulação, supervisão e avaliação da educação superior serão exercidas pelo Ministério da Educação, pelo Conselho Nacional de Educação (CNE), pelo Instituto Nacional de Estudos e Pesquisas Educacionais Anísio Teixeira (Inep) e pela Comissão Nacional de Avaliação da Educação Superior (Conaes).

Ao ministro de Estado da Educação, foi atribuído o posto de autoridade máxima da regulação da educação superior no sistema federal de ensino, a quem compete homologar deliberações do CNE em pedidos de credenciamento e recredenciamento de instituições de educação superior, assim como os instrumentos de avaliação elaborados pelo Inep, os pareceres da Conaes e pareceres e propostas de atos normativos aprovados pelo CNE.

No âmbito do Ministério da Educação, além do ministro de Estado da Educação, tem-se a Secretaria de Regulação e Supervisão da Educação Superior. Suas competências são previstas no art. 24 do Decreto nº 10.195, de 30 de dezembro de 2019 (BRASIL, 2019), dentre as quais cumpre destacar: planejar e coordenar o processo de formulação de políticas para a regulação e a supervisão da educação superior, em consonância com as metas do PNE; autorizar, reconhecer e renovar o reconhecimento de cursos; emitir parecer nos processos de credenciamento e recredenciamento de IES; supervisionar IES e cursos de graduação e sequenciais, com vistas ao cumprimento da legislação educacional e à proposição de melhorias dos padrões de qualidade da educação superior, e aplicar-lhes eventuais penalidades previstas na legislação; e estabelecer diretrizes e instrumentos para as ações de regulação e supervisão da educação superior.

O CNE, criado pela Lei nº 9.131, de 24 de novembro de 1995 (BRASIL, 1995), em substituição ao então existente Conselho Federal de Educação, cumpre funções de assessoria técnica ao ministro de Estado da Educação e de análise de recursos dos processos regulatórios. Compete ao referido Conselho exercer atribuições normativas, deliberativas e de assessoramento; deliberar, com base no parecer da Seres, sobre pedidos de credenciamento e recredenciamento de instituições de educação superior; deliberar sobre as diretrizes propostas pelas secretarias para a elaboração, pelo Inep, dos instrumentos de avaliação para credenciamento de instituições; aprovar os instrumentos de avaliação para credenciamento de instituições, elaborados pelo Inep; aplicar as penalidades previstas no Decreto nº 9.235, de 2017; julgar recursos, nas hipóteses previstas no mesmo decreto; e analisar questões relativas à aplicação da legislação da educação superior.

O Inep, autarquia federal, exerce as funções de avaliação de instituições e cursos. Tem as competências de realizar visitas para avaliação *in loco* nos processos de credenciamento e recredenciamento de IES e nos processos de autorização, reconhecimento e renovação de reconhecimento de cursos de graduação e sequenciais; avaliar instituições, cursos e desempenho dos estudantes; elaborar os instrumentos de avaliação; e constituir e manter banco público de avaliadores especializados.

No âmbito do Inep, a Comissão Técnica de Avaliação e Acompanhamento (CTAA) é um órgão colegiado responsável por julgar os recursos interpostos pelas instituições em face dos resultados das avaliações e por apurar denúncias em face da atuação dos avaliadores do Banco de Avaliadores do Sinaes (BASis).

Por fim, a Comissão Nacional de Avaliação da Educação Superior (Conaes) é o órgão colegiado de coordenação e supervisão do Sinaes. Tem dentre suas atribuições as competências de coordenar e supervisionar o Sinaes; estabelecer diretrizes para a elaboração, pelo Inep, dos instrumentos de avaliação de cursos e de instituições; estabelecer diretrizes para a constituição e manutenção do banco público de avaliadores especializados; aprovar os instrumentos de avaliação e submetê-los à homologação pelo ministro de Estado da Educação; e avaliar anualmente as dinâmicas, procedimentos e mecanismos da avaliação institucional, de cursos e de desempenho dos estudantes do Sinaes.

No âmbito das políticas de fomento, cabe ainda destacar a Secretaria de Educação Superior (Sesu) do MEC, responsável pela gestão do Programa Universidade para Todos (Prouni) e do Fundo de Financiamento do Estudante do Ensino Superior (Fies), este operacionalizado pelo Fundo Nacional de Desenvolvimento da Educação (FNDE), autarquia vinculada ao MEC. Compete à Sesu planejar, orientar, coordenar e supervisionar o processo de formulação e implementação da política nacional de educação superior; propor políticas de expansão da educação superior, em consonância com o PNE; e formular políticas e executar programas voltados para o acesso e a permanência dos estudantes na educação superior.

Os órgãos componentes da estrutura da regulação da educação superior, excluídos os de fomento, podem ser assim sistematizados:

Figura 1 – Organização institucional da regulação da educação superior

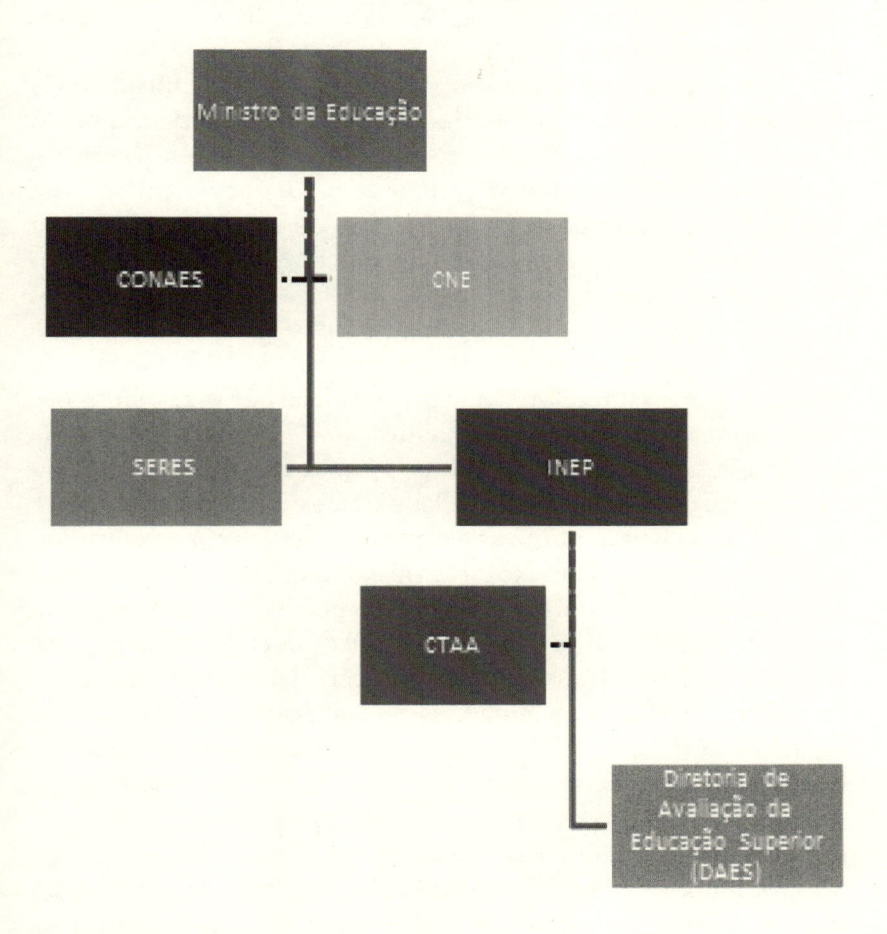

[Organograma: Ministro da Educação → CONAES, CNE, SERES, INEP → CTAA, Diretoria de Avaliação da Educação Superior (DAES)]

Fonte: CABRAL, 2019.

O trâmite dos processos, assim como a criação e a aplicação de políticas regulatórias, envolve a participação de diversos órgãos, o que dificulta a realização de um fluxo eficaz e célere, assim como a compreensão dos processos e das estruturas pelo setor regulado e pela sociedade. Com efeito, o referido organograma prevê situações em que um órgão elabora diretrizes, outro as efetiva, e um terceiro as homologa. Os processos regulatórios, que são muitos e diversos, passam por variadas instâncias, em procedimentos que, por vezes, se arrastam por anos, dificultando a efetivação das medidas determinadas e uma boa percepção da sociedade sobre os órgãos regulatórios (CABRAL, 2019).

Os processos regulatórios também são diversificados. Os órgãos lidam com trâmites de credenciamento e recredenciamento de instituições, autorizações, reconhecimentos e renovação de reconhecimentos de cursos, avaliações *in loco* por comissões de especialistas, avaliações de desempenho de estudantes, além de avaliações adicionais decorrentes de processos de supervisão em face de instituições ou cursos.

Para além das dificuldades de fluxo processual criadas por essa estrutura tão numerosa, o MEC acumula as funções de regular e fomentar o setor, o que desencadeia, por vezes, situações conflituosas, como no caso de aplicação de penalidades a uma universidade federal que depende de recursos do próprio Ministério para a implementação das medidas exigidas.

O MEC tentou otimizar a estrutura regulatória da educação superior por meio do Projeto de Lei nº 4.372, de 2012, que propunha a criação do Instituto Nacional de Supervisão e Avaliação da Educação Superior (Insaes), sob o formato de autarquia federal, com autonomia administrativa e financeira, com a finalidade de exercer as funções de regulação, supervisão e avaliação de IES e cursos de educação superior no sistema federal de ensino e certificar entidades beneficentes que atuem na área de educação superior e básica.

Na exposição de motivos, destacou que, não obstante o importante passo dado pela criação da Seres, o desafio imposto ao MEC de atingir e manter elevado padrão de qualidade na educação superior demandaria profundas alterações da atual estrutura do Ministério. Destacou a necessidade de aprimoramento e atualização das estruturas de gestão, processos e sistemas de informação, e de uma ampliação significativa dos recursos humanos e financeiros disponíveis para o cumprimento das atribuições institucionais de avaliação, regulação e supervisão da educação superior.

O projeto previu, além da unificação das estruturas, a atualização e o fortalecimento dos poderes regulatórios da entidade, como a análise prévia de atos de concentração e a intervenção. O PL aprovado por diversas comissões da Câmara dos Deputados, apesar de forte reação do setor regulado, que apresentou centenas de emendas com enfoque na autorregulação, não chegou a ser pautado no Plenário e teve sua última tramitação em abril de 2015, período marcado pela crise política que desencadeou no golpe de Estado que destituiu a então presidenta Dilma Rousseff.

2.4 Políticas de expansão

Conforme já mencionado nos tópicos anteriores, nos últimos anos o campo da educação superior passou por uma profunda transformação nos aspectos quantitativos e qualitativos. Verificaram-se uma contínua expansão no número de IES, cursos e matrículas, e a mudança de perfil dos provedores, que passou a ser dominado por grandes e concentrados grupos econômicos privados, e dos estudantes, que passou a ser mais diversificado e inclusivo.

Ristoff (2014) divide o processo de expansão em dois momentos distintos: uma primeira fase, de 1999 a 2003, na qual se observaram altas taxas de crescimento da educação superior, com expansão de 66% no número de matrículas, notadamente em função da proliferação de instituições privadas; e um período pós-2003, com uma expansão ainda constante, mas num ritmo mais moderado e mais em sintonia com as políticas de inclusão social, com o crescimento associado às políticas de democratização do acesso ao ensino superior e políticas específicas de expansão também do setor público.

O Inep associa o crescimento da demanda por novas vagas tanto à expansão do ensino médio verificada na década de 1990 quanto às políticas de fomento implementadas pelo governo federal (BRASIL, 2017).

Entre 1998 e 2019, verifica-se uma contínua expansão do número de IES, com um crescimento geral de 123,15%, sendo 88,4% privadas e 11,6% públicas em 2019.

Analisando os anos entre 2009 e 2019, as Notas Estatísticas do Censo da Educação Superior 2019 (BRASIL, 2020) apontam que a educação superior privada teve um aumento de ingressos de 87,1% e um aumento de matrículas de 47,3% no período, e a rede pública, 32,4% e 36,5%, respectivamente. O gráfico do número de matrículas a seguir mostra que esse processo de expansão acelerada teve seu início em período anterior.

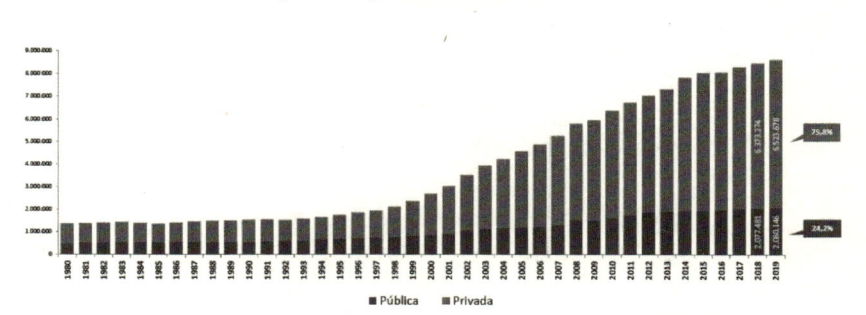

Gráfico 9 – Número de matrículas em cursos de graduação, por categoria administrativa

Fonte: Censo da Educação Superior 2019 (BRASIL, 2020).

A expansão da educação superior transformou de forma considerável o perfil do setor e, consequentemente, o papel e os desafios do Estado enquanto agente regulador e garantidor da qualidade do sistema.

Podem-se discutir esses movimentos com base em três elementos principais: a) a expansão pelo mercado, marcada pela abertura do setor para instituições com fins lucrativos; b) os Planos Nacionais de Educação (PNE), com metas de expansão previstas em lei a serem atendidas em determinado período de tempo, e o Plano de Desenvolvimento da Educação (PDE); e c) as políticas públicas de fomento, programas governamentais que buscaram proporcionar inclusão social por meio da educação superior nos setores privados e público, e garantir o cumprimento das metas de expansão previstas nos PNE.

2.4.1 Expansão pelo mercado

O setor da educação superior era historicamente composto pelas instituições públicas das respectivas esferas federativas e pelas instituições privadas comunitárias, confessionais e filantrópicas, sem fins lucrativos. Não existia um mercado educacional superior consolidado e com poder e influência econômica e política.

Sguissardi (2008) aponta que, sob influência das recomendações do Banco Mundial (*Higher education: the lessons of experience*, 1994), que propunha, entre outras coisas, maior diferenciação institucional e foco no perfil da universidade de ensino (sem pesquisa), o governo brasileiro editou inovações legislativas que passaram a enquadrar a educação superior como um bem de serviço comercializável, isto é, como objeto de lucro, uma mercadoria.

O Brasil seguia uma tendência internacional de mercantilização da educação superior. Carvalho (2013) relaciona a transformação do setor educacional em objeto de interesse do grande capital como uma das consequências da globalização, notadamente nos países asiáticos e nos países desenvolvidos de origem anglo-saxônica, sobretudo nos Estados Unidos, e essa relação não passou batida no contexto brasileiro.

Felix (2006) afirma que o processo de flexibilização econômica tem como consequência o destaque da educação também como função da economia, assumindo uma condição de capital de alto valor econômico, sendo que pautas definidas por organismos multilaterais dedicados a repensar setores estratégicos das economias nacionais vão também atingir e transformar o discurso sobre a educação. Nesse processo, a educação se torna também uma arena de disputas travadas sob signos econômicos, políticos e culturais.

A abertura da oferta educacional com finalidade lucrativa foi operacionalizada pela Medida Provisória nº 1.477-39, de 8 de agosto de 1997 (BRASIL, 1997), no contexto da política de abertura econômica liberal do governo Fernando Henrique Cardoso (1995-2002), que alterou a Lei nº 9.131, de 24 de novembro de 1995 (BRASIL, 1995), para fazer constar que as pessoas jurídicas de direito privado, mantenedoras de instituições de ensino superior, previstas no inciso II do art. 19 da Lei nº 9.394, de 1996, passariam a poder assumir qualquer das formas admitidas em direito, de natureza civil ou comercial, e, quando constituídas como fundações, seriam regidas pelo disposto no art. 24 do Código Civil brasileiro. O mesmo conteúdo foi replicado no art. 1º do Decreto nº 2.306, de 19 de agosto de 1997 (BRASIL, 1997).

Com base nesse dispositivo, as entidades mantenedoras das instituições de educação superior passaram a ser classificadas como entidade mantenedora de instituição sem finalidade lucrativa e entidade mantenedora de instituição particular, em sentido estrito, com finalidade lucrativa. Essa alteração representou uma transformação estrutural no sistema da educação superior no Brasil, que passou a atrair investimentos de vulto na medida em que instituiu a possibilidade da finalidade lucrativa.

Para Oliveira (2009), ao se discutir a mudança de perfil das entidades responsáveis pela oferta da educação superior – dos grupos familiares ou filantrópicos para grupos econômicos –, não se está a tratar da mudança conceitual do perfil da educação como direito, bem público, para a educação como mercadoria. No entanto, na prática, a conjuntura do setor deixa claro que não é possível frear o avanço do mercado educacional. "O fato é que, mesmo se afirmando, inclusive no texto constitucional brasileiro, que a educação é um direito social e um dever do Estado, o mercado avança vorazmente" (OLIVEIRA, 2009, p. 753).

A criação de um novo "mercado", caracterizado pelas promissoras oportunidades de uma demanda historicamente represada de estudantes interessados em ingressar na educação superior, rapidamente atraiu uma variada gama de investidores. Esse movimento foi reflexivo na imediata multiplicação da quantidade de IES, cursos e matrículas.

Para além da abertura de novas IES e cursos, a educação superior observava, no final dos anos 1990, uma recuperação da sua capacidade de crescimento também em razão da expansão do ensino médio, acelerada no período, e pela pressão de uma clientela de adultos, já integrados ao mercado de trabalho, que procurava as instituições de ensino superior para melhorar suas chances profissionais com a obtenção de um título acadêmico (MARTINS, 2009).

Segundo Sampaio (2013), o surgimento de novas empresas educacionais reconfigurou o sistema da educação superior no Brasil a partir de um movimento rápido de transição de um modelo de organização da oferta da educação superior privada marcadamente familiar para outro que, baseado no anonimato do capital financeiro, combina gestão empresarial, novas tecnologias de ensino/aprendizagem e o serviço de ensino superior.

Schwartzman e Schwartzman (2002) problematizam a questão e apontam que a expansão das instituições com fins lucrativos, tendo como base a busca da maximização dos lucros, seria incompatível com a busca da qualidade. A lógica da expansão mercadológica teve como marca a busca do retorno rápido dos investimentos e das disputas de mercado, muitas vezes em detrimento da boa formação dos estudantes.

Sguissardi (2008) aponta, nesse sentido, que parecem existir muito poucas diferenças entre o *modus faciendi* dos protagonistas do mercado educacional e o dos empresários do mercado financeiro, industrial, comercial ou outros. Nessa busca pela valorização do capital e dos rendimentos da mercadoria-educação, não haveria espaço no projeto político-pedagógico para o alargamento da mente humana, o desenvolvimento do saber humano ou para a transmissão da cultura comum, três das quatro funções da universidade defendidas por Anísio Teixeira. E mesmo a função da formação profissional seria prejudicada, sem ter as demais funções como base.

Tem-se uma tendência de diminuição do ritmo de expansão do número de instituições, em razão da crise econômica, que prejudica notadamente as instituições com perfil de baixo custo, mas também da reorganização do setor, que passou a priorizar aquisições de outras instituições e fusões de grandes grupos, acarretando a concentração da oferta sob o controle de grandes – e poucos – grupos econômicos.

Sampaio (2013) destaca que a mercantilização do ensino superior não se restringe à cobrança do serviço educacional (em contraposição à gratuidade do ensino superior público), tampouco ao lucro auferido pelo proprietário da instituição por esse tipo de operação mercantil. "Ao assumirem a forma legal 'com finalidade lucrativa', as entidades mantenedoras adquirem o direito de transformar as instituições de ensino superior (as mantidas) em mercadorias, tornando-as passíveis de serem vendidas e compradas no mercado" (SAMPAIO, 2013, p. 11).

O primeiro caso relevante desse tipo de operação se deu em 2005, com a compra de 51% das ações da Universidade Anhembi-Morumbi pelo grupo americano Laureate. Tais operações, antes caracterizadas pelos processos de transferência de mantença previstos na legislação educacional, adquiririam novos contornos, marcados pela crescente influência do capital financeiro a partir de 2007, quando a Anhanguera Educacional deu início ao primeiro IPO[13] do setor.

---

[13] *Initial Public Offering* (Oferta Pública Inicial de ações, em tradução livre).

Desde então, as operações de fusões e aquisições foram constantes, com variações de números de operações e montantes negociados a cada ano, a depender do tamanho das operações concretizadas, conforme os gráficos a seguir:

Gráfico 10 – Volume de negócios realizados – 2007-2015

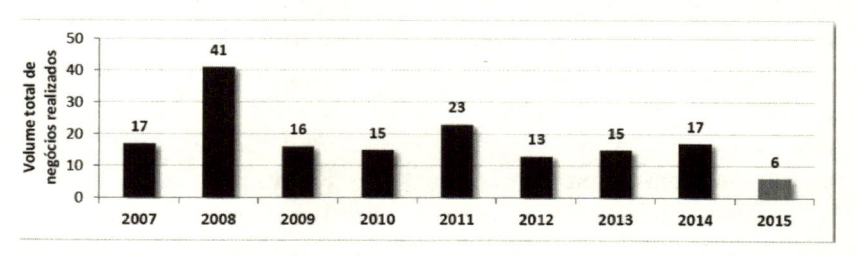

Ano	Volume total de negócios realizados
2007	17
2008	41
2009	16
2010	15
2011	23
2012	13
2013	15
2014	17
2015	6

Fonte: CM Consultoria (2015).

Gráfico 11 – Negociações totais por ano – 2007-2015 (em milhões de reais)

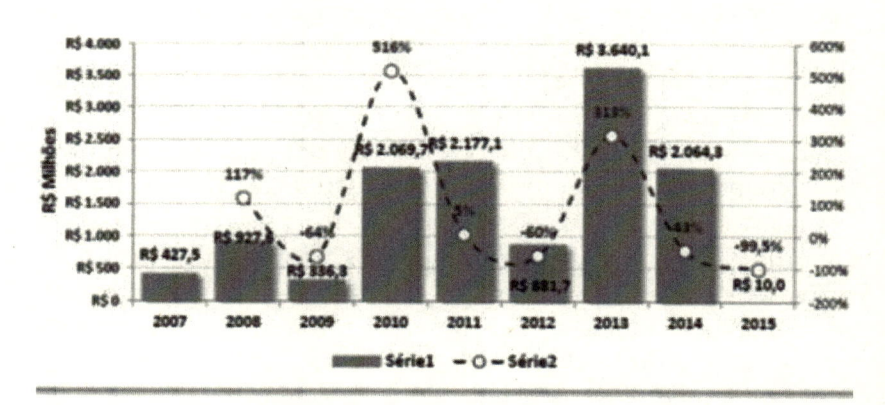

Ano	Série1 (R$ Milhões)	Série2 (%)
2007	R$ 427,5	117%
2008	R$ 927,3	116%
2009	R$ 336,8	-64%
2010	R$ 2.069,7	516%
2011	R$ 2.177,1	5%
2012	R$ 881,7	-60%
2013	R$ 3.640,1	313%
2014	R$ 2.064,8	-43%
2015	R$ 10,0	-99,5%

Fonte: Elaboração CM Consultoria, segundo informações divulgadas na imprensa.

O impacto dessas operações pode ser verificado quando se analisa a quantidade de matrículas envolvidas nesses negócios:

Gráfico 12 – Quantitativo de alunos nas IES negociadas

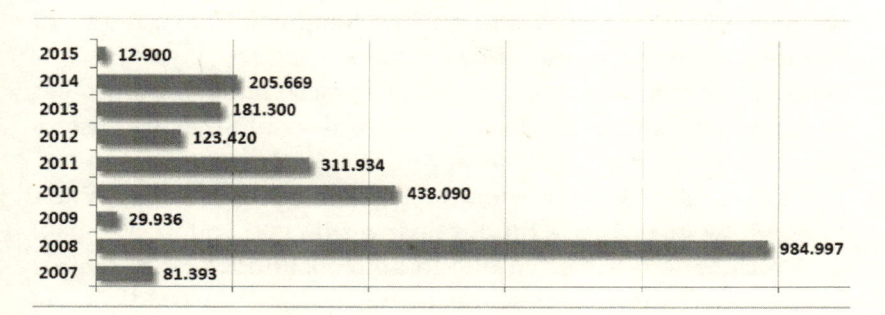

Ano	Quantitativo
2015	12.900
2014	205.669
2013	181.300
2012	123.420
2011	311.934
2010	438.090
2009	29.936
2008	984.997
2007	81.393

Fonte: CM Consultoria (2015).

Dentre os fundamentos desses movimentos de concentração, podem-se identificar estratégias de expansão mais rápida, maior oferta de cursos sem a necessidade imediata do trâmite regulatório do Ministério da Educação, ganhos operacionais e a superação de barreiras de entrada no setor.

Pode-se destacar também o avanço tecnológico como elemento que impulsionou a concentração, tendo em vista que a educação a distância, prevista desde a LDB, possibilitou a abertura de um novo mercado setorial, que favoreceu – naturalmente – os que já atuavam na educação presencial.

Dentre os principais agentes dos processos de fusões e aquisições na educação superior, chama atenção a participação de fundos de investimentos estrangeiros, que perceberam a fragmentação do setor, além das possibilidades de fortes taxas de retorno do investimento. Foi detectada uma demanda reprimida, aliada a um número crescente de egressos do ensino médio e políticas públicas de incentivo ao acesso à educação superior. Um quadro perfeito para a atração de investimentos.

Com efeito, o processo de fusões e aquisições passou a ser muito mais agressivo após o ingresso dos fundos de investimento como agentes ativos dessas operações, acarretando na inédita concentração e oligopolização das instituições educacionais e reduzindo rapidamente as empresas de cunho familiar e filantrópico. Segundo Oliveira (2009, p. 743), o processo de rápida expansão da educação superior privada atraiu a atenção dos fundos de investimento, com condições de injetar altas quantias em empresas educacionais, ao mesmo tempo em que "empreendem ou induzem processos de reestruturação das escolas nas quais investem, por meio de redução de custos, da racionalização administrativa, em suma, da profissionalização da gestão das instituições de ensino, numa perspectiva claramente empresarial".

Identificou-se que o setor de educação superior sofreria rápida expansão. A atenção dos fundos de investimento voltou-se, então, para essa área, ocasião em que foram constituídos os primeiros fundos exclusivamente direcionados à educação, com condições de injetar altas quantias em empresas educacionais.

Ao mesmo tempo em que empreendem, esses fundos induzem processos de reestruturação das instituições nas quais investem. Essa reestruturação se dá por meio da redução de custos e da racionalização administrativa – em suma, da "profissionalização" da gestão das instituições de ensino, numa perspectiva claramente empresarial. Essa perspectiva "racionalizadora" é fundamentalmente orientada para a maximização de lucros. Oliveira (2017) destaca os seguintes elementos como principais consequências da ação dessas grandes empresas:

a) forçam as demais instituições a se readaptarem a padrões de custos com os quais sua já precária qualidade se vê rapidamente corroída, causando-lhes dificuldades administrativas terríveis, posto que é muito mais fácil instalar "do zero" uma instituição com mensalidades mais baixas do que implantar reduções drásticas em instituições já existentes;

b) fazem com que instituições mais tradicionais do setor privado comecem a operar com déficits crescentes, o que facilita sua compra por parte das instituições com fins lucrativos que estão altamente capitalizadas com as captações de recursos na bolsa de valores; e

c) acabam por ser beneficiárias de parte significativa das iniciativas de financiamento público do setor privado de ensino superior, quer seja por meio do Prouni, quer seja do Fies, programa de empréstimos que conta com o aval do governo federal, o que incrementa a privatização da educação superior no país e reduz investimentos vitais no setor público, necessários para a expansão da oferta pública com qualidade.

A profunda mudança de perfil do setor privado da educação superior, verificada a partir da autorização da oferta com fins lucrativos e incrementada com os movimentos de fusões e aquisições decorrentes do ingresso de grandes investidores internacionais, ocasionou uma necessidade de reposicionamento da regulação a fim de organizar um setor em expansão com ingresso de novos sujeitos que viriam a se tornar majoritários e com o desafio de garantir a qualidade num universo marcado pela busca de rápidos retornos financeiros.

2.4.2 Plano Nacional de Educação (PNE) e Plano de Desenvolvimento da Educação (PDE)

Além da abertura de mercado operacionalizada pela possibilidade de entrada de IES com fins lucrativos, a expansão da educação superior também foi influenciada pelas duas versões do Plano Nacional de Educação (PNE) consolidadas em lei.

O PNE tem previsão na Constituição Federal que, no art. 214, prevê que a lei estabelecerá um plano de duração decenal com o objetivo de articular o sistema nacional de educação em regime de colaboração e definir diretrizes, objetivos, metas e estratégias de implementação para assegurar a manutenção e o desenvolvimento do ensino em seus diversos níveis, etapas e modalidades por meio de ações integradas dos poderes públicos das diferentes esferas federativas que conduzam a: a) erradicação do analfabetismo; b) universalização do atendimento escolar; c) melhoria da qualidade do ensino; d) formação para o trabalho; e) promoção humanística, científica e tecnológica do país; e f) estabelecimento de meta de aplicação de recursos públicos em educação como proporção do produto interno bruto (PIB).

A LDB estipula a competência da União para elaborar o Plano Nacional de Educação, em colaboração com os estados, o Distrito Federal e os municípios (art. 9º); e o seu encaminhamento ao Congresso Nacional no prazo de um ano de sua publicação, com diretrizes e metas para os dez anos seguintes, em sintonia com a Declaração Mundial sobre Educação para Todos (art. 87).

Com fundamento nesses dispositivos, foi publicada, como resultado da iniciativa legislativa do Poder Executivo, a Lei nº 10.172, de 9 de janeiro de 2001, que aprovou o Plano Nacional de Educação (BRASIL, 2001). Não obstante a existência de experiências e tentativas anteriores, foi a primeira vez em que o Plano foi instituído por lei.

O PNE teve como objetivos, em síntese, a elevação global do nível de escolaridade da população; a melhoria da qualidade do ensino em todos os níveis; a redução das desigualdades sociais e regionais no tocante ao acesso e à permanência, com sucesso, na educação pública; e a democratização da gestão do ensino público nos estabelecimentos oficiais, obedecendo aos princípios da participação dos profissionais da educação na elaboração do projeto pedagógico da escola e da participação das comunidades escolar e local em conselhos escolares ou equivalentes.

No tocante à educação superior, segundo o PNE, a pressão pelo aumento de vagas na educação superior, em decorrência do aumento acelerado do número de egressos do ensino médio, já estava acontecendo e tenderia a crescer. A União deveria então "planejar a expansão com qualidade, evitando-se o fácil caminho da massificação" (item 4.2 – Diretrizes para Educação Superior).

Destacou a importância da contribuição do setor privado, que já oferecia a maior parte das vagas na educação superior e teria um relevante papel a cumprir, desde que respeitados os parâmetros de qualidade estabelecidos pelos sistemas de ensino; e a necessidade da expansão das universidades públicas para atender à demanda crescente dos alunos, sobretudo os carentes, bem como ao desenvolvimento da pesquisa necessária ao país, que dependeria dessas instituições, uma vez que elas eram responsáveis por mais de 90% da pesquisa e da pós-graduação nacionais – em sintonia com o papel constitucional a elas reservado.

A partir desse diagnóstico, foram previstos objetivos e metas a serem cumpridos até 2011. Considerando-se os itens por temática, Catani e Oliveira (2003) afirmam que os assuntos mais trabalhados no PNE, pela ordem, seriam: expansão da oferta de educação superior; financiamento e gestão; avaliação do sistema; articulação entre currículo e mercado de trabalho; pesquisa e pós-graduação; extensão, controle e participação da comunidade.

As metas de expansão foram centradas na diversificação da oferta, no crescimento das matrículas no setor privado e na racionalização dos recursos nas instituições federais de ensino superior (Ifes), que permitissem ampliação de vagas a custo zero, sobretudo nas universidades federais (CATANI; OLIVEIRA, 2003).

Na meta 1, o Plano determinou que o Brasil atingisse a marca de 30% de seus jovens entre 18 e 24 anos no ensino superior, o que representava a duplicação do número de matrículas de estudantes superiores nessa faixa etária. Os dados do Censo da Educação Superior 2011 atestam que a meta foi cumprida, uma vez que as matrículas passaram de cerca de 3,5 milhões de estudantes em 2002 para 6,8 milhões em 2011 (BRASIL, 2012).

Encerrado o ciclo de dez anos do PNE 2001-2011, deu-se início à discussão sobre a aprovação de um novo plano para o decênio seguinte. Esse processo resultou na aprovação da Lei nº 13.005, de 25 de junho de 2014, que instituiu mais um Plano Nacional de Educação (BRASIL, 2014), que determinou diretrizes, metas e estratégias para a política educacional até 2024.

Ao contrário do PNE 2001-2011, o novo Plano não contém diagnósticos sobre os níveis de ensino. O anexo da lei se limita a estabelecer as metas e respectivas estratégias para o seu alcance.

A expansão da educação superior é mais uma vez mencionada. A meta 12 do novo PNE projeta elevar a taxa bruta[14] de matrícula na educação superior para 50%, e a taxa líquida,[15] para 33% da população de 18 a 24 anos, assegurada a qualidade da oferta, além de expandir a proporção de matrículas na rede pública para 40%. Essa meta acarreta um novo aumento significativo do número de matrículas, dado o aumento já verificado após a implantação do PNE 2001-2011.

Em relação ao percentual mínimo de aumento das vagas na rede pública, deve-se elevar o quantitativo de matrículas públicas mais que as privadas, e isso só será possível se os recursos públicos se dirigirem às instituições públicas, interrompendo esse percurso estabelecido desde 1995, por meio da relação público-privado marcada pelo Fundo

---

[14] Percentual de matrículas na educação superior em relação à população de 18 a 24 anos.
[15] Percentual de matrículas da população de 18 a 24 anos na educação superior.

de Financiamento Estudantil (Fies) e pelo Programa Universidade para Todos (Prouni) (CHAVES; AMARAL, 2016).

As estratégias englobam a otimização da capacidade instalada da estrutura física e de recursos humanos das instituições públicas; a ampliação das políticas de inclusão e de assistência estudantil; e a ampliação do Fies e do Prouni.

Além do PNE, o projeto de expansão da educação superior passou também pelo chamado Plano de Desenvolvimento da Educação (PDE), conjunto de programas lançado pelo governo federal em 2007, segundo quatro eixos de referência: educação básica, educação superior, educação profissional e alfabetização.

Segundo o Ministério da Educação, o PDE pretendeu ser mais do que a tradução instrumental do Plano Nacional de Educação (PNE), o qual, em certa medida, teria apresentado um bom diagnóstico dos problemas educacionais, mas teria deixado em aberto a questão das ações a serem tomadas para a melhoria da qualidade da educação. Assim, o PDE poderia ser apresentado como um plano executivo, como um conjunto de programas que visariam dar consequência às metas quantitativas estabelecidas pelo PNE (BRASIL, 2007).

No âmbito da educação superior, o PDE baseou as ações em torno de cinco princípios complementares: (a) expansão da oferta de vagas; (b) garantia de qualidade; (c) promoção de inclusão social pela educação; (d) ordenação territorial; e (e) desenvolvimento econômico e social.

Com base nesses princípios, o Plano mencionou, dentre as políticas de educação superior, os programas de democratização do acesso ao ensino superior privado (Fies e Prouni); de reestruturação e expansão das universidades federais (Reuni); e de fortalecimento do Sistema Nacional de Avaliação da Educação Superior (Sinaes). Englobou, assim, alterações em programas já existentes, bem como a criação de novos, tendo como pano de fundo a operacionalização do PNE.

2.4.3 Políticas de fomento ao setor privado

O ingresso nas instituições públicas de educação superior é tradicionalmente mais concorrido, seja pela melhor reputação em termos de qualidade, seja em razão da gratuidade do ensino. O déficit de qualidade da educação básica pública em relação ao setor particular, aliado às melhores condições socioeconômicas dos estudantes das escolas particulares, reduz consideravelmente as chances de os estudantes de baixa renda concorrerem por vagas – principalmente nos cursos considerados mais disputados – nas instituições públicas de educação superior.

No tocante ao acesso às instituições privadas, provedores que ofertam o maior número de vagas, a barreira econômica se manifesta pela dificuldade de as famílias arcarem com os valores das taxas e mensalidades sem comprometerem a sua subsistência.

Estudo de Ristoff (2013) sobre o perfil dos estudantes de graduação, a partir dos questionários socioeconômicos do Enade, mostrou que mais de um terço dos estudantes brasileiros (34%) estavam na faixa de renda mensal familiar de até três salários mínimos.

Costa e Ferreira (2017) destacam a restrição do acesso e as condições de permanência desfavoráveis na educação superior como dois problemas significativos no contexto brasileiro, que coexistem com o fenômeno da democratização do acesso à educação superior.

As condições socioeconômicas dos estudantes se mostram, pois, como um fator essencial para a eficácia das políticas de expansão. Diante desse quadro, o aumento da oferta de vagas, por si só, seria inócuo. As metas de acesso à educação superior estariam longe de ser atendidas pela impossibilidade financeira dos estudantes acessarem as novas vagas criadas.

Demanda-se, assim, a implementação, pelo Estado, de políticas públicas que criassem as condições materiais para o ingresso e a permanência nos cursos de educação superior privados em expansão desse novo universo de estudantes até então excluídos em razão das condições econômicas.

Uma das medidas mais urgentes e eficazes nesse sentido são as políticas de concessão de crédito estudantil para financiar o ingresso de estudantes de baixa renda na educação superior. A primeira dessas políticas foi oficialmente criada em 1976, com a nomenclatura de Programa de Crédito Educativo (Creduc). No entanto, fatores como inadimplência, ausência de instrumentos para adequar os débitos à inflação e a inexistência de recursos para conceder novos financiamentos fizeram o programa entrar em crise e ser esvaziado a partir de 1991.

Em 1999, foi então instituído o Fies pela Medida Provisória nº 1.827-1, de 24 de junho de 1999, que, depois de sucessivas reedições de medidas provisórias, foi convertida na Lei nº 10.260, de 12 de julho de 2001 (BRASIL, 2001). O programa é destinado à concessão de financiamento a estudantes regularmente matriculados em cursos superiores não gratuitos e com avaliação positiva nos processos conduzidos pelo Ministério da Educação. Tem como objetivo possibilitar o acesso e a manutenção de estudantes de baixa renda na educação superior.

O Fies foi criado para financiar um percentual dos encargos educacionais cobrados dos estudantes por parte das IES cadastradas junto ao MEC em contraprestação à oferta dos cursos de graduação em que estiverem regularmente matriculados.

A política beneficiou o ingresso de novos estudantes, mas também disponibilizou financiamento aos estudantes que já estavam matriculados. Segundo o relatório de gestão do ano de 2017 (BRASIL, 2018), o Fies atendeu, desde a sua criação, aproximadamente 3,12 milhões de estudantes.

As IES que participassem do programa receberiam pagamento das mensalidades dos alunos na forma de concessão, pelo governo, de títulos públicos com poder liberatório, que permitem quitar tributos federais.

O Fies foi objeto de algumas reestruturações ao longo do tempo, que impactaram de forma direta na sua atratividade e, consequentemente, na sua capacidade de contribuir com as políticas de expansão da educação superior.

Num primeiro momento, que vai da criação do programa, em 1999, até o ano de 2009, a taxa de juros variava de 6,5% a 9% ao ano, havia uma carência de 6 meses após a formatura para o início do pagamento do financiamento, o prazo de amortização era de duas vezes a duração total do curso, e o percentual dos encargos educacionais passível de cobertura variava. Bolsistas de Prouni, por exemplo, podiam financiar 100% dos valores devidos às IES. Alunos de cursos considerados prioritários, 75%, e situações não enquadradas nos incentivos específicos tinham apenas 50% dos encargos passíveis de financiamento.

Essas condições não se mostraram atrativas o suficiente, e o programa seguiu com números estagnados no período.

No intuito de utilizar o Fies como um catalisador mais efetivo das políticas de expansão, no contexto do Plano de Desenvolvimento da Educação (PDE), mencionado no tópico anterior, o governo promoveu alterações importantes no programa em 2010, com a edição da Lei nº 12.202, de 14 de janeiro de 2010 (BRASIL, 2010), que, entre outras medidas, aumentou o percentual de financiamento para até 100% dos encargos educacionais (de acordo com a renda familiar declarada), reduziu os juros para 3,4% ao ano, instituiu uma carência de 18 meses após a formatura para o início do pagamento e ampliou o período de amortização para três vezes a duração do curso mais 12 meses.

Na agenda da maior atratividade do programa, foi criado também o Fundo de Garantia de Operações de Crédito Educativo (Fgeduc), fundo de natureza privada que tem a União como cotista única, com a finalidade de garantir parte do risco em operações de crédito educativo no âmbito do Fies e, assim, substituir o fiador convencional exigido nos financiamentos a estudantes com dificuldade de consegui-los, considerando o perfil de renda que apresentam e os cursos em que estão matriculados.

Nesse contexto, o Fies experimentou um expressivo aumento no número de contratos, que passou de pouco menos de 76 mil em 2010 para 2,18 milhões em 2015, com recursos da ordem de R$16,58 bilhões. As matrículas beneficiárias do Fies passaram de aproximadamente 5% do total efetuado na rede privada em 2009 para 39% em 2015 (BRASIL, 2018).

Após esse período de marcante fortalecimento dos incentivos à adesão ao Fies, mudanças nas conjunturas política e econômica ocasionaram uma reformulação do programa, sob alegação da necessidade de adequá-lo ao contexto orçamentário do país. Os ajustes foram operacionalizados por portarias normativas do MEC,[16] que impuseram mais condicionalidades à adesão (como nota mínima de 450 pontos no Exame Nacional do Ensino Médio – Enem), aumentaram a taxa de juros para 6,5% ao ano, reduziram

---

[16] Portarias Normativas MEC nº 21, de 26 de dezembro de 2014 (BRASIL, 2014); nº 23, de 29 de dezembro de 2014 (BRASIL, 2014, b); nº 8, de 2 de julho de 2015 (BRASIL, 2015); e nº 10, de 31 de julho de 2015 (BRASIL, 2015, b).

o prazo de amortização para três vezes a duração do curso, entre outras medidas que afetaram a atratividade, e, consequentemente, diminuíram consideravelmente a adesão de novos estudantes. Sguissardi (2015) ilustra a importância do Fies para as IES particulares nesse período com a repercussão econômica dessas medidas de restrição determinadas pelo governo em 2015 no valor de mercado das principais instituições: os quatro principais grupos econômicos de educação superior, então liderados pela Kroton/ Anhanguera, setor mais lucrativo dos 15 setores da Bovespa nos últimos dois anos até dezembro de 2014, perderam nos quatro primeiros meses de 2015 entre 30% e 50% do valor de suas ações.

Uma última reforma no Fundo foi instituída em 2017 pela Medida Provisória nº 785, de 6 de julho de 2017, convertida na Lei nº 13.530, de 7 de dezembro de 2017 (BRASIL, 2017), que reestruturou o programa, mais uma vez adequando-o à realidade orçamentária do país, com objetivo declarado de garantir maior sustentabilidade e diminuir a inadimplência, e criou nova sistemática de oferta e de amortização do financiamento.

A implementação do chamado "Novo Fies" foi iniciada no primeiro semestre de 2018. Dentre as mudanças mais importantes a serem destacadas, foram criadas duas modalidades do programa: a) uma com o nome de Fundo e financiada pelo Tesouro, direcionada a estudantes com renda familiar bruta de até três salários mínimos *per capita*, que permite a obtenção de financiamento com taxa de juros reais zero e prazo de amortização definido de acordo com a renda do estudante; e b) outra chamada de Programa de Financiamento Estudantil (P-Fies), com recursos parciais de fundos de desenvolvimento, fundos constitucionais e recursos do Banco Nacional de Desenvolvimento Econômico e Social (BNDES), destinada a estudantes com renda bruta mensal familiar de três a cinco salários mínimos *per capita*, com taxas de juros e prazos de amortização pactuados com as instituições financeiras operadoras, que assumem o risco da inadimplência.

Destaque-se que, em ambas as modalidades, não existe mais o prazo de carência para início do pagamento.

Analisando em perspectiva a variação nas adesões na série histórica desde a criação do Fies, pode-se perceber de forma clara os impactos das sucessivas mudanças na atratividade do Fundo. No início, tem-se uma estagnação no número de novos contratos, com uma variação mínima a cada ano. Com a reforma de 2010, verifica-se um aumento exponencial de adesões, passando de 32 mil novos contratos em 2009 para 76 mil em 2010, chegando ao teto de 732 mil em 2014. A partir de 2015, as alterações promovidas no programa ocasionaram uma acentuada curva descendente nos novos contratos, com uma diminuição imediata para 287 mil em 2015, chegando a 85 mil em 2019.

Gráfico 13 – Novos contratos de Fies, de 2008 a 2019

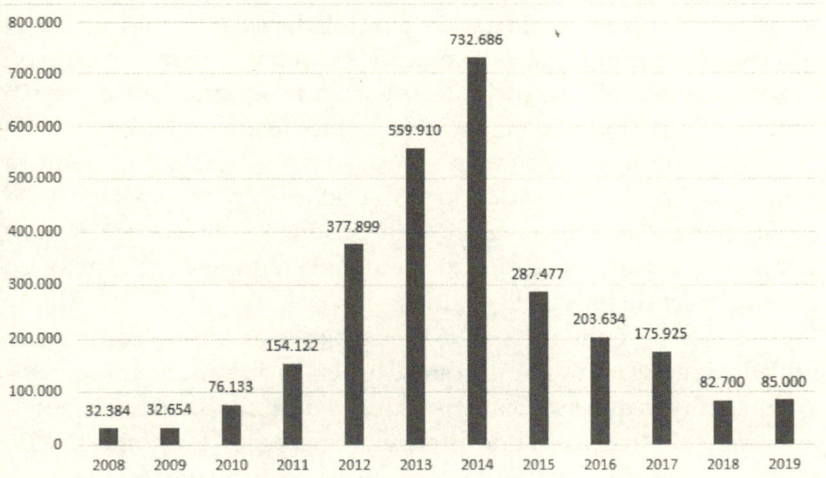

Ano	Novos contratos
2008	32.384
2009	32.654
2010	76.133
2011	154.122
2012	377.899
2013	559.910
2014	732.686
2015	287.477
2016	203.634
2017	175.925
2018	82.700
2019	85.000

Fonte: Elaboração própria com dados do Censo da Educação Superior.

Outra importante política pública de fomento no contexto da expansão das IES privadas foi o Programa Universidade para Todos (Prouni). Instituído pela Medida Provisória nº 213, de 10 de setembro de 2004 (BRASIL, 2004), convertida na Lei nº 11.096, de 13 de janeiro de 2005 (BRASIL, 2005), o programa é destinado à concessão de bolsas de estudo integrais e parciais para estudantes de cursos de graduação e sequenciais de formação específica em instituições privadas de educação superior.

O Prouni destina bolsas de estudo integral a brasileiros não portadores de diploma de curso superior cuja renda familiar mensal *per capita* não exceda o valor de até um salário mínimo e meio. As bolsas de estudo parciais de 50% ou de 25% são concedidas a brasileiros não portadores de diploma de curso superior, cuja renda familiar mensal *per capita* não exceda o valor de até três salários mínimos, mediante critérios definidos pelo Ministério da Educação. Segundo a legislação, a IES privada, com fins lucrativos ou sem fins lucrativos não beneficente,[17] poderá aderir ao Prouni mediante assinatura de termo de adesão, cumprindo-lhe oferecer, no mínimo, uma bolsa integral para o equivalente a 10,7 estudantes regularmente pagantes e devidamente matriculados ao final do correspondente período letivo anterior. As instituições que aderem ao Programa ficam isentas de determinados impostos e contribuições sociais (Imposto de Renda das Pessoas Jurídicas, Contribuição Social sobre o Lucro Líquido, Contribuição Social para Financiamento da Seguridade Social e Contribuição para o Programa de Integração Social) pelo período de vigência do termo de adesão.

O Prouni junta-se ao Fies como estratégia de fomento à expansão via setor privado: no caso do Fies, a partir da concessão de financiamento dos encargos educacionais sob condições mais atrativas que as de mercado; no Prouni, via renúncia fiscal em troca da concessão de bolsas de estudos.

Segundo Leher (2004), o Prouni serve às ambições do setor privado de educação superior, que se beneficia da isenção de impostos e contribuições que implicam na redução de aproximadamente 15% dos gastos em troca de modestíssimas vagas para o Programa. Nesse sentido, Carvalho (2006) destaca que o Prouni representa uma excelente oportunidade para o financiamento das IES privadas, a partir do fomento da ocupação das vagas ociosas.

O Programa já atendeu, desde a sua criação até o processo seletivo do segundo semestre de 2019, mais de 2,6 milhões de estudantes, sendo 70% destes com bolsas integrais.

Pode-se observar um crescimento gradativo no número de bolsas do Prouni desde a sua criação até 2015. Em 2005, foram disponibilizadas 95.629 bolsas e, em 2015, esse valor chegou a 252.650 bolsas. Desde então, o número de bolsas variou negativamente, com pequenas flutuações, e em 2019 foram concedidas 225.555.

---

[17] As pessoas jurídicas de direito privado, sem fins lucrativos, reconhecidas como entidades beneficentes de assistência social com a finalidade de prestação de serviços na área da educação, são beneficiárias de isenções fiscais de acordo com o sistema previsto na Lei nº 12.101, de 27 de novembro de 2009 (BRASIL, 2009). Por essa razão, não podem aderir ao Prouni.

Gráfico 14 – Número de bolsas do Prouni, de 2005 a 2019

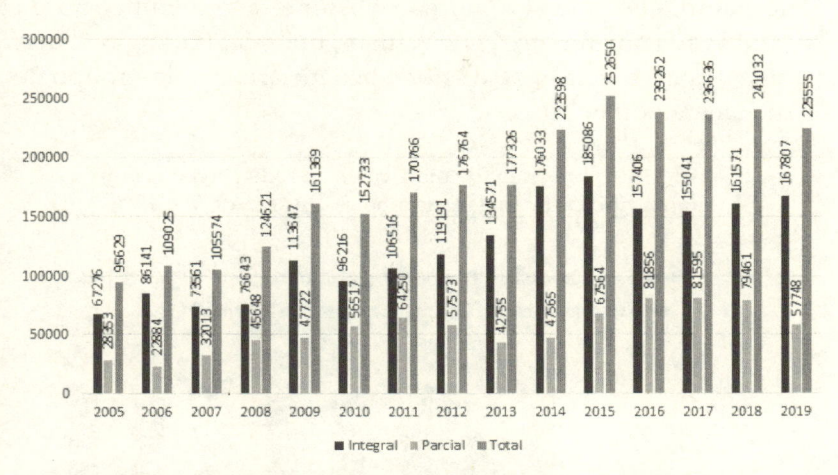

Fonte: Elaboração própria a partir dos dados abertos do Prouni.

Embora o Prouni não represente gastos orçamentários diretos para o orçamento público, os valores das renúncias fiscais dele decorrentes indicam um crescimento considerável nos recursos investidos no Programa.

Gráfico 15 – Renúncias fiscais decorrentes do Prouni

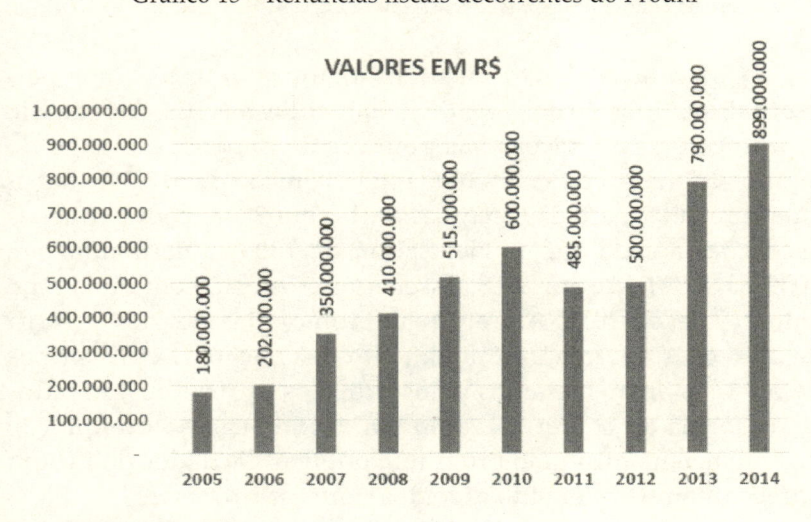

Fonte: WBATUBA, 2018.

Analisando-se a adesão das IES e o papel desses programas de fomento, constata-se que, não obstante a proeminência da esfera privada no número de IES, cursos, matrículas e vagas, quase metade das matrículas nesse setor é beneficiária de algum tipo de financiamento ou bolsa.

Gráfico 16 – Percentual de matrículas na rede privada com algum tipo de financiamento/bolsa – Brasil 2009-2019

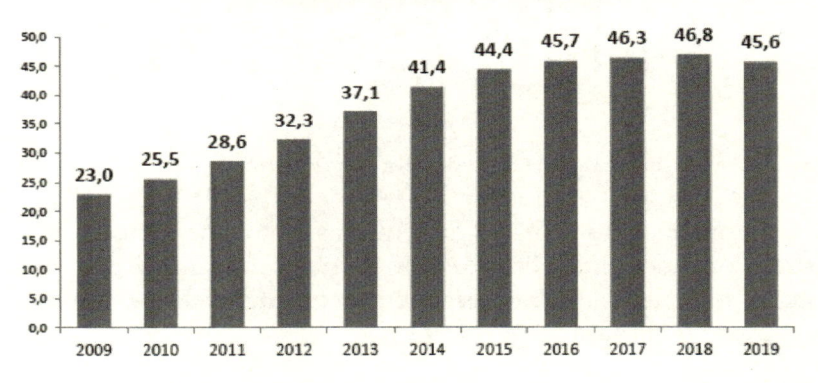

Percentual de matrículas na rede privada com algum tipo de financiamento/bolsa - Brasil 2009-2019

Ano	%
2009	23,0
2010	25,5
2011	28,6
2012	32,3
2013	37,1
2014	41,4
2015	44,4
2016	45,7
2017	46,3
2018	46,8
2019	45,6

Fonte: Censo da Educação Superior 2019 (BRASIL, 2020).

Os gráficos abaixo mostram algumas variações nos percentuais de tipos de bolsas e financiamentos nas IES privadas de acordo com as alterações nas políticas de fomento ao longo do tempo. Enquanto o Prouni teve uma evolução de 312.346 matrículas em 2009 para 575.099 matrículas em 2018, com pequenas oscilações a cada ano, o Fies saltou de 133.085 matrículas em 2009 para 821.122 em 2018. Esses números estão em queda, no entanto, desde 2016. As reformas promovidas no Fies a partir de 2016 ocasionaram um movimento de criação de outros tipos de bolsas e financiamentos pelos próprios provedores privados como forma de conter a evasão em decorrência da diminuição dos financiamentos pelo Programa público. Os dados do Prouni parecem também ter sido afetados por esse processo.

CAPÍTULO 2 | 111
CONTEXTO E MARCO REGULATÓRIO DA EDUCAÇÃO SUPERIOR NO BRASIL: O DESAFIO DA EXPANSÃO COM QUALIDADE

Gráfico 17 – Matrículas na rede privada, por tipo de financiamento/bolsa

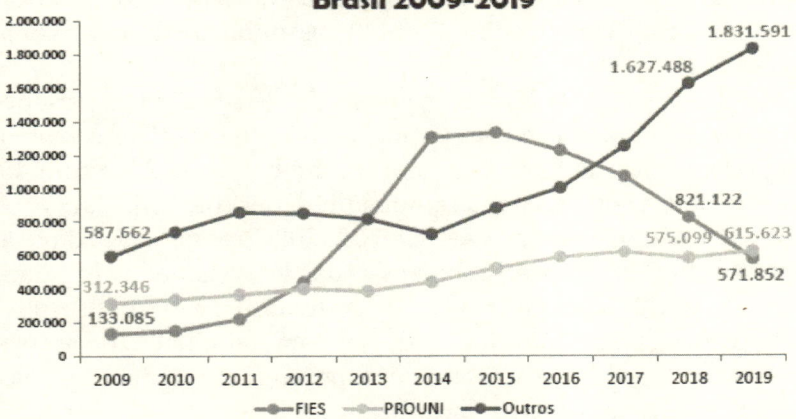

Matrícula na rede privada, por tipo de financiamento/bolsa Brasil 2009-2019

(FIES, PROUNI, Outros; valores destacados: 587.662; 312.346; 133.085; 1.627.488; 1.831.591; 821.122; 575.099; 615.623; 571.852)

Fonte: Censo da Educação Superior 2019 (BRASIL, 2020).

Gráfico 18 – Distribuição da matrícula na rede privada por tipo de financiamento/bolsa

Distribuição da matrícula na rede privada por tipo de financiamento/bolsa - Brasil 2009-2019

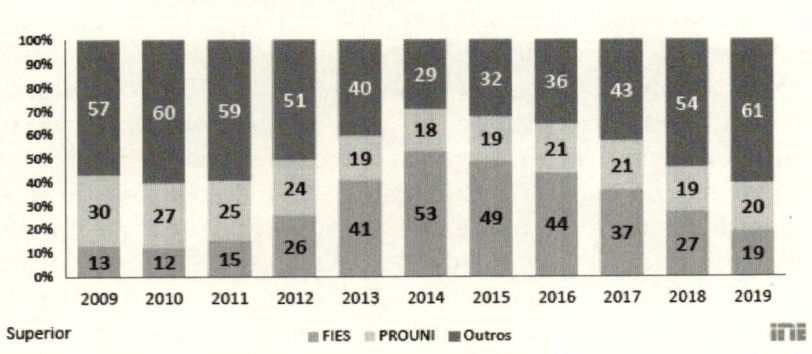

Ano	FIES	PROUNI	Outros
2009	13	30	57
2010	12	27	60
2011	15	25	59
2012	26	24	51
2013	41	19	40
2014	53	18	29
2015	49	19	32
2016	44	21	36
2017	37	21	43
2018	27	19	54
2019	19	20	61

Superior

Fonte: Censo da Educação Superior 2019 (BRASIL, 2020).

2.4.4 Fomento ao setor público

Não obstante o crescimento mais acentuado das matrículas no setor privado, as instituições federais de educação superior também foram beneficiárias de políticas públicas de fomento à expansão.

O Ministério da Educação chama de "Expansão I" o período de 2003 a 2007, que teve como principal meta interiorizar o ensino superior público federal, que contava até o ano de 2002 com 45 universidades federais e 148 câmpus/unidades (BRASIL, 2015).

Em adição a esse processo, foi criado o Programa de Apoio a Planos de Reestruturação e Expansão das Universidades Federais (Reuni), pelo Decreto nº 6.096, de 24 de abril de 2007 (BRASIL, 2007), com o objetivo de criar condições para a ampliação do acesso e permanência na educação superior, no nível de graduação, pelo melhor aproveitamento da estrutura física e de recursos humanos existentes nas universidades federais. Em outras palavras, uma política com os objetivos básicos de aumentar as vagas de ingresso e reduzir as taxas de evasão nos cursos de graduação das instituições federais de educação superior.

O Reuni baseou-se nas seguintes diretrizes: redução das taxas de evasão, ocupação de vagas ociosas e aumento de vagas de ingresso, especialmente no período noturno; ampliação da mobilidade estudantil, com a implantação de regimes curriculares e sistemas de títulos que possibilitem a construção de itinerários formativos mediante o aproveitamento de créditos e a circulação de estudantes entre instituições, cursos e programas de educação superior; revisão da estrutura acadêmica, com reorganização dos cursos de graduação e atualização de metodologias de ensino-aprendizagem, buscando a constante elevação da qualidade; diversificação das modalidades de graduação, preferencialmente não voltadas à profissionalização precoce e especializada; ampliação de políticas de inclusão e assistência estudantil; e articulação da graduação com a pós-graduação e da educação superior com a educação básica. Em resumo, buscou-se aliar aumento de ofertas de vagas nos cursos de graduação com o aumento de ofertas de cursos noturnos, inovações pedagógicas e combate à evasão.

Tratou-se de um programa de ampliação física e reestruturação pedagógica do sistema federal de educação superior concebido para duplicar a oferta de vagas públicas no ensino superior, no prazo de cinco anos. O Ministério da Educação destinaria ao Programa recursos financeiros que seriam reservados a cada universidade federal na medida da elaboração e apresentação dos respectivos planos de reestruturação.

Segundo o Ministério da Educação, o Reuni não buscava apenas propiciar as condições materiais para uma expansão quantitativa das vagas na educação superior pública. Apesar da finalidade imediata de aumento das vagas de ingresso e redução das taxas de evasão, o MEC defendia que as diretrizes do programa permitiriam entender a proposta de reestruturação não apenas de ordem quantitativa, mas também qualitativa (BRASIL, 2007).

Segundo Araújo e Pinheiro (2010), as diretrizes estabelecidas para o Reuni apresentam uma sintonia com as propostas de inovações gerenciais de reforma do Estado, uma vez que se tratou de um programa que contribuiu para que as instituições federais de educação superior repensassem suas práticas de gestão, de modo a garantir que as demandas atuais da sociedade fossem efetivamente alcançadas.

Borges e Aquino (2012) caracterizam o Reuni como um programa de reforma das IFES, acoplado a um conjunto de financiamentos para aquelas universidades que a ele aderirem. O conjunto de condições seria um meio de estimular a concorrência entre as universidades, numa competição de regularidade e de busca de identidade ao modelo sugerido pelo MEC.

Para Baptista *et al.* (2013), o Reuni, através de suas diretrizes, contribuiu para a construção do espaço público democrático na universidade. A partir da expansão de vagas, principalmente as noturnas, os jovens e adultos passaram a ter maior possibilidade de ingresso no ensino superior, especialmente os que trabalham durante o dia. A mobilidade estudantil permitiu que os indivíduos tivessem contato com diversas áreas do conhecimento de forma dinâmica, ampliando o contato social com diferentes realidades, o que repercute em uma maior visão de mundo. Os programas de inclusão social e assistência estudantil ofereceram certo suporte aos estudantes para sua permanência e um melhor desenvolvimento acadêmico, e a articulação da educação superior com a educação básica, profissional e tecnológica permitiu que o processo formativo se desse de forma mais integrada, contínua e em menor tempo.

Esses movimentos ocasionaram um notório crescimento, não somente das universidades federais, mas também de câmpus no interior do país. De 2003 a 2010, houve um salto de 45 para 59 universidades federais, o que representa a ampliação de 31%; e de 148 câmpus para 274 câmpus/unidades, crescimento de 85%. A interiorização também proporcionou uma expansão no país quando se elevou o número de municípios atendidos por universidades federais de 114 para 272, com um crescimento de 138%. Ainda no âmbito da integração e do desenvolvimento regional, destaca-se a criação de 47 novos câmpus no período entre 2011 e 2014 (BRASIL, 2015).

Gráfico 19 – Linha do tempo da criação das universidades federais

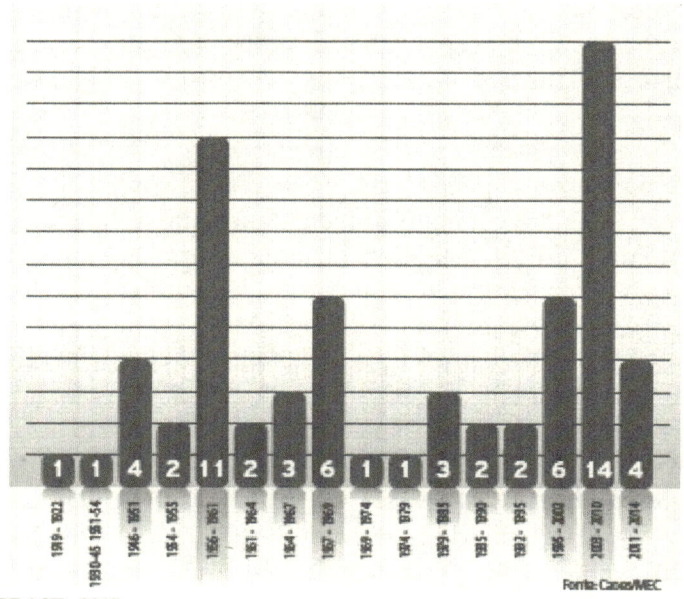

Fonte: BRASIL, 2015.

No período de 2016 a 2019, foram ainda criadas cinco novas universidades federais, chegando-se a um número total de 68.

Outra política que teve impacto na expansão da educação superior por meio de fomento ao setor público foi a criação dos institutos federais, no âmbito da Rede Federal de Educação Tecnológica.

O Decreto nº 6.095, de 24 de abril de 2007 (BRASIL, 2007), estabeleceu as diretrizes para a integração das instituições federais de educação tecnológica em Institutos Federais de Educação, Ciência e Tecnologia (Ifet). Os institutos que aderissem a esse processo de integração passariam a ser considerados como institutos de educação básica, profissional e superior, divididos em vários câmpus e especializados na oferta de educação profissional e tecnológica nas mais diversas modalidades de ensino.

No campo da educação superior, as instituições que aderissem à criação dos Ifet se comprometiam a ministrar:

a) cursos de graduação, compreendendo bacharelados de natureza tecnológica e cursos superiores de tecnologia, visando à formação de profissionais para os diferentes setores da economia;

b) cursos de pós-graduação *lato sensu* de aperfeiçoamento e especialização, visando à formação de especialistas para as diferentes áreas da educação profissional e tecnológica;

c) programas de pós-graduação *stricto sensu*, compreendendo mestrado e doutorado, preferencialmente de natureza profissional, que promovam o aumento da competitividade nacional e o estabelecimento de bases sólidas em ciência e tecnologia, com vistas ao processo de geração e inovação tecnológica; e

d) cursos de licenciatura, bem como programas especiais de formação pedagógica, com vistas à formação de professores para a educação básica, sobretudo nas áreas de ciências e matemática, de acordo com as demandas de âmbito local e regional (BRASIL, 2007b *apud* COSTA et al., 2010).

A adesão ao programa foi maciça, e a Lei nº 11.892, de 29 de dezembro de 2008 (BRASIL, 2008), viria a consolidar esse sistema com a criação da Rede Federal de Educação Profissional, Científica e Tecnológica, e dos Institutos Federais de Educação, Ciência e Tecnologia – Institutos Federais.

A partir desse processo, 40 institutos federais foram criados, com o reordenamento das Escolas Técnicas Federais e dos Centros Federais de Educação Tecnológica, e passaram a ofertar também cursos de graduação com viés tecnológico e cursos superiores de licenciatura.

Segundo o Censo da Educação Superior (BRASIL, 2019), 36,4% das IES federais correspondem hoje aos Institutos Federais de Educação, Ciência e Tecnologia. Entre 2008 e 2018, o número de ingressantes em cursos tecnológicos teve um aumento de 102,9%. O gráfico abaixo mostra o crescimento do número de ingressantes nos cursos de bacharelado, licenciatura e tecnológicos no período (destaca-se que a criação dos institutos federais também contribuiu para o aumento de ingressos nos cursos de licenciatura).

Gráfico 20 – Número de ingressos em cursos de graduação por grau acadêmico

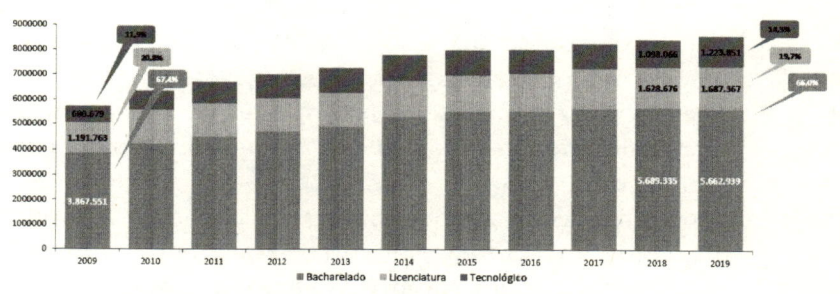

Fonte: Censo da Educação Superior 2019 (BRASIL, 2020).

2.5 Conclusões

A educação superior tornou-se um dos setores estratégicos nos projetos de crescimento do Brasil, seja pelo seu papel na inclusão social, num contexto de expansão da demanda e da oferta, seja como setor econômico que movimenta bilhões de reais todos os anos e gera empregos, oportunidades e ascensão social.

É possível identificar diferentes fases da expansão da educação superior, de acordo com os objetivos e estratégias implementadas por cada governo para o aumento das matrículas no setor. Pode-se fazer referência a um primeiro momento de expansão marcado pela via da abertura para o mercado e, posteriormente, a um movimento de expansão caracterizado pela criação e implementação de políticas de fomento específicas para os setores privado e público. Pelas suas características, está-se diante de uma das chamadas políticas de Estado, que adquirem capilaridade e perpassam sucessivos governos de diversas matizes ideológicas.

O processo de massificação das matrículas na educação superior desencadeou uma discussão sobre a qualidade desses novos cursos ofertados. Surgiram questionamentos de diversos setores sobre o tipo de formação a que esses novos estudantes estavam sendo submetidos.

Nesse sentido, as políticas de crescimento da educação superior passaram a incluir como elemento primordial na sua concepção e seus objetivos a questão da garantia da qualidade. O PNE prevê como meta elevar a qualidade da educação superior. O Prouni e o Fies estabelecem a avaliação positiva de qualidade como requisito para adesão.

Foi então criado o Sistema Nacional de Avaliação da Educação Superior (Sinaes) para assegurar o processo nacional de avaliação das instituições de educação superior, dos cursos de graduação e do desempenho acadêmico de seus estudantes.

O marco regulatório da educação superior no Brasil buscou restabelecer a autoridade do Estado enquanto ente garantidor do funcionamento da rede de educação superior no sistema federal de ensino. Foi estabelecida uma interconexão entre as funções de regulação, avaliação e supervisão, na qual a avaliação subsidia os processos de regulação e pode desencadear a abertura de processos de supervisão.

O quadro apresentado demonstra a difícil tarefa de normatizar, dirigir e fiscalizar o funcionamento de uma rede tão vasta e diversa. O papel constitucional atribuído ao Estado enquanto garantidor do sistema demanda estratégias e políticas coordenadas para resguardar a continuidade das políticas de expansão da educação superior sem descuidar da garantia da qualidade.

Nos capítulos posteriores, serão analisados os conceitos de qualidade e de avaliação que balizaram a criação do Sinaes e problematizada a relação entre regulação e avaliação estabelecida pela lei.

CAPÍTULO 3

A AVALIAÇÃO DA EDUCAÇÃO SUPERIOR: A GARANTIA DA QUALIDADE E A CONSTRUÇÃO DO SINAES

3.1 Introdução

Num contexto de expansão da educação superior em escala global, que teve um incremento substancial no número de instituições, cursos e matrículas, a discussão sobre a qualidade da educação ofertada passou definitivamente a fazer parte da agenda do debate público.

Tendo em vista a importância da qualidade para a concretização do direito à educação superior e para a realização dos impactos positivos a ela associados, os diferentes sujeitos envolvidos nos respectivos sistemas passaram a ser chamados para formular e construir uma ideia de qualidade em educação superior e de processos que possibilitassem avaliá-la.

Este capítulo tem por objeto discutir as diferentes concepções sobre qualidade da educação superior e os modelos de avaliação, bem como analisar os modelos que orientaram a formulação do Sinaes.

Inicialmente, será exposta a discussão sobre os conceitos de qualidade em educação superior e sistemas avaliativos. A partir desses paradigmas, serão analisadas as iniciativas de construção dos processos de avaliação da educação superior no Brasil, desde os antecedentes na Reforma Universitária de 1968 até o processo de formação da agenda e da publicação da Lei do Sinaes. Por fim, serão discutidos o modelo e o paradigma de qualidade e de avaliação adotados pelo Sinaes.

3.2 Qualidade da educação superior: diferentes concepções

A análise de uma política de avaliação de qualidade deve levar em conta, primeiramente, as diferentes acepções e significados que o termo "qualidade" pode adquirir. Não é possível formular um conceito único de qualidade na educação superior, na medida em que diversos fatores podem influenciar essa definição. A ideia admite múltiplas abordagens e tem sido utilizada para descrever uma variedade de fenômenos.

O conceito de qualidade pode variar, por exemplo, de acordo com o agente envolvido no processo educacional. Para o órgão regulador, qualidade pode ser caracterizada como o atendimento aos requisitos mínimos por ele estabelecidos. Os gestores das instituições de educação superior, por seu turno, poderão conectar a ideia de qualidade à eficiência, ao cumprimento dos objetivos previamente determinados. Os estudantes podem entender qualidade como um selo de distinção ou pela empregabilidade na área de formação. Os empregadores esperam egressos do ensino superior com habilidades para o exercício profissional.

Para além dos agentes envolvidos, a definição de qualidade na educação superior difere também em cada país, em cada contexto. A variedade de sistemas de educação superior no mundo é refletida, consequentemente, na pluralidade dos conceitos de qualidade adotados por cada um. Nos países com sistemas de educação superior tradicionais e estabelecidos, a preocupação com qualidade está geralmente ligada ao direcionamento racional dos recursos públicos investidos. Nos países com recentes movimentos de expansão, notadamente de baixa e média renda, como Brasil e Quênia (MCCOWAN, 2019), o debate da qualidade se refere, em maior medida, à garantia da sua função social, aos resultados desses investimentos na ascensão social dos estudantes e no incremento da produtividade do país.

Segundo McCowan (2019), é possível dividir a ideia de qualidade segundo as funções de ensino, pesquisa e extensão priorizadas por cada instituição, conforme o ambiente de aprendizado e experiências extracurriculares proporcionado, assim como de acordo com os recursos disponíveis para viabilizar a atuação autônoma dos estudantes (como bibliotecas, laboratórios etc.).

Até meados da década de 1980, o debate sobre qualidade era restrito às discussões internas do sistema de educação superior. Vigorava a tradição de que a autorregulação pelas instituições era suficiente e de que não haveria necessidade de controle público externo sobre esses processos. A expansão dos sistemas de educação superior, que teve início nas décadas anteriores, acompanhada pelo incremento nos investimentos públicos nesse setor, trouxe os primeiros questionamentos do poder público e da sociedade acerca da qualidade da educação. Era preciso justificar os valores investidos pelo Estado e garantir que os recursos públicos estavam sendo alocados com eficiência.

A referida expansão da educação superior no mundo foi acompanhada pelo debate sobre a conciliação desses movimentos com a redução dos custos, mas com a manutenção da qualidade. Nesse contexto, qualidade se tornou uma palavra-chave no debate público sobre educação superior (BARNETT, 1992; GREEN, 1994).

Schwartzman (1992) destaca que a questão da qualidade surge como problema socialmente significativo quando os resultados ou produtos que se obtêm das instituições de educação superior deixam de corresponder às expectativas dos diferentes grupos e setores que delas participam e, mais ainda, quando a frustração contínua dessas expectativas começa a se tornar insustentável.

Segundo Frazer (1994), qualidade em educação superior é importante porque as instituições devem prestar contas à sociedade, aos empregadores, aos estudantes e ao próprio sistema, e essa análise não deve ser meramente financeira. As universidades existem para gerar conhecimento novo, disseminar conhecimento e resguardar e transmitir uma herança cultural.

Não obstante alguns defenderem que qualidade em educação superior seria um fenômeno muito complexo para ser objeto de uma conceituação (VROEIJENSTIJN, 1991), uma discussão sobre os conceitos de qualidade floresceu.

Ronald Barnett, em *Improving higher education: total quality care* (1992), defendeu que a ideia de qualidade estava intrinsecamente ligada ao próprio conceito de educação superior adotado. A ideia de educação superior molda o conceito de qualidade e os respectivos processos de sua avaliação, garantia e melhora. Por exemplo, se a educação superior é entendida como um processo de formação dos indivíduos para produtividade no mercado de trabalho, a avaliação de qualidade deve focar nos resultados, no destino dos egressos, se conquistaram posições em suas áreas de formação em determinado período de tempo. Por outro lado, se a educação superior é vista como um processo de desenvolvimento intelectual dos estudantes, de formação que propicie o entendimento crítico do mundo, os indicadores econômicos de egressos não têm sentido. Qualidade aqui seria analisada sob os processos e insumos educacionais internos das instituições.

Ele identificou, assim, quatro posições dominantes de educação superior, ligadas à função social da educação, que influenciam diretamente o conceito de qualidade que será a elas vinculado:

a) educação superior como a produção de mão de obra qualificada: processo no qual os estudantes são encarados como produtos, que devem adquirir valor no mercado de trabalho. Qualidade aqui seria identificada como habilidade de os estudantes terem sucesso no mundo do trabalho, medida em taxas de empregabilidade e ganhos salariais;

b) educação superior como formação para a carreira de pesquisador: nesse caso, qualidade seria medida em razão das posições acadêmicas conquistadas pelos egressos, nas publicações científicas;

c) educação superior como a gestão eficiente da oferta de ensino: qualidade aqui seria uma medida de eficiência. Dado o orçamento e a força de trabalho de uma instituição, o quão eficiente ela é na formação dos estudantes. São medidos o tempo de formatura, as taxas de abandono e o percentual de alunos com boas notas;

d) educação superior como meio de ampliar as oportunidades de vida: a educação superior é avaliada por sua capacidade de oferecer aos estudantes entrada nas instituições dominantes e de usufruir dos benefícios da sociedade moderna.

Independentemente do viés adotado, as noções de diálogo crítico, capacidade de reflexão, debate e aprendizado contínuo devem permear a ideia de como a educação superior – e sua qualidade – é pensada e aplicada. Essas ideias poderiam ajudar a entender o processo de desenvolvimento educacional que se espera dos estudantes e, também, os processos acadêmicos internos de cada instituição.

Segundo Watty (2003), as ideias de qualidade em educação superior revelam duas escolas principais de pensamento: uma relacionada ao contexto e outra aos sujeitos envolvidos. A primeira faz referências à qualidade da avaliação, admissão de alunos, programas acadêmicos, ensino e aprendizagem, a experiência do aluno e ao formato do curso. Qualquer tentativa de definir ou atribuir significado ao termo, no entanto, é amplamente ignorada e resta assumir que há "alta" qualidade, que está sendo referida como oposta à qualidade "boa" ou "ruim". A segunda define qualidade de acordo com a perspectiva – ou expectativa – do sujeito envolvido no processo. O conceito de qualidade seria, assim, ligado ao atendimento das expectativas dos *stakeholders*.

Os estudos de Lee Harvey e Diana Green (1993) e Diana Green (1994) foram definidores dos paradigmas dessa discussão.

Segundo Lee Harvey e Diana Green, em *Defining quality* (1993), trabalho mais referenciado no campo, qualidade é frequentemente referida como um conceito relativo. Existem dois sentidos em que a qualidade é relativa. Primeiro, em relação ao usuário do termo e às circunstâncias em que é invocado. Significa coisas diferentes para pessoas diferentes; de fato, a mesma pessoa pode adotar conceituações diferentes em momentos diferentes. Há uma variedade de partes interessadas na educação superior, incluindo estudantes, empregadores, professores e funcionários, governo e suas agências de fomento, credenciadores, validadores, auditores e avaliadores (incluindo organismos profissionais). Cada um tem uma perspectiva diferente da qualidade. Essa não é uma perspectiva diferente sobre a mesma coisa, mas perspectivas diferentes sobre coisas diferentes com o mesmo rótulo.

Segundo, é o relativismo de "referência" da qualidade. Em alguns pontos de vista, a qualidade é vista em termos absolutos.

Existe o intransigente, evidente, absoluto de qualidade. Em outras visões, a qualidade é julgada em termos de limites absolutos que precisam ser excedidos para obter uma classificação de qualidade (por exemplo, a produção precisa atender a um padrão nacional predeterminado). Em outras conceituações, no entanto, não há um limite pelo qual a qualidade é julgada, mas a qualidade é relativa aos "processos" que resultam nos resultados desejados. Se, por exemplo, o produto ou serviço atender consistentemente às reivindicações do fabricante, um produto terá qualidade, independentemente de qualquer limite absoluto. Assim, algumas conceituações de qualidade são muito mais "absolutistas" do que outras.

Em vez de tentar definir uma noção única de qualidade, Harvey e Green argumentaram que elas poderiam ser agrupadas em cinco categorias inter-relacionadas de se pensar em qualidade:

    a) visão excepcional: qualidade como algo especial. Tradicionalmente, qualidade refere-se a algo distinto e elitista e, em termos educacionais, está ligada a noções de excelência, de "alta qualidade" inatingível para a maioria;

    b) qualidade como perfeição: qualidade como um resultado consistente ou sem falhas. Em certo sentido, "democratiza" a noção de qualidade e, se a consistência puder ser alcançada, a qualidade poderá ser alcançada por todos;

    c) qualidade como adequação ao objetivo: qualidade em termos de satisfação dos requisitos, necessidades ou desejos de um cliente. Teoricamente, o cliente especifica os requisitos. Na educação, a adequação ao objetivo geralmente se baseia na capacidade de uma instituição cumprir sua missão ou um programa de estudos para cumprir seus objetivos;

    d) qualidade como custo-benefício: qualidade em termos de retorno do investimento. Se o mesmo resultado puder ser alcançado com um custo menor ou um resultado melhor com o mesmo custo, o "cliente" terá um produto ou serviço de qualidade;

    e) qualidade como transformação: noção clássica de qualidade, que a vê em termos de mudança de um estado para outro. Em termos educacionais, transformação refere-se ao aprimoramento dos conhecimentos, à adição de valores.

Educação de qualidade seria aquela que fortalece as capacidades cognitivas e instrumentais do estudante, desenvolve pensamento crítico, liderança, autonomia.

Diana Green, em *What is quality in higher education? Concepts, policy and practice* (1994), analisou o advento da discussão sobre avaliação de qualidade e destacou que a definição de qualidade nos contextos da educação superior é essencial para que a avaliação tenha significado. Expôs, então, cinco conceitos sobre qualidade em educação superior, que variam de acordo com as perspectivas dos indivíduos e da sociedade:

a) conceito tradicional: associado à noção de produto ou serviço distinto e especial, que confere certo *status* ao seu portador – ideia de exclusividade;

b) conformidade com os padrões: derivação do conceito de controle de qualidade do mundo industrial. A qualidade está ligada aos padrões determinados e quantificáveis cumpridos pelo serviço;

c) adequação à finalidade: considera o perfil da instituição. Se a faculdade é destinada à formação para o mercado de trabalho ou se é vocacionada à formação do pensamento crítico dos estudantes, a qualidade vai ser medida de forma diversa, levando em consideração o seu propósito e os respectivos resultados atingidos;

d) cumprimento eficaz de metas: uma variação do conceito anterior. Considera as metas determinadas pelas próprias instituições e os processos e resultados para o seu atingimento;

e) atendimento às necessidades dos consumidores: qualidade moldada de acordo com a identificação das necessidades dos consumidores, em prover serviço que atenda às expectativas dos estudantes.

A expansão da educação superior ao redor do mundo despertou também o interesse dos organismos internacionais sobre o tema da qualidade. A Organização das Nações Unidas para a Educação, a Ciência e a Cultura (Unesco) (VLÃSCEANU *et al.*, 2007), por exemplo, manifestou-se no sentido de que qualidade em educação superior é um conceito multidimensional, multinível e dinâmico, que tem relação com o contexto de um sistema educacional, com as missões e objetivos institucionais e com os indicadores específicos de cada sistema. A qualidade poderia assumir diferentes significados, de acordo com os interesses dos diferentes agentes envolvidos (estudantes, professores, mercado de trabalho, sociedade e governo), os insumos utilizados para a sua avaliação (processos internos, resultados, missão etc.), os atributos ou características do mundo acadêmico que valeriam ser analisados e o período histórico de desenvolvimento da educação superior.

Com base nessas premissas, a Unesco apresentou os conceitos de qualidade em educação superior divididos em:

a) qualidade como excelência: visão tradicional, elitista e acadêmica;
b) conformidade com os padrões determinados pelo regulador;
c) adequação à finalidade; e
d) melhoria e aperfeiçoamento: qualidade significaria o foco no aperfeiçoamento contínuo.

Júlio Bertolin (2007) destaca que os conceitos de qualidade vêm adquirindo novas matizes nos últimos anos, a partir do envolvimento de outros agentes nos processos de avaliação. Assim, seria possível falar em uma visão economicista, uma visão pluralista e uma visão de equidade.

A primeira adota como pressuposto a ideia de que a educação superior tem como missões principais o crescimento da economia e a preparação dos indivíduos para o mercado de trabalho – uma perspectiva prioritariamente instrumental e produtivista da educação superior. As instituições devem formar egressos especialmente para o mercado de trabalho e adotar modelos de gestão que visem ao máximo de eficiência, aqui entendidos como racionalidade de gastos, alta produtividade e alto desempenho gerencial-administrativo. Segundo Bertolin, a ampliação da visão da educação superior voltada para a economia, o mercado e o emprego, bem como a difusão de termos originados na indústria e no setor privado para designar características e propriedades da qualidade para a educação superior, teria consolidado uma tendência de entendimento de qualidade em educação superior segundo uma perspectiva economicista. O autor inclui, assim, nessa seara, as referidas ideias de educação superior como gerenciamento eficiente da oferta de ensino (BARNETT, 1992), qualidade como perfeição ou coerência, qualidade como relação custo-benefício (HARVEY; GREEN, 1993), qualidade como satisfação dos clientes e qualidade como ajuste à especificação e a *standards* (GREEN, 1994).

A chamada visão pluralista adota a ideia de que a educação superior tem como missão principal o desenvolvimento dos diversos aspectos socioculturais e econômicos dos países e sociedades. Os propósitos da educação superior deveriam considerar também os desenvolvimentos cultural, social e democrático de forma sustentável e equilibrada. Essa concepção permitiria adaptar os objetivos da educação superior aos contextos próprios de cada local. Bertolin (2007) inclui nesse rol alguns documentos da Unesco e da União Europeia, assim como de alguns governos não comprometidos com a lógica neoliberal.

Por fim, a visão de equidade defende que a educação superior deve englobar a igualdade de oportunidades de acesso em relação aos grupos sociais, às etnias, às diferentes regiões de um país ou mesmo ao nível de homogeneidade da educação proporcionada pelas diferentes instituições educacionais. A qualidade da educação superior estaria relacionada, assim, com o combate às iniquidades educacionais e, por conseguinte, com a busca por coesão social, o desenvolvimento da democracia e da cidadania.

McCowan (2015) relaciona a equidade a três aspectos: disponibilidade, acessibilidade e horizontalidade. A disponibilidade refere-se ao número total de vagas disponíveis, bem como à existência de instalações adequadas, corpo docente e assim por diante. No entanto, a existência de vagas não significa necessariamente que elas serão acessíveis ou, pelo menos, não a todos os indivíduos ou grupos. Existem barreiras, tais como mensalidades, exames competitivos que prejudicam aqueles com baixa escolaridade anterior, localização geográfica das instituições, os custos de oportunidade de passar anos sem emprego, além de uma série de outras restrições relacionadas à linguagem, cultura e identidade. A acessibilidade requer a remoção dessas barreiras, juntamente com políticas e intervenções para fornecer informações, elevar aspirações e garantir uma preparação adequada. No entanto, mesmo em um contexto em que existem estratégias para garantir o acesso de todos os alunos ao sistema, ainda existe o problema de estratificação. Nesse caso, existe uma hierarquia de prestígio e qualidade entre as universidades, com estudantes desfavorecidos geralmente confinados às instituições de nível mais baixo. A horizontalidade, portanto, seria a característica de prestígio e qualidade equivalentes em todo o sistema. Não se trataria da imposição da existência de instituições idênticas – pode haver valor na diversidade em relação ao *ethos*, especialização, tamanho da instituição, distribuição de cursos ministrados, foco na pesquisa e assim por diante. No entanto, essa diversidade deveria existir num contexto de qualidade e reconhecimento de diplomas na sociedade em geral.

Bertolin (2007) sintetiza a discussão num quadro no qual associa as novas visões de qualidade com os termos associados, grupos de interesse e propósitos da educação superior:

Quadro 1 – Visões de qualidade

Visão de qualidade	Termos associados	Grupos de interesse	Propósitos da ES
Visão economicista	Empregabilidade e Eficiência	Setor privado, OCDE e setor governamental	Ênfase nos aspectos de potencialização do crescimento da economia e da empregabilidade
Visão pluralista	Diferenciação, Pertinência e Relevância	Unesco, União Européia e setor educativo	Diversidade de aspectos relevantes (economia, sociocultural, democracia etc.) com ênfase na emergência das especificidades locais
Visão de eqüidade	Eqüidade	Unesco e setor educativo	Ênfase nos aspectos de contribuição para coesão social

Fonte: BERTOLIN, 2007, p. 143.

Cada abordagem tem vantagens e desvantagens, sendo mais ou menos adequada para um período específico de tempo e/ou contexto nacional. Podem-se verificar, no entanto, determinados aspectos em geral associados às abordagens de qualidade: a) a garantia de padrões mínimos; b) a capacidade de estabelecer os objetivos e alcançá-los; c) a capacidade de satisfazer as demandas e expectativas de consumidores diretos e indiretos e partes interessadas; e d) a busca pela excelência (HARVEY, 2004, p. 20).

As noções de qualidade estão evoluindo ou se mesclando, seja como resultado da mudança de contexto em que as instituições de ensino superior operam em alguns países, seja como resultado da crescente experiência dos sistemas e instituições de ensino superior na concepção de seus próprios conceitos de qualidade.

Não há uma definição majoritária de qualidade em educação superior que balize de forma incontestável a discussão sobre os sistemas de avaliação. As diferentes concepções de qualidade moldam diferentes modelos de avaliação da educação superior ao redor do mundo, que tomam por base diferentes objetivos e diferentes instrumentos.

3.3 Avaliação da qualidade: sistemas e modelos

Segundo Dias Sobrinho (2010), avaliação é a ferramenta principal da organização e implementação das reformas educacionais. Ela ocasiona mudanças nos currículos, nas metodologias de ensino, na gestão, nas estruturas de poder, nos modelos institucionais, nas configurações do sistema educativo, nas políticas e prioridades da pesquisa, nas noções de pertinência e responsabilidade social. "Enfim, tem a ver com as transformações desejadas não somente para a educação superior propriamente dita, mas para a sociedade, em geral, do presente e do futuro" (DIAS SOBRINHO, 2010, p. 195).

Brennan e Shah (2000) destacam que os sistemas de educação superior têm-se expandido e se tornado mais diversos em termos de tipos de instituições, de cursos e do perfil dos estudantes. Em alguns países, o setor tem observado um processo de corte de fundos públicos e reorganização das fontes de financiamento. Em outros, verifica-se uma expansão notável no setor privado. Essas mudanças de contexto são acompanhadas por mudanças nos mecanismos pelos quais os governos dirigem a educação superior, e a avaliação de qualidade foi introduzida como parte dessas mudanças em diversos países.

Quando os governos regulam qualquer aspecto da educação superior, os processos de avaliação de qualidade estão necessariamente envolvidos. O desenvolvimento dos processos de avaliação da educação superior é relacionado pela literatura com o advento do chamado "Estado avaliador", que passa a exigir cumprimento de resultados mensuráveis e que correspondem a certos padrões externamente convencionados. A avaliação passa a ser relacionada com a responsabilização (*accountability*) e, quanto mais fortes são as exigências de prestações de contas e de responsabilização, provavelmente menos força terá a avaliação educativa (DIAS SOBRINHO, 2003).

Quando os governos regulam as questões da educação superior, de forma explícita ou implícita eles pensam em termos de padrões e características esperadas do sistema. Esse processo de identificar as características, definir os padrões desejados de qualidade e monitorar o seu cumprimento pode ser conceituado como avaliação de qualidade (BLACKMUR, 2007).

Os processos e mecanismos de avaliação da qualidade da educação superior, no entanto, são tão diversos quanto o próprio conceito de qualidade.

De acordo com Ristoff (2003, p. 19), o conceito de avaliação mais aceito pela literatura é o apresentado pelo *Joint Committee on Standards for Evaluation* (1981), a partir do esforço de várias universidades estadunidenses no início da década de 1980, que resultou na ideia de avaliação como "a investigação sistemática do valor e do mérito de algum objeto". Tem-se, assim, uma concepção de avaliação como uma atividade de pesquisa sistemática, e não uma mera expressão de opiniões e palpites de especialistas, orientada para a identificação de valor e mérito. Tal conceito foi objeto de crítica por parte do *Stanford Evaluation Consortium*, que se recusava a aceitar o papel de juiz implícito na definição. Avaliar significaria, para eles, apenas conduzir um estudo sistemático do que ocorre em um curso ou instituição. Predomina, no entanto, a concepção de avaliação como emissão de juízos valorativos sobre a realidade analisada.

No tocante ao método de avaliação da qualidade, Brennan e Shah (2000) observam que, por um lado, os países tendem a seguir um modelo geral baseado na coordenação por autoridade nacional, autoavaliação institucional, avaliação externa por pares e publicação de relatórios. Os métodos podem variar, no entanto, em função de diversos fatores. Pode-se, por exemplo, observar diferenças importantes no sujeito responsável pela avaliação em relação ao objeto da avaliação e sobre os seus instrumentos.

Uma primeira distinção diz respeito ao sujeito responsável pela avaliação. Há modelos baseados na avaliação interna, ou seja, em práticas intrainstitucionais de monitoramento da qualidade, a cargo das próprias instituições, e modelos de avaliação externa, baseados em esquemas inter ou suprainstitucionais de garantia da qualidade de instituições e cursos. Essa avaliação externa pode ser instrumentalizada por agências estatais ou por entidades privadas independentes, a depender do sistema. É possível também que ambos os métodos coexistam e se autossubsidiem. Nesses casos, a definição do sujeito responsável se resolve na definição de a quem compete dar início ao processo e a quem compete agir após seus resultados.

O objeto da avaliação também pode ser bastante diverso. A avaliação pode ser destinada à instituição, a um curso, ao corpo docente. Pode focar também no ensino, na pesquisa, na gestão, nos produtos. Nesse sentido, Barnett (1992) identificou duas dominantes e rivais visões de avaliação de qualidade: a versão comunicativa, baseada nos conceitos e valores tácitos próprios da comunidade acadêmica, segundo a qual os processos internos de avaliação da academia são autossuficientes; e a versão instrumental, na qual a educação superior é vista como um produto, e os estudantes são unidades destinadas ao mercado de trabalho. Nesta concepção, a qualidade seria analisada de acordo com indicadores de *performance*, e as instituições, avaliadas de acordo com a sua eficiência.

Barreyro e Rothen (2006) relacionam essas duas vertentes com as ideias de controle, respondendo a uma lógica burocrático-formal de validade legal de diplomas e habilitações profissionais em âmbito nacional, ou com a função formativa/emancipatória, sob uma lógica acadêmica, com o intuito de subsidiar a melhoria das instituições. Bertolin (2004) assim sistematiza as concepções controladora e emancipatória de avaliação:

Quadro 2 – Concepções de avaliação

Avaliando universidades de forma...

	Controladora	Emancipatória
Pra quê?	Governo controlar Definir financiamento	Tomada de decisão coletiva Gerar auto-conhecimento
Quer saber?	Eficiência da instituição para indústria /mercado	Cumprimento da missão Contribuição social
Como?	Provas de aprendizagem Avaliando o produto final	Participação da comunidade Avaliando o processo
Qual o uso?	Gera classificação Cobrança e punição	Escolher rumos Parte processo pedagógico

Fonte: BERTOLIN, 2004, p. 73.

Bertolin (2007) relaciona a adoção majoritária dos sistemas de avaliação baseados nos processos quantitativos, que levaram os paradigmas de avaliações gerenciais das empresas para o mundo acadêmico, com o advento das ideias de produtividade da *human capital theory*, aliadas ao processo de mercantilização da educação superior.

Os conceitos de eficiência na gestão de gastos, procedimentos internos de auditoria e atendimento às expectativas do cliente/consumidor se sobrepuseram, em vários sistemas, aos resultados acadêmicos internos decorrentes da atividade educacional das instituições. Dias Sobrinho (2010, p. 201) fala de "avaliação como medida e controle", levada a cumprir papel central na funcionalização econômica da educação superior, nos conceitos e metodologias mais apropriados ao mercado, "especialmente nas funções operacionais e pragmáticas de capacitação técnica para os empregos que aos propósitos amplamente educativos de formação humana integral".

Sguissardi (1997) critica o modelo controlador/quantitativo e defende que a melhoria e a democratização da universidade passam por distinguir as propostas e práticas de avaliação conducentes a uma universidade produtora de saber e crítica daquelas propostas inspiradas nos princípios traduzidos pela filosofia da qualidade total, tendentes a ampliar e tornar mais eficaz o funcionamento do sistema universitário dirigido para a reprodução da ordem estabelecida e da ótica do capital.

Têm-se, assim, um modelo de inspiração anglo-americana baseado em sistemas predominantemente quantitativos para produzir resultados classificatórios; e um modelo holandês e francês, que combina dimensões quantitativas e qualitativas com ênfase na avaliação institucional e análise crítica. As diferentes experiências e propostas metodológicas de avaliação da educação superior implementadas no Brasil nas últimas três décadas seguem, assim como os sistemas de avaliação dos países desenvolvidos, uma ou outra dessas orientações (BRASIL, 2004).

Os instrumentos de avaliação também admitem diversas possibilidades e variam em cada sistema. A avaliação pode ser baseada em pesquisa junto aos estudantes, avaliação por pares, análise de dados, construção de indicadores. O processo avaliativo pode se dar com base na coleta de insumos ou na análise de resultados. A escolha dos instrumentos está intimamente ligada ao objeto da avaliação e pode definir se o processo avaliativo cumprirá os objetivos para os quais foi concebido.

A avaliação também adquire características diferentes de acordo com o perfil socioeconômico de cada país. Schendel e McCowan (2016) analisam os desafios da garantia da qualidade no contexto da expansão da educação superior em países de média e baixa renda, e destacam que, em geral, o esforço dos países no setor é centrado na difícil conciliação das várias demandas orçamentárias concorrentes, nos constantes momentos de crise.

Os problemas enfrentados nos países de baixa e média renda são, no entanto, específicos: primeiro, as restrições de recursos (particularmente em países de baixa renda), tanto em termos de financiamento público disponível para o sistema de educação superior quanto das possibilidades de compartilhamento de custos com os alunos e suas famílias; segundo, decorrência do anterior, esses sistemas são tradicionalmente restritos a uma pequena população de elite e, como resultado, a rápida expansão representa um choque desestabilizador; terceiro, mesmo quando há financiamento, esses sistemas têm capacidade limitada de expansão devido ao número insuficiente de corpo docente qualificado capaz de prover pessoal para as instituições; quarto, os desafios da qualidade nos níveis primário e secundário tendem a levar uma alta proporção de estudantes malpreparados a entrarem na universidade. Finalmente, os contextos com menos recursos são frequentemente restritos em sua autonomia nacional devido à influência de organizações supranacionais e doadores externos nas agendas políticas.

Marchelli (2007) aponta que, apesar das variações metodológicas possíveis, os sistemas de avaliação da qualidade da educação superior em geral contêm os seguintes elementos comuns: critérios predeterminados e transparentes; combinação de autoavaliação com avaliação externa; divulgação dos resultados; e validade do resultado da avaliação por um período de tempo específico.

Diante da diversidade de métodos e contextos, é um desafio construir um conceito de avaliação de qualidade que abarque todos esses aspectos.

Nesse sentido, cumpre destacar que a literatura de língua inglesa usa a expressão *quality assurance* para descrever o que no Brasil é entendido como o sistema amplo de regulação da educação superior. Assim, sob o guarda-chuva da *quality assurance*, incluem-se os processos de *accreditation* (credenciamento, autorização), *audit* (supervisão), *assessment and external examination* (avaliação) (HARVEY; NEWTON, 2007). O processo de avaliação da educação superior propriamente dito, conforme tratado pela literatura e legislação brasileiras, seria, assim, a *quality assessment*.

Nesse quadro, Harvey (2004-2020) apresenta o conceito de avaliação de qualidade da educação superior como "o conjunto de políticas, procedimentos, sistemas e práticas internas ou externas à instituição, projetadas para alcançar, manter e aprimorar a qualidade". Campbell e Rozsnyai (2002), na mesma linha, destacam que o termo é abrangente e abarca todas as políticas, processos e ações através dos quais a qualidade do ensino superior é mantida e aprimorada.

A Unesco também aborda a questão de modo semelhante e trabalha com o conceito de avaliação como processo contínuo de avaliar (avaliar, monitorar, garantir, manter e melhorar) a qualidade de um sistema, instituições ou cursos de educação superior. Como mecanismo regulatório, a garantia da qualidade concentra-se na prestação de contas e na melhoria, fornecendo informações e julgamentos por meio de um processo consistente e critérios bem estabelecidos. O organismo internacional destaca ainda que as atividades de garantia da qualidade dependem da existência dos mecanismos institucionais necessários, de preferência sustentados por uma sólida cultura da qualidade. O escopo da avaliação da qualidade seria determinado, assim, pelo formato e perfil do sistema de educação superior (VLÃSCEANU *et al.*, 2004).

Como visto, qualidade e avaliação de qualidade são conceitos que admitem uma gama de possibilidades, e as estratégias e processos vão variar de acordo com o perfil, o objetivo e as opções políticas de cada sistema de educação superior, conforme as peculiaridades inerentes a cada um.

Dadas tais premissas, passa-se à análise dos debates sobre a avaliação da educação superior no Brasil, das primeiras discussões até a construção do Sinaes.

3.4 Avaliação da educação superior no Brasil: antecedentes

A efetiva implementação de um sistema oficial de avaliação da educação superior foi antecedida por diversas propostas, que compõem a pré-história da avaliação da educação superior (BARREYRO; ROTHEN, 2006). Cumpre destacar e discutir a Reforma Universitária de 1968, o Programa de Avaliação da Reforma Universitária (Paru), a nova política para a educação superior brasileira, a proposta de avaliação no anteprojeto do Grupo Executivo da Reforma da Educação Superior (Geres) e o Programa de Avaliação Institucional das Universidades Brasileiras (Paiub).

3.4.1 Reforma Universitária de 1968

Sguissardi (1997, p. 46) identifica as origens do processo de avaliação da educação superior nas discussões realizadas a partir do final da década de 1950 até a Reforma Universitária de 1968, "ainda que ele tenha sofrido significativas transformações em razão das mudanças nos principais fatores estruturais e conjunturais que o condicionam" – no mesmo sentido, Fávero (1991) e Amorim (1992). A Reforma Universitária foi instituída pela Lei nº 5.540, de 28 de novembro de 1968 (BRASIL, 1968), que fixou normas de organização e funcionamento do ensino superior. Atribuiu-se ao Conselho Federal de Educação a competência para realizar a verificação periódica das universidades e estabelecimentos isolados reconhecidos. Não foram estabelecidos procedimentos ou sistemas de avaliação institucionalizados. No entanto, a construção dos parâmetros da legislação se deu a partir de processos de avaliação do sistema universitário brasileiro: os chamados Plano Atcon (1966) e Relatório Meira Mattos (1968).

O Ministério da Educação e Cultura, à época, convidou o consultor Rudolph Atcon para a realização de um estudo para a reformulação da estrutura das universidades brasileiras. Foram visitadas diversas instituições, com o objetivo de verificar acontecimentos e processos que se coadunassem com a perspectiva de modernização, assentada nos pressupostos estadunidenses de racionalidade, eficiência e eficácia. O trabalho resultou no documento *Rumo à reformulação estrutural da universidade brasileira*, conhecido como Plano Atcon, publicado em 1966 (FÁVERO, 1991).

Após a análise da realidade da educação superior no país, o Plano Atcon elencou as seguintes recomendações, de forma a modernizar e adequar o sistema à realidade internacional:

a) a necessidade de rever a baixa qualidade de ensino em razão da falta de professores preparados para as atividades docentes, da desarticulação entre as matérias ensinadas e da falta de estrutura material para o desenvolvimento do trabalho;

b) o máximo rendimento com menor custo e investimento de recursos;

c) a necessidade de equilíbrio entre o ensino recebido, os conhecimentos adquiridos e o exercício da profissão;

d) o sistema educacional sustentado por valores reais e não meramente utilitários; e

e) a nova estrutura universitária responder não apenas às demandas do presente, mas também às do futuro não imediato (ATCON, 1966).

O Plano Atcon pode ser entendido como um dos primeiros processos avaliativos oficiais da estrutura da universidade brasileira. A aplicação de suas sugestões pressupõe também processos avaliativos, na medida em que busca controlar a utilização de recursos e gerar uma correspondência entre investimentos e resultados (ZANDAVALLI, 2009).

No ano de 1968, diante das reivindicações do movimento estudantil, que adquiriam cada vez mais repercussão, são instaladas pelo governo militar, sucessivamente, duas comissões para apresentarem propostas para conter essas pautas e formular um conjunto de mudanças para a universidade brasileira em contraposição à agenda dos estudantes: a Comissão Meira Mattos e o Grupo de Trabalho da Reforma Universitária.

O Relatório Meira Mattos foi resultado do trabalho de uma comissão especial constituída pelo MEC – e presidida pelo coronel Carlos de Meira Mattos – para "propor medidas relacionadas com os problemas estudantis". O momento era marcado por protestos estudantis contra o sucateamento das universidades e o elevado número de excedentes do vestibular. A finalidade precípua da comissão era, assim, "conter a onda de agitações e formular um conjunto de soluções realistas para a universidade brasileira" (ROTHEN, 2008, p. 454). Buscaram avaliar o ambiente universitário e propor medidas que permitissem um maior controle do governo central sobre as universidades, então identificadas como um foco de resistência ao regime ditatorial vigente.

O relatório apontou como principais problemas do sistema de educação superior: a) inadequação estrutural do Ministério da Educação e Cultura; b) crise de autoridade no sistema educacional; c) insuficiente remuneração atribuída aos professores; d) liberdade de cátedra, gerando privilégio jurídico; e) ausência de uma política de ampliação de vagas; f) lentidão e desordem na implantação da reforma universitária; g) inexistência de uma liderança estudantil autêntica e democrática; e h) ausência de fiscalização da aplicação de recursos públicos (RELATÓRIO, 1969).

Como recomendações, a comissão propôs a redução dos poderes do Conselho Federal de Educação, a nomeação de diretores de faculdades e reitores das universidades federais pelo presidente da República, sem levar em conta as listas tríplices dos órgãos colegiados e a limitação da autonomia universitária. O grupo de trabalho para promover a Reforma Universitária, instituído pelo Decreto nº 62.937, de 2 de julho de 1968 (BRASIL, 1968), com o objetivo de "acelerar a reforma da Universidade brasileira, visando à sua eficiência, modernização, flexibilidade administrativa e formação de recursos humanos de alto nível para o desenvolvimento do País", incorporou ao seu relatório algumas das recomendações e concepções de educação expressas no Plano Atcon e no Relatório Meira Mattos. O relatório resultou na publicação da Lei nº 5.540, de 1968, hoje revogada, mas que mantém várias de suas disposições organizativas da estrutura da educação superior brasileira em vigor (ex.: o formato de escolha dos dirigentes máximos das universidades públicas com base em listas organizadas pelo Conselho Universitário).

A Reforma Universitária de 1968 não se caracterizou efetivamente como um processo de avaliação da qualidade da educação. Sua referência como marco dos processos avaliativos se dá em razão de ela ter incorporado várias recomendações do Plano Atcon e do Relatório Meira Mattos, que podem ser entendidos como as primeiras experiências de avaliação do sistema educacional superior brasileiro a partir da iniciativa e respaldo do Estado (mesmo que as finalidades fossem outras que não a avaliação da qualidade em si).

3.4.2 Avaliação pela Capes e iniciativas isoladas de instituições

A criação da avaliação de cursos de pós-graduação pela Coordenação de Aperfeiçoamento de Pessoal de Nível Superior (Capes), em 1977, é apontada como a primeira experiência sistemática de avaliação da educação superior brasileira (LIMA, 2005; POLIDORI; MARINHO-ARAUJO; BARREYRO, 2006).

A Capes instituiu um sistema de avaliação dos cursos de mestrado e doutorado, baseado na avaliação de informações dos cursos por comissões de especialistas. Segundo Souza e Paula (2002), esse sistema baseou-se na orientação e princípios básicos do I Plano Nacional de Pós-Graduação (PNPG), que explicitou a preocupação com a regulamentação da expansão do sistema de cursos, a manutenção do padrão de qualidade, a qualificação docente das instituições de ensino superior, a eficiente alocação de recursos públicos e o estabelecimento de um fluxo permanente de informações que permitissem aos órgãos públicos a operacionalização de estratégias e a fixação de prioridades. A proposta da avaliação focava no acompanhamento da evolução quantitativa e na identificação dos níveis de qualidade, problemas e carências desses programas.

A experiência da Capes desencadeou na academia uma discussão sobre a importância da avaliação de qualidade também no âmbito da graduação. Algumas instituições passaram então a desenvolver processos internos de avaliação. Lima (2005) aponta como exemplos a Universidade de Brasília (UnB), a Universidade Federal do Rio Grande do Norte (UFRN), a Universidade Estadual de Campinas (Unicamp) e a Universidade Federal do Paraná (UFPR).

Segundo Sampaio (2000), a partir de meados dos anos 1980 havia um consenso em torno da ideia de que o ensino superior passava por uma crise de qualidade, que prejudicava a formação e a carreira dos professores e as perspectivas profissionais dos estudantes. O tema da qualidade começava a encontrar campo fértil para adentrar na agenda do debate público.

A discussão sobre os processos de avaliação de qualidade de instituições e cursos estava, até então, restrita à comunidade acadêmica, ao âmbito interno de discussão. Não havia ainda sido institucionalizada como política pública em âmbito nacional, mas a ideia de avaliação com o objetivo de verificar a qualidade da educação superior no nível de graduação começava a ser gestada e logo desencadearia diversas iniciativas governamentais nesse sentido, como será exposto a seguir.

3.4.3 Programa de Avaliação da Reforma Universitária (Paru)

Tomando por base a experiência da Capes, o Conselho Federal de Educação (CFE) propôs a criação do Programa de Avaliação da Reforma Universitária (Paru), em 1983 – ainda na vigência do regime ditatorial militar, formado por "pesquisadores com experiência em análise e acompanhamento de projetos" (BRASIL, 1983).

Segundo o Grupo Gestor da Pesquisa, o Paru tinha como objetivo conhecer as condições reais nas quais se realizavam as atividades de produção e disseminação do conhecimento do sistema de educação superior. Para isso, considerava necessário diagnosticar a situação desse momento de forma a avaliar o sistema de educação superior, em seu conjunto, nele incluídas as universidades e instituições isoladas, públicas e privadas. O Paru pretendia realizar "investigação sistemática da realidade", por meio de estudos, pesquisas e debates, tanto da implementação das propostas da Reforma Universitária de 1968 quanto das particularidades institucionais e regionais (BARREYRO; ROTHEN, 2008).

A partir de questionários dirigidos aos corpos docente, discente e gestores e de estudos específicos sobre os impactos da Reforma Universitária, o referido Programa visava discutir a gestão das IES para tratar de assuntos relacionados à parte administrativa acadêmica e financeira e, também, da produção e disseminação do conhecimento a fim de tratar do ensino, da pesquisa e das interações com a comunidade.

O Grupo Gestor do Paru considerou as instituições como unidades de análise e destacou o papel da avaliação, entendida como uma forma de conhecimento sobre a realidade, como uma metodologia de pesquisa que permitiria não só obter os dados, mas também fazer uma reflexão sobre a prática educativa. O Paru propôs a realização de avaliação institucional conjugada com a avaliação interna, de forma a realizar uma avaliação sistêmica, assim como a participação da comunidade na realização da autoavaliação. Nesse sentido, o Programa pode ser identificado como o precursor das experiências de avaliação posteriores no país (BARREYRO; ROTHEN, 2008).

O Programa não chegou a apresentar seus resultados, pois "foi desativado um ano depois de começado, devido a disputas internas ao próprio Ministério da Educação, em torno de quem competia fazer a avaliação da Reforma Universitária" (CUNHA, 1997, p. 23).

Não obstante a não implementação prática das suas proposições, o Paru representou a primeira experiência institucional de um sistema de avaliação da educação superior no nível de graduação e serviu como base e ponto de partida para as discussões posteriores sobre o tema.

3.4.4 Nova política para a educação superior brasileira

No contexto da chamada redemocratização política, o governo atendeu a reivindicação de entidades docentes e instituiu a Comissão Nacional para Reformulação da Educação Superior, com o objetivo de "oferecer subsídios à formulação de uma nova política para a educação superior. Uma política que atenda às exigências do desenvolvimento do País e aos anseios democráticos de seu povo" (BRASIL, 1985).

Conhecida como "Comissão de Notáveis", foi composta por professores universitários e por representantes do setor produtivo, do meio sindical e do corpo estudantil. A pluralidade de visões foi destacada no relatório final, que fez constar que "o ensino público – tanto federal como estadual – conviveu com o ensino particular no seio da Comissão e diversas correntes de pensamento nela estiveram representadas".

O trabalho da comissão durou seis meses e resultou na publicação de um relatório final que apontou a necessidade da construção de uma nova política para a educação superior, com base nos seguintes princípios: a) responsabilidade do poder público em assegurar a manutenção e a expansão do ensino público em todos os níveis, inclusive o superior; b) adequação à realidade do país, que implica formar pessoas com qualificações nas grandes áreas do conhecimento, de modo a atender às solicitações do dinâmico mercado de trabalho; c) aceitação da diversidade e pluralidade do ensino superior, de modo a respeitar os diferentes objetivos e perfis institucionais, sem perder de vista a qualidade; d) autonomia e democracia interna nas IES, na definição do ensino, da pesquisa e da extensão; e) democratização do acesso, de modo a expandir a rede pública para atender ao perfil majoritário dos estudantes universitários, ou seja, trabalhadores com mais de 25 anos, que têm sido relegados às IES privadas; f) valorização do desempenho das IES conforme resultados obtidos, analisados em sua qualidade e quantidade; e g) eliminação de aspectos corporativos e cartoriais das associações de classe, que incidem sobre as IES.

No tocante à avaliação do desempenho das IES, o relatório apontava a crescente consciência sobre a necessidade de desenvolver sistemas de avaliação do ensino superior em benefício dos diversos setores envolvidos. Essa necessidade é sentida pela administração federal para a distribuição racional de seus recursos; pelas universidades públicas, que necessitam conhecer a si próprias e confrontar com dados objetivos as críticas que frequentemente recebem; pelas IES privadas, que necessitam evidenciar a qualidade de seu desempenho e sua eficiência no uso de recursos; pelos estudantes e suas famílias, que não podem mais contar com resultados positivos de seus investimentos em educação superior, se mal direcionados (BRASIL, 1985, p. 28).

A Comissão criticou o controle sobre as instituições resumido aos aspectos formais e burocráticos e diagnosticou a necessidade de substituí-los por mecanismos que levassem em consideração o mérito do trabalho desenvolvido. Foi proposto um fortalecimento da ideia da autonomia, acompanhado de um processo externo de avaliação por pares baseado no mérito acadêmico. A contrapartida dessa autonomia seria a exigência do desempenho das instituições. A autonomia seria ampliada para permitir que as IES fizessem a própria gestão financeira. Sob o ponto de partida da meritocracia, a definição dos recursos que a instituição receberia estaria vinculada ao resultado das avaliações promovidas pelo Conselho Federal de Educação (BARREYRO; ROTHEN, 2008).

Foram introduzidas ainda outras ideias que seriam concretizadas em políticas posteriores, como a diversificação e diferenciação institucionais e a valorização da ideia de excelência, eficiência, produtividade e gestão eficaz (DIAS SOBRINHO, 2003).

O relatório da Comissão resultou na publicação do Decreto nº 92.200, de 23 de dezembro de 1985 (BRASIL, 1985), que instituiu o Programa Nova Universidade, com os objetivos de melhoria da qualidade do ensino de graduação, revigoramento das atividades de extensão nas instituições de ensino superior, fortalecimento dos níveis de integração da universidade com a educação básica e implantação de um sistema de acompanhamento e avaliação das instituições de ensino superior.

Não foram encontrados registros acadêmicos e governamentais sobre o resultado desse Programa, o que permite presumir que ele careceu de aplicação prática. A Comissão significou, no entanto, um avanço em relação às experiências anteriores, por representar pela primeira uma articulação genuína do Estado para propor uma avaliação propriamente dita da qualidade da educação superior e ter tido vários de seus princípios incorporados nas políticas de avaliação desenvolvidas e aplicadas posteriormente.

3.4.5 Grupo Executivo para a Reformulação do Ensino Superior (Geres)

O Grupo Executivo para a Reformulação da Educação Superior (Geres), criado pela Portaria nº 100, de 6 de fevereiro de 1986 (BRASIL, 1986), foi concebido como um grupo interno do MEC, com o objetivo de elaborar uma proposta de Reforma Universitária, a partir das proposições do relatório *Uma nova política para a educação superior brasileira*. Segundo o Ministério, o relatório constituía importante subsídio, mas era preciso submeter suas numerosas proposições a cuidadoso escrutínio, separando as imediatamente implementáveis de outras que requereriam mudanças maiores nos ordenamentos jurídicos e precisariam, por isso, de maior estudo para se tornarem factíveis (BRASIL, 1986, p. 2).

Um dos elementos marcantes das proposições do Geres é a discordância com a ideia de indissociabilidade entre ensino e pesquisa, implementada pela Reforma Universitária de 1968, na medida em que a tradição acadêmica brasileira era centrada no ensino, e a pesquisa seria, assim, um elemento estranho, que não mereceria tamanho destaque. "Esta concepção de universidade tomada como natural, esvaziada, portanto, de seu conteúdo histórico, introduz um elemento estranho à tradição de nosso ensino superior: a pesquisa" (BRASIL, 1986, p. 5).

O Relatório Final do Geres considera a avaliação como "ponto nevrálgico na política da educação superior". O Grupo defende a vinculação entre autonomia e avaliação. As instituições privadas não demandariam avaliação oficial, na medida em que eram avaliadas pelo mercado. As públicas, por outro lado, precisariam de um crivo avaliativo do Estado, pois eram por ele financiadas, mas tinham autonomia de gestão. Critica a avaliação baseada em controle burocrático do cumprimento de normas e defende a avaliação de desempenho, a análise dos resultados efetivos. Seguindo a mesma linha da Comissão Nacional de Reformulação da Educação Superior, o Geres defendeu que deveria ser assegurado o recurso mínimo para a sobrevivência das instituições federais, mas parte do financiamento das atividades deveria estar vinculada aos resultados da avaliação de desempenho (BARREYRO; ROTHEN, 2008).

Os processos avaliativos seriam coordenados pela Secretaria de Educação Superior (Sesu) do MEC, com a colaboração das chamadas Comissões de Especialistas de Ensino e de outras comissões de consultores. O sistema abrangeria a avaliação do desempenho institucional e a avaliação da qualidade dos cursos, inclusive com avaliação dos estudantes.

A avaliação de desempenho cumpre papel importante não apenas do ponto de vista do controle social da utilização de recursos, mas também no processo de formulação de políticas e de estabelecimento de normas para o sistema educacional. O Conselho Federal de Educação não teria função avaliativa, mas utilizaria os resultados da avaliação como subsídio na sua ação normativa.

Segundo Barreyro e Rothen (2008), pode-se resumir a lógica do documento do Geres na defesa da flexibilização do sistema, seja em relação aos objetivos (formação profissional e/ou pesquisa), seja na própria estrutura organizacional, com a superação da ideia de modelo único de universidade, introduzida pela Reforma Universitária de 1968. A avaliação teria a finalidade de controle da qualidade do desempenho da educação superior, especialmente a pública. No caso do setor privado, o próprio mercado faria a regulação, pois esse setor dependeria do sucesso do seu produto para obter os recursos para a sua manutenção e expansão. O financiamento da educação superior cumpriria, assim, para o setor público o mesmo papel que o mercado cumpre em relação ao setor privado.

As propostas do Geres não chegaram a ter aplicabilidade imediata, mas, assim como o relatório da Comissão Nacional para Reformulação da Educação Superior, viria a balizar a construção das propostas avaliativas posteriores. Dias Sobrinho (2003) afirma que o relatório do Geres antecipou em dez anos a proposta do Exame Nacional de Cursos (ENC), da Análise das Condições da Oferta (ACO) e da Análise das Condições de Ensino (ACE) como "o núcleo do modelo de avaliação representativo dessa lógica da eficiência".

3.4.6 Programa de Avaliação Institucional das Universidades Brasileiras (Paiub)

Segundo Ristoff (2000), as diversas discussões sobre a avaliação da qualidade realizadas na década de 1980 tiveram pouco efeito prático ou, em alguns casos, efeitos distorcidos. Um novo momento seria então inaugurado em 1993, a partir da iniciativa de instituições representativas de setores da educação superior, como a Associação Nacional de Instituições Federais de Ensino Superior (Andifes) e a Associação Brasileira dos Reitores das Universidades Estaduais e Municipais (Abruem), tendo o Ministério da Educação o papel de viabilizador e coordenador.

A partir das experiências de autoavaliação criadas por algumas universidades e vistas como bem-sucedidas, a Secretaria de Educação Superior criou, por meio da Portaria MEC nº 130, de 14 de julho de 1993 (BRASIL, 1993), a Comissão Nacional de Avaliação das Universidades Brasileiras, com o objetivo de "estabelecer diretrizes e viabilizar a implementação do processo de avaliação institucional nas universidades brasileiras". A Comissão foi composta por entidades representativas da educação superior e elaborou o *Documento Básico Avaliação da Universidade Brasileira: uma proposta nacional* (BRASIL, 1993), no qual propôs a criação do Programa de Avaliação Institucional das Universidades Brasileiras (Paiub).

Na fundamentação, o documento afirma que se esperam da universidade desempenhos consequentes em suas atividades-fim, capazes de garantir bom padrão de qualidade de seus serviços à sociedade. O processo de avaliação deve, então, atender a uma tripla exigência da universidade contemporânea: a) um processo contínuo de aperfeiçoamento do desempenho acadêmico; b) uma ferramenta para o planejamento e gestão universitária; e c) um processo sistemático de prestação de contas à sociedade. Isso significa acompanhar metodicamente as ações a fim de verificar se as funções e prioridades determinadas coletivamente estão sendo matizadas e atendidas (BRASIL, 1993).

A comissão expõe ainda que uma sistemática de avaliação institucional da atividade acadêmica deve ser desenvolvida tendo em vista os seguintes princípios básicos: aceitação ou conscientização da necessidade de avaliação por todos os segmentos envolvidos; reconhecimento da legitimidade e pertinência dos princípios orientadores e dos critérios a serem adotados; e envolvimento direto de todos os segmentos da comunidade acadêmica na sua execução e na implementação de medidas para melhoria do desempenho institucional. Ristoff (2000) acrescenta outros princípios elaborados pelos participantes do Paiub: globalidade, comparabilidade, respeito à identidade institucional, não premiação ou punição, adesão voluntária, legitimidade e continuidade.

Barreyro e Rothen (2008) apontam uma aproximação desses princípios ao campo discursivo dos documentos anteriores. A ideia da avaliação como ferramenta de gestão e planejamento é, por exemplo, um dos pressupostos do Paru, assim como o foco na instituição e na participação da comunidade acadêmica, retomando a concepção de avaliação como melhoria da qualidade. A avaliação como prestação de contas e como procedimento de melhoria do desempenho institucional consta, por outro lado, nos documentos da Comissão Nacional de Reformulação da Educação Superior e do Geres. Os autores destacam ainda que o pressuposto da avaliação como uma prestação de contas fundamenta-se, no entanto, na ideia de bem público que afeta toda a sociedade, e não em razão da autonomia e financiamento concedidos, constantes em documentos anteriores.

O documento do Paiub destaca o caráter institucional da avaliação, mas propõe que seu início se dê a partir do ensino de graduação para, depois, ter continuidade nas demais áreas. A avaliação dos cursos seria baseada em quatro dimensões: a) condições para o desenvolvimento das atividades curriculares; b) processos pedagógicos e organizacionais utilizados no desenvolvimento das atividades curriculares; c) resultados alcançados do ponto de vista do perfil do formando; e d) formação de profissional crítico habilitado a atender às exigências de contexto social (BRASIL, 1993).

O Paiub propunha três processos articulados: avaliação interna, avaliação externa e reavaliação. A avaliação interna abrangeria a autoavaliação e a heteroavaliação. A avaliação externa seria realizada por pares da comunidade acadêmica ou representantes de setores organizados da sociedade, que atuariam como agentes do programa de transformação da realidade avaliada. A reavaliação seria uma reflexão crítica sobre os processos desenvolvidos na avaliação.

O Programa previa a adesão voluntária das universidades e a supervisão da Secretaria de Educação Superior do MEC, que repassava os recursos de apoio à execução dos projetos de avaliação por meio do chamado Comitê Nacional de Avaliação. Segundo Santos Filho (2018), 160 instituições (universidades federais, estaduais, confessionais, comunitárias e privadas) haviam aderido ao programa, o que parecia expressar uma significativa consolidação do modelo.

A concepção do Programa foi objeto de muitos elogios por parte da literatura especializada. Barreyro e Rothen (2006) apontam que o Paiub foi criado como uma reação às concepções quantitativistas e que a forma de avaliação por ele proposta corresponde à concepção formativa/emancipatória, baseada na autorregulação, na qual a participação da comunidade acadêmica seria fundamental. Para Dias Sobrinho (2002), ao se afastar das ideias de avaliação como instrumento para premiação ou punição ou para a elaboração de *rankings*, o Paiub teve o condão de conferir credibilidade ao processo de avaliação de qualidade. Ainda segundo o autor, a adesão representaria "a expressão concreta de uma vontade política de as universidades se avaliarem de acordo com uma orientação que leve o conjunto dos agentes universitários a terem uma compreensão integrada e tanto quanto possível integral da instituição" (DIAS SOBRINHO, 2002, p. 87).

O programa teve, no entanto, vida curta. Os instrumentos e resultados da avaliação não condiziam com os planos do novo governo recém-empossado, principalmente pela dificuldade de ranqueamento e de não ter como objetivo orientar o financiamento. O MEC cortou paulatinamente o financiamento para as suas atividades. Algumas instituições ainda deram continuidade aos processos por conta própria por um breve período de tempo para fins de autorregulação e conhecimento das suas condições de qualidade.[18] A criação do Exame Nacional de Cursos (ENC) viria, por fim, a desativar as atividades do Paiub e inaugurar um novo momento na avaliação da educação superior do país.

As experiências antecedentes da avaliação da educação superior são assim sistematizadas por Barreyro e Rothen (2008):

Quadro 3 – Antecedentes da avaliação

Documento/ Tópico	PARU 1983	CNRES 1985	GERES 1986	PAIUB 1993
Autores	Grupo gestor (especialistas em análise de projetos, sendo alguns técnicos do MEC)	24 membros (heterogêneo) provenientes da comunidade acadêmica e da sociedade.	Grupo interno do MEC	Comissão Nacional de Avaliação (Representativa de entidades)
Objetivo	Diagnóstico da educação superior	Propor nova política de educação superior	Propor nova lei de educação superior.	Propor uma sistemática de avaliação institucional.
Função/ Concepção de avaliação	Formativa	Regulação	Regulação	Formativa
Justificativa	Investigação sistemática da realidade	Contraponto da autonomia. Vincula financiamento	Contraponto da autonomia. Vincula financiamento	Prestação de contas por ser um bem público que atinge a sociedade
Tipo de avaliação	Interna	Externa	Externa	Auto-avaliação e Av. externa
Agentes da avaliação	Comunidade acadêmica	Conselho Federal de Educação (para as universidades) Universidades (para as Faculdades próximas)	Secretaria de Educação Superior para a Ed.pública Mercado (para a Ed. Privada)	Endógena e voluntária
Unidade de análise	Instituição	Instituição	Instituição	Instituição, iniciando pelo ensino de graduação
Instrumentos	Indicadores e Estudo de casos	Indicadores de desempenho	Indicadores de desempenho	Indicadores de desempenho

Fonte: BARREYRO; ROTHEN, 2008, p. 148.

Segundo os autores, a análise comparativa desses documentos permite identificar duas concepções de avaliação que correspondem a duas concepções de educação superior.

---

[18] Cabe mencionar a experiência pioneira do Projeto-Piloto de Avaliação dos Cursos Jurídicos, implementada no período pela Secretaria de Educação Superior do MEC, com influência determinante dos preceitos do Paiub (FÉLIX, 2001).

A primeira delas seria uma concepção conservadora, no sentido de que aceita o proposto pela Reforma Universitária de 1968: a "universidade" como instituição modelo que desenvolve atividades de ensino-pesquisa. Nesse sentido, o Paru e o Paiub não questionam a autonomia da instituição e, portanto, a avaliação não está relacionada nem com autonomia, nem com financiamento. Avaliar consistiria em pesquisar a instituição para detectar pontos a serem melhorados ou mantidos. A avaliação teria um caráter formativo, como subsídio para a melhoria da qualidade.

A segunda concepção teria um caráter de questionamento do sistema existente. Assim, o relatório da Comissão para a Reformulação da Educação Superior e o documento do Geres enfatizam a ideia de que a universidade não seria o único modelo de instituição de educação superior. Por ser privilegiada com a autonomia, deveria prestar contas das suas atividades, e os recursos financeiros deveriam ser estabelecidos de acordo com os seus resultados.

A implantação de um sistema oficial de avaliação da educação superior foi um caminho longo, no qual diferentes formatos e ideias foram se entrelaçando durante a elaboração de sucessivas propostas. Essas iniciativas demonstram que a avaliação de qualidade permanecia na agenda, e vários de seus preceitos ajudaram a formatar os modelos de avaliação que seriam posteriormente implementados.

3.5 Exame Nacional de Cursos (ENC)

A política de expansão de caráter mercadológico implementada a partir do governo Fernando Henrique Cardoso (1995) demandou a criação de um aparato legal de sustentação e de uma avaliação eficaz ao incremento e acompanhamento da expansão quantitativa e diversificação do sistema. A avaliação se tornou, assim, um instrumento importante para informar o mercado de trabalho a respeito da qualidade e do tipo de capacitação profissional que os cursos estavam oferecendo, bem como para indicar as IES que estariam mais ajustadas às exigências da economia (DIAS SOBRINHO, 2010).

O primeiro marco foi a publicação da Lei nº 9.131, de 24 de novembro de 1995 (BRASIL, 1995), que previu a competência do MEC para realizar avaliações periódicas das instituições e dos cursos de nível superior, fazendo uso de procedimentos e critérios abrangentes dos diversos fatores que determinam a qualidade e a eficiência das atividades de ensino, pesquisa e extensão.

A lei determinou que os procedimentos a serem adotados para as avaliações incluiriam a realização anual de exames nacionais com base nos conteúdos mínimos estabelecidos para cada curso, destinados a aferir os conhecimentos e competências adquiridos pelos alunos em fase de conclusão dos cursos de graduação, e que o MEC divulgaria, anualmente, o resultado das avaliações, informando o desempenho de cada curso, sem identificar nominalmente os alunos avaliados. Os resultados das avaliações seriam também utilizados pelo Ministério para orientar suas ações no sentido de estimular e fomentar iniciativas voltadas para a melhoria da qualidade do ensino, principalmente as que visem à elevação da qualificação dos docentes.

O Exame Nacional de Cursos (ENC), conhecido como "Provão", foi instituído como uma avaliação anual das instituições e dos cursos com a finalidade de avaliar os conhecimentos e competências técnicas adquiridas pelos estudantes em fase de conclusão dos cursos de graduação. O Exame não se constituía como uma avaliação individual dos estudantes, mas a sua prestação era condição obrigatória para a obtenção do diploma.

Esse modelo foi objeto de muitas críticas, inicialmente em razão de privilegiar em demasia a avaliação individual dos cursos, com a avaliação institucional tendo um caráter subsidiário e meramente resultante daquela. Também em relação ao tratamento dos resultados, que, ao invés de subsidiar a política pública de melhoria da qualidade, servia majoritariamente para fins de divulgação pelo governo em formato de classificação. A política de qualidade acabava sendo resumida à criação de *rankings* entre instituições e cursos, devidamente explorados e com grande repercussão pelas instituições e pela mídia.

Como reação à repercussão negativa do que foi considerado como um retrocesso no acúmulo da discussão sobre os processos avaliativos, o governo editou o Decreto nº 2.026, de 10 de outubro de 1996 (BRASIL, 1996), que regulamentou os procedimentos para o processo e avaliação dos cursos e instituições de ensino superior e instituiu que a avaliação compreenderia, de forma complementar, mas independente: a) a análise dos principais indicadores de desempenho global do sistema nacional de ensino superior, por região e unidade da federação, segundo as áreas do conhecimento e o tipo ou a natureza das instituições de ensino; b) a avaliação do desempenho individual das instituições de ensino superior, compreendendo todas as modalidades de ensino, pesquisa e extensão; c) a avaliação do ensino de graduação, por curso, por meio da análise das condições de oferta pelas diferentes instituições de ensino e pela análise dos resultados do Exame Nacional de Cursos; e d) a avaliação dos programas de mestrado e doutorado, por área do conhecimento.

Foram então adicionados ao sistema o questionário sobre as condições socioeconômicas do aluno e suas opiniões sobre as condições de ensino do curso; a Avaliação das Condições de Oferta (ACO), que depois passou a ser chamada de Avaliação das Condições de Ensino (ACE) (visitas de comissões de especialistas); e a Avaliação Institucional dos Centros Universitários.

Os indicadores de desempenho global, previstos no art. 3º do decreto, retomavam, em grande medida, as previsões constantes no documento do Paiub, na medida em que seriam considerados as taxas de escolarização bruta e líquida, as taxas de disponibilidade e de utilização de vagas para ingresso, as taxas de evasão e de produtividade, o tempo médio para conclusão dos cursos, os índices de qualificação do corpo docente, a relação média de alunos por docente, o tamanho médio das turmas, entre outros fatores.

A avaliação externa deveria levar em consideração os processos de autoavaliação, as avaliações dos cursos realizados pelas comissões de especialistas, os resultados dos exames nacionais de cursos, a avaliação da pós-graduação conduzida pela Capes e a análise dos indicadores de desempenho global realizada pela então Secretaria de Avaliação e Informação Educacional (Sediae) do MEC. A coordenação do processo foi atribuída à Sesu/MEC.

A construção desses processos foi criticada em razão do monopólio do MEC no processo, sem participação de outros sujeitos. Apesar da inclusão de instrumentos complementares, somente o Exame Nacional de Cursos foi realmente utilizado para base de estruturação de políticas educativas. Os demais foram sendo desenvolvidos pontualmente e, principalmente, para fins regulatórios (POLIDORI; MARINHO-ARAUJO; BARREYRO, 2006).

Barreyro e Rothen (2006) relacionam a criação desses instrumentos complementares com a implementação da nova Lei de Diretrizes e Bases da Educação Nacional (LDB) – Lei nº 9.394, de 20 de dezembro de 1996 (BRASIL, 1996) –, que institucionalizou a relação entre a avaliação e a regulação ao prever que a autorização e o reconhecimento de cursos, bem como o credenciamento de instituições de educação superior, terão prazos limitados, sendo renovados, periodicamente, após processo regular de avaliação. Até então, os atos autorizativos eram definitivos. A partir de então, os atos autorizativos passaram a ser temporários e submetidos à avaliação positiva de qualidade. O Provão seguia, assim, como o instrumento de avaliação privilegiado, uma vez que os outros tinham menor destaque na divulgação oficial, sendo seus resultados utilizados majoritariamente para efeitos regulatórios.

Nesse sentido, Dias Sobrinho (2002) destacou que, embora o Provão não fosse o único instrumento de avaliação, na prática funcionava como o mais importante para pretensamente medir e determinar objetivamente a qualidade da educação superior. Considerando a repercussão na mídia e no mercado, ficou marcado no imaginário social como a única avaliação. O autor criticou a utilização do ENC como o único ou o principal sistema de avaliação das instituições, na medida em que a formação ficaria reduzida à demonstração de elementos simples do conhecimento ou de habilidades desejadas, que podiam caber na métrica de um instrumento, deixando de lado a complexidade do fenômeno educativo, que comportaria dimensões filosóficas, políticas, sociais, psicológicas, éticas etc. Essas dimensões não poderiam, assim, definir-se de um modo pré-especificado em termos de comportamento, como seria necessário para serem incluídas nas provas de rendimento (DIAS SOBRINHO, 2000).

Em relação ao formato do ENC em si, Santos Filho (2000) elencou uma série de possíveis efeitos negativos dele decorrentes: a) tendência à homogeneização dos currículos de cada tipo de curso;

b) desconsideração do contexto local e institucional dos cursos; c) desconsideração da multiplicidade de fatores determinantes do desempenho do estudante; d) potencial pouco diagnosticador do sistema de exame; e) valorização da aprendizagem superficial em prejuízo da aprendizagem profunda; f) concepção tecnocrática de educação superior; g) consideração fragmentada dos indicadores de desempenho; h) ausência de dimensões atitudinais e práticas na forma de avaliação.

O método de cálculo dos conceitos também foi objeto de discussão, uma vez que as notas não eram brutas, e sim comparadas entre si, a partir da construção de uma nota média dos cursos. Uma nota bruta que resultou no conceito "A" de um curso poderia, por exemplo, ser inferior à nota bruta que resultou em "C" de outro curso, a depender da nota média calculada para aqueles cursos no ano. Sempre haveria, assim, cursos com conceitos "A" ou "B", independentemente das notas brutas por eles obtidas.

A adoção da nota média dos cursos como referência para comparar o desempenho deles em lugar da melhor nota da área mostra que a *performance* na prova é discrepante nas diversas áreas. Por exemplo, em 1999 era necessário na área de odontologia um desempenho de 92% do curso mais bem avaliado nessa área para obter o conceito "A", enquanto, na área de matemática, para obter esse mesmo conceito, era suficiente um desempenho de 57% do melhor curso avaliado nessa área. Nesse mesmo ano, o curso com o pior desempenho na área de odontologia teve desempenho de 52% do melhor curso dessa área, enquanto o curso com o pior desempenho na área de matemática teve desempenho de 11% do melhor curso dessa área (ROTHEN, 2003, p. 119).

Analisando-se a mudança de rota representada entre modelos do Paiub e do ENC, pode-se afirmar que, enquanto o primeiro processo focava na totalidade, na missão da instituição na sociedade, o segundo direcionava a ênfase sobre os resultados, com a produtividade, a eficiência, com o controle do desempenho frente a um padrão estabelecido e com a prestação de contas. O Paiub tinha como referência a globalidade institucional, aí compreendidas todas as dimensões e funções das IES. O ENC, por outro lado, tinha como foco o curso, em sua dimensão de ensino e com função classificatória, com vistas a construir bases para uma possível fiscalização, regulação e controle, por parte do Estado, baseada na lógica de que a qualidade de um curso é igual à qualidade de seus alunos (BRASIL, 2004).

Barreyro (2003) salienta que o Provão desencadeou várias ações de modificação nas IES, desde a reformulação de currículos e formas de trabalho até a criação de cursos internos com o objetivo de preparar os alunos. O ENC teria atuado, assim, na prática como um regulador não tradicional, mercadológico, na medida em que os resultados das provas aplicadas aos alunos foram utilizados, por deslocamento, como notas dos cursos e também como notas das IES, com grande cobertura midiática.

O Provão foi um mecanismo de regulação estatal com critérios relacionados ao mercado, com estabelecimento de *rankings* que estimulavam a concorrência entre as IES. Apesar das normas preverem punições nos casos de resultados negativos, na prática, o único efeito foi a divulgação midiática e publicitária em procedimentos de autorregulação típicos do mercado (BARREYRO; ROTHEN, 2006). Com efeito, o ranqueamento, principal bandeira do Provão, foi muito criticado por induzir uma classificação sem oferecer bases técnicas fundamentadas que a justificassem.

Para Dias Sobrinho (2010), o Provão não se mostrou como um instrumento eficaz para a tomada de decisões regulatórias, notadamente no tocante às IES privadas com fins lucrativos, maioria do sistema, e que exigiriam vigilância maior quanto à qualidade científica e pedagógica e relevância social de suas atividades educativas. Ademais, o Provão tendia a se tornar inviável a curto prazo devido ao seu custo crescente à medida que o sistema se expandia.

O ENC foi aplicado aos estudantes no período de 1996 a 2003, abrangendo cursos de graduação de 26 áreas. De acordo com Polidori, Marinho-Araujo e Barreyro (2006), o modelo mostrou-se insuficiente e fragmentado, e desencadeou a discussão em torno da construção de outro sistema, com capacidade de integração das diversas políticas de avaliação. O debate em torno desse novo modelo foi iniciado em 2003, com a criação da Comissão Especial de Avaliação (CEA), que viria a dar origem ao Sistema Nacional de Avaliação da Educação Superior (Sinaes).

3.6 Construção do Sinaes

3.6.1 Comissão Especial de Avaliação (CEA)

No início do período do governo Lula (2003-2010), a agenda da discussão da avaliação girava em torno dos movimentos de expansão da educação superior representados pela recente abertura do setor para instituições com fins lucrativos e pelas metas previstas no Plano Nacional de Educação (PNE) (BRASIL, 2001). Crescia o criticismo em torno do Provão e sua insuficiência para garantir a qualidade da educação nesse contexto de rápida expansão. Demandavam-se maior participação da sociedade na formulação dos processos avaliativos e a criação de um sistema que articulasse os diversos instrumentos.

O processo de rápida expansão na educação superior criou uma percepção geral na sociedade – e entre estudantes, docentes e mesmo corporações profissionais – de que o setor atravessava uma crise de qualidade que tinha como consequência um grave descompasso entre a formação superior e as necessidades sociais e econômicas vinculadas às diferentes áreas do conhecimento (FELIX, 2006).

Foi então criada a Comissão Especial de Avaliação da Educação Superior (CEA) pelas Portarias Sesu/MEC nº 11, de 28 de abril de 2003, e nº 19, de 27 de maio de 2003 (BRASIL, 2003), com a finalidade de analisar, oferecer subsídios, fazer recomendações, propor critérios e estratégias para a reformulação dos processos e políticas de avaliação do ensino superior e elaborar a revisão crítica dos seus instrumentos, metodologias e critérios utilizados.

A Comissão foi composta por representantes da Sesu, do Inep, da Capes e de especialistas ligados às universidades públicas e privadas. Não obstante não constarem oficialmente como membros nas portarias, representantes da União Nacional dos Estudantes (UNE) também participaram dos trabalhos.

A conclusão dos trabalhos deveria se dar no prazo de 120 dias e, antes da apresentação do relatório final, a Sesu deveria convocar audiência pública para estabelecer interlocução com instituições e entidades representativas do sistema de ensino superior.

A finalidade (reformulação), composição (plural) e forma de trabalho (participativa) revelam um esforço do MEC em instituir uma ruptura com o modelo avaliativo anterior, bastante criticado pela não participação da comunidade acadêmica e da sociedade civil organizada em sua concepção e implementação.

A Comissão elaborou, então, o documento intitulado *SINAES: bases para uma nova proposta de avaliação da educação superior* (BRASIL, 2004). Na apresentação, é exposta a ideia de processo avaliativo vinculado ao papel regulador do Estado como fomentador e supervisor do sistema, mas também na refundação da missão pública do sistema de educação brasileiro, respeitando sua diversidade, mas tornando-o compatível com as exigências de qualidade, relevância social e autonomia. Parte-se do princípio de que a educação é um direito e um bem público e entende-se que a missão pública da educação superior é formar cidadãos, profissionais e cientificamente competentes e, ao mesmo tempo, comprometidos com o projeto social do país.

Busca-se uma mudança de viés no papel da avaliação, que deveria se afastar do enfoque unicamente quantitativo e passar a considerar também elementos formativos. Nesse sentido, a criação de um sistema avaliativo não interessaria apenas ao Estado e às instituições, mas, sobretudo, à população, que deveria contar com um sistema educativo que cumprisse com os principais anseios e necessidades mais gerais da sociedade, além de saber como as instituições estavam realizando seus mandatos sociais relativos ao avanço do conhecimento e à formação de cidadãos que também fossem bons profissionais.

O Sinaes proposto pela CEA busca, assim, a instituição de um sistema de avaliação de qualidade sob uma perspectiva formativa e emancipatória (retomando a concepção do Paiub) e que regule a expansão da educação superior.

O relatório aponta um desequilíbrio na avaliação da educação superior então vigente por: a) estar centrada quase exclusivamente nas atribuições de supervisão do MEC; b) praticamente não considerar instituições e cursos como sujeitos de avaliação; c) não distinguir adequadamente supervisão e avaliação, com nítida ênfase à primeira; e d) não constituir um sistema nacional de avaliação, porém, mais propriamente uma justaposição de verificação de determinadas condições, unilateralmente definidas pelo Ministério.

Partindo desse pressuposto, propõe a construção de um sistema nacional de avaliação da educação superior, articulando regulação e avaliação educativa.

O enfoque a ser adotado considera a avaliação institucional não como um fim em si, mas como parte de um conjunto de políticas públicas, no campo da educação superior, voltadas para a expansão do sistema pela democratização do acesso para que a qualificação do mesmo faça parte de um processo mais amplo de revalorização da educação superior como parte de um projeto de desenvolvimento da nação brasileira (BRASIL, 2004, p. 20). O relatório elenca os seguintes princípios e diretrizes que orientaram a proposição de um novo sistema avaliativo:

a) transformação na educação superior brasileira para corresponder mais diretamente aos anseios da sociedade por um país democrático, cujos cidadãos participem ativamente na definição dos projetos de seu desenvolvimento;

b) preservação dos valores acadêmicos fundamentais, como a liberdade e pluralidade de ideias, que se manifestam no cultivo da reflexão filosófica, das letras e artes e do conhecimento científico;

c) valorização das IES como instituições estratégicas para a implementação de políticas setoriais nas áreas científica, tecnológica e social;

d) afirmação do papel irrenunciável do Estado na constituição do sistema nacional de educação superior, comprometido com a melhoria de sua qualidade, tendo as universidades públicas como referência do sistema;

e) recredenciamento periódico das instituições públicas e as privadas de qualquer natureza – particular, comunitária, confessional ou filantrópica –, mediante processo de avaliação que integra a presente proposta (Sinaes), ao qual se dará sempre ampla publicidade;

f) valorização da missão pública no âmbito local, regional e nacional através de um sistema de avaliação que tenha como principal objetivo a melhoria da qualidade acadêmica e da gestão institucional. Esse sistema será coordenado por uma comissão de alto nível e reconhecimento nacional, com autonomia no âmbito de sua competência. Desse processo avaliativo, articulado com mecanismos regulatórios do Estado, decorrem ações de fomento, medidas de natureza corretiva e planos de expansão qualificada que assegurem o desenvolvimento da educação superior em patamares compatíveis com metas de curto e longo prazos, de acordo com diagnósticos de necessidades nacionais e regionais, de avanço de conhecimento e de atuação acadêmico-profissional (BRASIL, 2004).

A partir dessas premissas, foi proposta a criação do Sinaes, tendo a avaliação institucional como instrumento central, que organizaria os diversos instrumentos avaliativos de acordo com o princípio da integração. A coordenação e supervisão do sistema caberia à Comissão Nacional de Avaliação da Educação Superior (Conaes), de forma a conferir respaldo político e técnico e legitimidade ao Sinaes.

O ponto de partida do processo avaliativo seria a autoavaliação, de responsabilidade de cada instituição, que deveria obter a mais ampla e efetiva participação da comunidade interna nas discussões e estudos.

Após a finalização do processo de autoavaliação, a IES deveria se submeter a uma avaliação externa, operacionalizada por membros pertencentes à comunidade acadêmica e científica, reconhecidos pelas suas capacidades em suas áreas e portadores de ampla compreensão das instituições universitárias nacionais e internacionais, designados pela Conaes. Essas comissões deveriam avaliar o conjunto de análises, estudos, pesquisas, discussões, informações, instalações, recursos humanos e materiais, elementos quantitativos e qualitativos de cada área, faculdade, departamento e curso em seus aspectos particulares e específicos, porém sempre relacionados com as estruturas acadêmico-científicas e administrativas mais amplas das IES.

As comissões externas deveriam elaborar relatórios, tendo por base a análise do relatório da instituição avaliada e demais documentos disponibilizados e as visitas e entrevistas *in loco*, no formato de dossiês completos e detalhados, para efetivamente servirem aos principais interessados: a população, o MEC, a IES e a comunidade acadêmica e científica em geral.

Após a aceitação formal dos relatórios pela Conaes, eles deveriam ser encaminhados às instâncias competentes do MEC, conforme o caso, e às respectivas instituições. A Conaes divulgaria então as sínteses consolidadas do processo global realizado no âmbito do Sinaes.

A avaliação também deveria utilizar como subsídios os dados advindos de um exame do Processo de Avaliação Integrado do Desenvolvimento Educacional e da Inovação da Área (Paideia), a ser aplicado a uma amostra de alunos de segundo e do último ano das instituições, com o intuito de analisar os processos educativos em cada área de conhecimento, e de informações estatísticas coletadas pelo Censo da Educação Superior.

A proposta buscava, assim, articular as dimensões interna e externa da avaliação com elementos quantitativos e qualitativos e com ampla participação da comunidade. A ênfase da concepção avaliativa exposta está na preocupação com a tomada de consciência sobre a instituição, conseguida pela participação coletiva em todo o processo, o que lhe outorgaria caráter formativo e de aperfeiçoamento individual e institucional (BARREYRO; ROTHEN, 2006).

O relatório foi encaminhado ao MEC em setembro de 2003 e desencadeou discussões internas no âmbito do governo sobre a manutenção ou não do Provão como instrumento de avaliação e da elaboração oficial dos *rankings*, ainda que com outros formatos e objetivos. Gestores do Ministério da Educação do governo anterior chegaram a publicar artigos na imprensa defendendo o Provão e o ranqueamento pelo seu aspecto objetivo e criticando o suposto caráter subjetivista da proposta de avaliação institucional da CEA.

As propostas do relatório foram objeto de alterações no âmbito do MEC e resultaram no encaminhamento de um projeto de lei à Câmara dos Deputados em dezembro de 2003 sob o título de Sistema Nacional de Avaliação e Progresso do Ensino Superior (Sinapes).

Nessa nova proposta, foi incluído pelo MEC o indicador chamado Índice de Desenvolvimento da Educação Superior (Ides) – baseado no Índice de Desenvolvimento Humano (IDH) das Nações Unidas –, que seria composto por quatro índices: avaliação do ensino (aferida de acordo com a titulação e produtividade do corpo docente), avaliação da aprendizagem dos estudantes, avaliação da capacidade institucional (foco na infraestrutura) e avaliação da responsabilidade social (com destaque às atividades de extensão universitária).

A proposta do Sinapes buscava aliar elementos do relatório da CEA (exame amostral) com as críticas sobre a necessidade dos *rankings*. Segundo Barreyro (2004, p. 45-46), ambas as propostas estavam baseadas em concepções opostas de avaliação. "Enquanto o SINAES baseava-se numa concepção formativa, o IDES apoiava-se numa avaliação somativa, medindo os resultados numericamente e facilitando assim o ranqueamento das instituições."

Estava, assim, oficializada a proposta do governo para a avaliação da educação superior.

3.6.2 Lei do Sinaes

Dias após o início da tramitação da proposta do Sinapes na Câmara dos Deputados, o governo editou a Medida Provisória nº 147, de 15 de dezembro de 2003, que instituiu o Sistema Nacional de Avaliação e Progresso do Ensino Superior e dispôs sobre a avaliação do ensino superior.

A dinâmica de discussão da proposição no parlamento foi, pode-se afirmar, atropelada. É comum no Brasil a edição de medidas provisórias (MP) pelo Poder Executivo para fins de agilização do processo legislativo – uma vez publicada, se o Congresso Nacional não deliberar em 45 dias, a tramitação entra em regime de urgência. Mas não deixa de ser incomum a publicação de uma medida provisória dias após o envio, pelo próprio governo, de um projeto de lei com o mesmo tema ao Parlamento.

Na Exposição de Motivos da MP, o Ministério afirma que o conhecimento que a universidade produz deveria servir à construção de um Brasil melhor e que seu funcionamento deveria refletir seu compromisso com a qualidade. A avaliação seria, assim, um instrumento valioso para garantir essa qualidade do ensino superior e deveria evoluir, avançar rumo a uma visão mais sistêmica, que considerasse não só o aluno, mas a instituição de ensino superior em suas múltiplas dimensões, uma avaliação transparente e participativa, que forneça ao MEC insumos para que possa regular, de maneira efetiva, o sistema de ensino superior, indicando às instituições e aos cursos caminhos para uma qualificação permanente e promovendo o descredenciamento de cursos e instituições em função das más condições de funcionamento.

O sistema de avaliação que o MEC pretende implantar analisará a instituição de ensino superior em toda a sua complexidade, integrando os processos de ensino e de aprendizagem, a capacidade institucional, o envolvimento dos cursos com os problemas e necessidades da sociedade brasileira e os compromissos dos cursos e instituições com sua própria evolução.

O novo sistema introduz um importante elemento na avaliação: os compromissos da instituição e do curso com a superação de seus problemas e limitações para assegurar a qualidade do ensino superior (BRASIL, 2003).

Apesar de a Exposição de Motivos apresentar justificativas para a criação do Ides, o texto da MP não fez menção ao indicador. Foram preservados, no entanto, os quatro aspectos que comporiam a avaliação do sistema (ensino, aprendizagem, capacidade institucional e responsabilidade social).

Em substituição à Conaes, constante no relatório da comissão e na proposta original, foram criadas a Comissão Nacional de Orientação da Avaliação (Conav), com o objetivo de estabelecer as linhas acadêmicas da avaliação, e a Comissão Nacional de Avaliação e Progresso do Ensino Superior (Conapes), para deliberar sobre métodos de análises e procedimentos de avaliação.

O Ministério da Educação tornaria público e disponível o resultado da avaliação dos cursos das instituições de ensino superior, de acordo com os níveis de qualidade institucional satisfatória, regular ou insatisfatória. A criação de *rankings* era, dessa forma, tolhida.

Durante o período de tramitação da MP no Congresso Nacional, o governo substituiu o então ministro Cristovam Buarque pelo ministro Tarso Genro. A posse de uma nova equipe provocou um movimento de alterações no projeto de lei de conversão, que foi refletida na versão final aprovada, que resultou na publicação da Lei nº 10.861, de 14 de abril de 2004 (BRASIL, 2004), que instituiu o Sistema Nacional de Avaliação da Educação Superior (Sinaes), com o objetivo de assegurar o processo nacional de avaliação das instituições de educação superior, dos cursos de graduação e do desempenho acadêmico de seus estudantes.

O art. 1º da lei estabeleceu como finalidades do Sinaes a melhoria da qualidade da educação superior, a orientação da expansão da sua oferta, o aumento permanente da sua eficácia institucional e efetividade acadêmica e social e, especialmente, a promoção do aprofundamento dos compromissos e responsabilidades sociais das instituições de educação superior por meio da valorização de sua missão pública, da promoção dos valores democráticos, do respeito à diferença e à diversidade, da afirmação da autonomia e da identidade institucional.

As diretrizes gerais foram expostas no art. 2º, segundo o qual o sistema deve assegurar a avaliação institucional, interna e externa; o caráter público de todos os procedimentos, dados e resultados dos processos avaliativos; o respeito à identidade e à diversidade de instituições e de cursos; e a participação do corpo discente, docente e técnico-administrativo das IES e da sociedade civil, por meio de suas representações.

A avaliação foi dividida fundamentalmente em três processos: avaliação institucional, avaliação de cursos de graduação e avaliação de desempenho dos estudantes. De forma complementar, foi instituído ainda o processo de autoavaliação.

À avaliação institucional foi atribuído o objetivo de identificar seu perfil e o significado de sua atuação por meio de suas atividades, cursos, programas, projetos e setores, considerando as diferentes dimensões institucionais (art. 3º). Souza, Marcondes e Acosta (2008) classificaram essas dimensões em três focos, que interagem entre si:
a) instituição e sociedade: responsabilidade social da instituição e comunicação com a sociedade;
b) políticas educacionais e de pessoal: políticas para ensino, pesquisa, extensão e pós-graduação, políticas de pessoal e de carreiras, políticas de atendimento ao estudante;
c) gestão e apoio: organização e gestão, infraestrutura física, planejamento e avaliação e sustentabilidade financeira.

A avaliação institucional, segundo Ristoff e Giolo (2006), deixou de se confundir com avaliações de rendimento acadêmico ou com a avaliação de curso, embora os considerasse efetivamente em suas análises, inferências e juízos.

A avaliação dos cursos de graduação foi instituída com o objetivo de identificar as condições de ensino oferecidas aos estudantes, em especial as relativas ao perfil do corpo docente, às instalações físicas e à organização didático-pedagógica, a partir de procedimentos e instrumentos diversificados, dentre os quais obrigatoriamente estavam as visitas por comissões de especialistas das respectivas áreas do conhecimento (art. 4º).

A lei estabeleceu que a avaliação das instituições e dos cursos resultaria na aplicação de conceitos, ordenados em uma escala com cinco níveis, a cada uma das dimensões e ao conjunto das dimensões avaliadas.

A avaliação de desempenho dos estudantes foi operacionalizada pela criação do Exame Nacional de Desempenho dos Estudantes (Enade) como componente curricular obrigatório dos cursos de graduação a ser aplicado periodicamente, admitida a utilização de procedimentos amostrais, aos alunos de todos os cursos de graduação, ao final do primeiro e do último ano de curso (art. 5º).

O Enade foi constituído para aferir o desempenho dos estudantes em relação aos conteúdos programáticos previstos nas diretrizes curriculares do respectivo curso de graduação, suas habilidades para ajustamento às exigências decorrentes da evolução do conhecimento e suas competências para compreender temas exteriores ao âmbito específico de sua profissão, ligados à realidade brasileira e mundial e a outras áreas do conhecimento. Manteve-se, assim, a existência de um exame para aferir o valor agregado pela instituição à formação do estudante, mas com outra abordagem e formato e de forma integrada com outros processos avaliativos.

A realização da avaliação das instituições, dos cursos e do desempenho dos estudantes, ou seja, a parte operacional dos processos avaliativos instituídos pelo Sinaes, foi atribuída ao Inep (art. 8º).

No tocante ao processo de autoavaliação, a Lei do Sinaes previu apenas que cada IES deveria constituir Comissão Própria de Avaliação (CPA), no prazo de 60 dias, com as atribuições de condução dos processos de avaliação internos da instituição, de sistematização e de prestação das informações solicitadas pelo Inep. Na CPA, deveria ser assegurada a participação de todos os segmentos da comunidade universitária e da sociedade civil organizada, sendo vedada a composição que privilegiasse a maioria absoluta de um dos segmentos. Sua atuação deveria ser autônoma em relação a conselhos e demais órgãos colegiados existentes na IES (art. 11).

Foi retomada a criação da Conaes (art. 6º) como órgão colegiado de coordenação e supervisão do Sinaes, vinculado ao gabinete do ministro, com as atribuições de propor e avaliar as dinâmicas, procedimentos e mecanismos da avaliação institucional, de cursos e de desempenho dos estudantes; estabelecer diretrizes para organização e designação de comissões de avaliação, analisar relatórios, elaborar pareceres e encaminhar recomendações às instâncias competentes; formular propostas para o desenvolvimento das IES, com base nas análises e recomendações produzidas nos processos de avaliação; e articular-se com os sistemas estaduais de ensino, visando estabelecer ações e critérios comuns de avaliação e supervisão da educação superior.

Foi previsto, ainda, retomando disposição constante no projeto de lei então encaminhado pelo MEC, que os resultados da avaliação considerados insatisfatórios ensejariam a celebração de um protocolo de compromisso, a ser firmado entre a IES e o ministério e cujo descumprimento resultaria na aplicação de penalidades (art. 10).

Expostas as linhas gerais do Sinaes constantes na lei que o instituiu, passa-se à análise do modelo de avaliação por ele representado.

3.7 Sinaes como sistema de avaliação: avanços

Segundo Ristoff e Giolo (2006, p. 197), a construção do Sinaes significou a retomada das "experiências, objetivos e metas mais relevantes da avaliação da educação superior brasileira". Pela primeira vez, a política de avaliação da educação superior assumia o caráter de política de Estado, instituída em lei.

A proposta do Sinaes constante no relatório da CEA nitidamente adotava a experiência do Paiub como referência, e a versão do Sinaes aprovada na Lei nº 10.861, de 2004, incorporou grande parte dos seus princípios e diretrizes, como o compromisso formativo da avaliação, a globalidade, a integração da autoavaliação com a avaliação externa, a continuidade, a participação ativa da comunidade acadêmica, o respeito à identidade institucional e o reconhecimento da diversidade do sistema.

Pela primeira vez, a legislação previu uma clara vinculação entre avaliação e expansão da oferta. Enquanto, no governo anterior, a avaliação tinha servido, de certa forma, como processo de justificativa metodológica e política para acolher a explosão do número de novas IES e cursos, aqui não havia uma correlação expressa entre os dois movimentos (FELIX, 2006).

As diversas alterações no texto realizadas entre a apresentação do relatório da CEA e a publicação da Lei do Sinaes, decorrentes de um contexto de disputas políticas sobre o modelo de avaliação a ser implementado, levantaram, no entanto, o debate sobre qual concepção avaliativa teria sido, ao fim, representada pelo texto final.

Rothen e Schulz (2006) destacam que a diferença fundamental da proposta da CEA e da legislação que instaurou o Sinaes seria o entendimento da função da avaliação. Na proposta inicial, a função predominante da avaliação seria a formação das IES, enquanto, na legislação aprovada, os resultados da avaliação foram instituídos como "referencial básico dos processos de regulação e supervisão da educação superior". O sistema se afastava, assim, de seu caráter formativo para agregar também elementos de controle. Para os autores, a formação e o controle não são necessariamente excludentes. A delimitação da conciliação entre as duas funções estaria inserida na discussão sobre a autonomia universitária, sobre as exigências de diversificação das IES para que atendam às necessidades regionais e sobre o tipo de prestação de contas que deve ser oferecida à sociedade.

Bertolin (2004) entende que, em decorrência das alterações na proposta original, o Sinaes teria perdido a sua essência eminentemente emancipatória. A partir da análise dos dispositivos da lei, aponta que os artigos 1º e 2º, ao focarem na avaliação do cumprimento da missão das instituições, principalmente em relação aos comprometimentos e responsabilidades sociais, representariam uma perspectiva emancipatória. O mesmo se daria com a avaliação de processos prevista no art. 4º. A previsão de um exame de aferição aprendizagem, no entanto, configuraria uma avaliação de produto, de acordo com uma concepção de avaliação controladora. No mesmo sentido, a previsão dos resultados organizados em escalas de cinco níveis permitiria a geração de *rankings*, nos moldes da avaliação anterior. O Sinaes poderia ser entendido, assim, como um sistema híbrido, que contém características emancipatórias e controladoras, e a avaliação pode assumir tanto objetivos de controle quanto objetivos de caráter formativo, a depender da forma como seja efetivamente implementada.

Sobre o papel assumido pelo Estado como ente avaliador, o Sinaes se caracteriza como uma política pública de educação superior que instrumentaliza a responsabilidade do Estado pela garantia da qualidade, prevista na Constituição e na LDB. No exercício de sua função reguladora, o Estado passou a acompanhar mais sistematicamente a atuação das instituições de educação superior e a exigir a autoavaliação institucional apenas como subsídio de informação para o exercício da regulação (SANTOS FILHO, 2018).

De acordo com Rothen e Schulz (2006), enquanto na proposta da CEA está implícita a ideia de que a universidade é autônoma e que competiria ao Estado apenas auxiliar nos processos de avaliação, oferecendo apoio técnico às instituições, na legislação aprovada mantém-se a visão do Estado avaliador presente no processo anterior de avaliação, isto é, compete ao Estado avaliar e controlar as IES. Nessa perspectiva, o Estado prevalece sobre a universidade e indica os rumos para o saber em vez de a universidade se autorregular e o saber indicar os rumos para o Estado (WEBER, 2010).

Apesar de críticas pontuais sobre os recuos do texto aprovado em relação à proposta da CEA, a literatura recebeu o Sinaes como um avanço em relação ao processo de avaliação então existente, consubstanciado pelo ENC.

Em primeiro lugar, o Sinaes sinaliza uma mudança na concepção da avaliação. Segundo Barreyro e Rothen (2006, p. 971), "passa do foco da concorrência institucional pelo mercado para o da melhoria da qualidade, afirmando valores ligados à educação superior como bem público e não como mercadoria".

A avaliação passou a ser intimamente articulada com a regulação. A partir dos resultados da avaliação institucional e de cursos, o Estado passou a dispor de informações confiáveis para subsidiar os processos de decisões regulatórias, seja de entrada no sistema, seja de renovação de atos autorizativos. O resultado da avaliação passou a poder desencadear, ainda, a abertura de processos de supervisão e a aplicação de penalidades em face das instituições, cursos e dirigentes. Para Dias Sobrinho (2010), ao tomar por base os resultados integrados da avaliação, e não um único instrumento/exame, as decisões regulatórias seriam mais confiáveis, fundamentadas e eficazes do ponto de vista da relevância social e da pertinência essenciais à construção da qualidade do sistema de educação superior.

Outro avanço importante foi a ideia de sistema, a partir da articulação e integração de todos os processos avaliativos da educação superior realizados no âmbito do MEC. A percepção do Sinaes como sistema significou que os instrumentos, a metodologia, a capacitação dos avaliadores e a sistemática procedimental e operacional de cada processo avaliativo passaram a ser articulados e ter objetivos e fundamentos entrelaçados (RISTOFF; GIOLO, 2006).

Merece menção também a integração entre a autoavaliação e a avaliação externa. Com a Lei do Sinaes, foram claramente definidos o roteiro e as dimensões a serem considerados pela CPA na elaboração do relatório, que passou a ser um importante elemento de análise pela comissão de avaliação externa, e de diálogo entre o órgão avaliador e a instituição avaliada.

Não obstante a manutenção de um exame de desempenho dos estudantes no processo avaliativo, o Enade assumiu características e formatos diversos do Provão então vigente. A aplicação deixou de ser anual e com a participação de todos os estudantes e assumiu um formato de aplicação em ciclos de três anos para estudantes selecionados por amostragem. Enquanto o Provão era aplicado apenas aos concluintes de alguns cursos, o Enade passou a abranger ingressantes e concluintes, de forma a analisar a trajetória dos estudantes no curso.

O Enade foi desenhado como um dos instrumentos de avaliação da educação superior, como mais um subsídio a compor o sistema de avaliações e formar o juízo sobre a qualidade do curso e da instituição. Buscou-se superar a concepção do Provão, no qual o resultado dos exames dos estudantes era exposto, por si só, como conceito de qualidade dos cursos e instituições.

3.8 Conclusões

Buscou-se neste capítulo expor e analisar as discussões sobre qualidade da educação superior e sobre os processos avaliativos. Não obstante a inexistência de consenso em torno de um conceito de qualidade e modelo de avaliação ideais, foram debatidas as principais correntes e posições expostas na literatura especializada. Conforme destacado, os temas da qualidade e da avaliação da educação superior fazem parte da agenda do debate público desde meados da década de 1960. Foram realizadas no Brasil diversas iniciativas oficiais para criar e implementar processos de avaliação, com diferentes objetivos e fundamentos. Apesar de algumas delas não terem sido efetivamente implementadas, contribuíram para o acúmulo da discussão em torno do tema.

O Exame Nacional de Cursos (ENC) pode ser compreendido como a primeira experiência avaliativa oficial de caráter nacional, abrangendo uma ampla gama de instituições que foi posta em prática e apresentou seus resultados. O foco nos resultados dos exames de desempenho dos estudantes, a fórmula de cálculo das notas, a formação de *rankings* e a ausência de participação democrática, no entanto, foram apontados como principais elementos para caracterizar esse processo como insuficiente e deturpado e para destacar a necessidade de se avançar na construção de outro modelo de processo avaliativo.

A proposta de criação do Sinaes tem como pano de fundo a retomada da ideia de avaliação formativa, representada, principalmente, pela experiência do Paiub, gestada no âmbito da academia, apta a garantir a qualidade num contexto de recente implementação de ambiciosas políticas de expansão da educação superior. A legislação aprovada significou um avanço importante na construção da avaliação como uma política pública; na ideia de avaliação como sistema, no qual os diversos instrumentos são integrados; na diversificação dos processos e objetos da avaliação; na articulação entre avaliação e regulação; e na ressignificação do exame de desempenho dos estudantes.

O Sinaes adotou um modelo híbrido de avaliação, com elementos típicos da avaliação conhecida como formativa/ emancipatória e instrumentos que o aproximam da avaliação controle/ quantitativa. Num contexto complexo como o brasileiro, caracterizado pela recente expansão que resultou numa grande pluralidade de perfis de instituições e cursos, a avaliação de qualidade tem o desafio de considerar a maior diversidade possível de dimensões nos seus instrumentos, e entende-se que o Sinaes busca cumprir essa função.

A política do Sinaes apresentou, dentre suas finalidades, a melhoria da qualidade da educação superior. A legislação não define expressamente o que seria qualidade, tendo em vista que essa construção acontece em múltiplas instâncias, mas se depreende que a política adota um conceito que busca situar a educação superior no contexto da responsabilidade da instituição perante a sociedade, na medida em que faz referência à efetividade acadêmica e social, à promoção do aprofundamento dos compromissos e responsabilidades sociais, à valorização de sua missão pública e à promoção dos valores democráticos.

O cumprimento dos objetivos de uma política pública depende do adequado desenho dos seus instrumentos. No próximo capítulo, será discutido o processo de implementação, o desenho final dos instrumentos avaliativos resultante dos atos normativos que regulamentaram a Lei do Sinaes.

CAPÍTULO 4

A IMPLEMENTAÇÃO DO SINAES: REGULAÇÃO E INDICADORES

4.1 Introdução

O conjunto de experiências de formulações e tentativas de implementação de uma política pública de avaliação da educação superior no Brasil expõe, de certa forma, um retrato da conjuntura política de cada momento, refletida no Ministério da Educação. As diferentes concepções e modelos de avaliação evoluíam ou se alternavam, de acordo com a agenda e com as posições políticas hegemônicas no governo – e na sociedade – em cada período.

A formulação e criação do Sinaes foram resultados de um longo caminho de acúmulo em torno dessa discussão, e a sua implementação refletiu, em certa medida, muitas das disputas travadas em torno do sentido da avaliação nas propostas anteriores. Desde o relatório final apresentado pela Comissão Especial da Avaliação da Educação Superior (CEA) até o texto consolidado pela Lei nº 10.861, de 14 de abril de 2004 (BRASIL, 2004), diferentes concepções de avaliação se alternaram no projeto, de acordo com as autoridades e grupos políticos e sociais com maior influência a cada momento da sua tramitação.

O processo de implementação do Sinaes não foi diferente. Os arranjos institucionais consubstanciados na regulamentação da lei e no desenho dos instrumentos da política pública foram objeto de intensos debates e disputas em torno da concepção de avaliação que o sistema deveria encampar – e essa discussão está retratada nos documentos oficiais (normativos e não normativos) publicados após a aprovação da lei.

Este capítulo tem como objetivos analisar o modelo de avaliação efetivamente implementado pela política pública, tomando como ponto de partida a meta de "melhoria da qualidade" prevista na lei, e estudar quais conceitos e objetivos resultaram da implementação do Sinaes.

Para tanto, serão utilizadas as categorias analíticas da abordagem Direito e Políticas Públicas (DPP), que, a partir da ideia do ciclo de políticas públicas, enfatiza a concepção, implementação e funcionamento dos arranjos institucionais como expressões particulares de organização da ação governamental em função de objetivos determinados (BUCCI; COUTINHO, 2016). Toma-se por objeto a análise interdisciplinar da ação governamental coordenada para atuar sobre problemas complexos, em estratégias juridicamente informadas, para estender as conquistas civilizatórias a todas as pessoas (BUCCI, 2019). Será analisada a fase de implementação da ação governamental sob o prisma jurídico, mas não necessariamente da legalidade ou da interpretação das normas, e sim dos arranjos jurídico-institucionais que concretizaram a política.

Inicialmente, serão expostas de maneira breve as bases metodológicas do método Direito e Políticas Públicas. Com base nessas premissas, será analisado o processo de implementação do Sinaes – as normas que regulamentaram a lei e as diretrizes publicadas pela Conaes –, que resultou nos arranjos jurídico-institucionais que concretizaram a política. Serão abordados os processos de construção dos indicadores de qualidade que passaram a compor o Sinaes e as críticas acadêmicas que se seguiram após a sua execução.

Por fim, serão detalhados os índices de qualidade e o ciclo avaliativo, de forma a expor o desenho final resultante da implementação da política e quais seus reflexos na concepção de qualidade e de função da avaliação adotados pela política.

4.2 Sinaes como política pública: análise sob o método Direito e Políticas Públicas

4.2.1 Sinaes como política pública

A Constituição Federal de 1988 enumerou, no seu texto, um rol de direitos individuais e sociais a serem implementados e garantidos pelo Estado. A análise das prestações materiais referentes a tais direitos abarca uma considerável demanda de estudo de políticas públicas.

Tomando o Sinaes como ponto de partida de uma ação estatal destinada a concretizar mandamentos constitucionais e produzir efeitos determinados em um campo de ação definido, as categorias analíticas da disciplina das políticas públicas fornecem subsídios interessantes para se analisarem sua implementação e seus resultados.

A análise de políticas públicas foi tradicionalmente construída como um campo da ciência política. Harold Lasswell (1948) é apontado como seu precursor, aquele que pela primeira vez trabalhou o termo *policy analysis*, a análise do processo político como um campo próprio de estudo da ciência política. O autor defendeu que a ação ou omissão do Estado em torno de determinada agenda seriam passíveis de categorias de análise particulares, aptas a formar um campo teórico próprio.

O conceito de política pública foi, ao longo do tempo, se moldando aos diversos contextos de exame, principalmente em decorrência da exclusividade ou do protagonismo do papel do Estado em sua concepção e implantação. Uma das definições mais consagradas é a de Thomas Dye, segundo o qual política pública seria "tudo o que um governo decide fazer ou deixar de fazer" (DYE, 1972, p. 2). Essa formulação apresenta três vertentes: o governo como agente primário da formulação da política; o papel do governo de tomar uma decisão sobre agir ou não agir diante de um problema; e a política pública como uma determinação consciente de um governo. Ou seja, a política, a partir desse conceito, é intrinsecamente ligada à "ideia de decisões governamentais conscientes e deliberadas" (HOWLET; RAMESH; PEARL, 2013, p. 7), e essas decisões podem representar também omissões.

William Jenkins (1978) propôs uma conceituação mais detalhada, na qual o conteúdo de uma política compreenderia a seleção de objetivos e meios disponíveis para alcançar determinado objetivo. Segundo o autor, política pública poderia ser entendida como o conjunto "de decisões inter-relacionadas, tomadas por um ator ou grupo de atores políticos, e que dizem respeito à seleção de objetivos e dos meios necessários para alcançá-los, dentro de uma situação específica em que o alvo dessas decisões estaria, em princípio, ao alcance desses atores" (JENKINS, 1978 *apud* HOWLET *et al.*, 2013, p. 8). Aqui tem-se a política pública como um processo decisório complexo, que pode envolver uma série de atos, e não apenas uma decisão isolada, critério que baliza a presente análise.

Segundo James Anderson (1978), as políticas públicas seriam um curso de ação intencional construído por um ator ou conjunto de atores para lidar com um problema ou um motivo de preocupação. Esse conceito começa a introduzir de forma mais direta a relação entre a política pública e a resolução de problemas sociais.

No âmbito do direito, não existe um conceito legal consolidado de política pública. Felipe de Melo Fonte (2015) aponta que, em geral, o termo é entendido como os meios para a efetivação de direitos de cunho prestacional pelo Estado. Políticas públicas compreenderiam, nessa perspectiva, "o conjunto de atos e fatos jurídicos que têm por finalidade a concretização de objetivos estatais pela Administração Pública" (FONTE, 2015, p. 55). A política pública poderia, assim, ser decomposta em normas abstratas de direito, atos administrativos, atos orçamentários e fatos administrativos propriamente ditos. Maria Paula Dallari Bucci (2006, p. 39) compreende a política pública como o "programa de ação governamental que resulta de um conjunto de processos juridicamente regulados, visando coordenar os meios à disposição do Estado e as atividades privadas, para a realização de objetivos socialmente relevantes e politicamente determinados". Segundo a autora, a política pública deve visar à realização de objetivos definidos, expressando a seleção de prioridades, a reserva de meios necessários à sua consecução e o intervalo de tempo em que se espera o atingimento dos resultados (BUCCI, 2006).

A análise das políticas públicas envolve, assim, o estudo sobre os diversos aspectos das ações governamentais na resolução de problemas públicos definidos como prioritários. Esse estudo deve se dar de forma sistêmica e compreender todos os seus elementos – aí incluídos os atos normativos e atos administrativos que as compõem, sob um prisma multidisciplinar, dentre os quais está inserido o jurídico.

E esse estudo sobre os programas de ação governamental pode ser realizado tendo como fundamento diferentes metodologias, que podem variar de acordo com o aspecto específico que a análise vai priorizar. Souza (2006) assim enumera os principais métodos:

incrementalismo, ciclo de política pública, coalizão de defesa, modelo de arenas sociais, equilíbrio interrompido, o chamado *garbage can* e, ainda, os modelos decorrentes da tendência do novo gerenciamento público.

Para o presente estudo, importa destacar a metodologia do ciclo de políticas públicas – ou análise sequencial, esquema de interpretação que organiza a vida de uma política pública em fases sequenciais e interdependentes. O ciclo funciona como um quadro de referência para a análise processual da política, compreendida como um processo que se desenvolve em etapas. É a divisão do agir público em fases parciais do processo político administrativo de resolução de problemas, que correspondem a uma sequência de elementos do processo, com foco nos processos decisórios e em suas consequências na implementação da política. Segundo Sabatier (2007, p. 3), "os problemas são formulados conceitualmente e trazidos para o governo para soluções; as instituições governamentais formulam alternativas e selecionam soluções; e essas soluções são implementadas, avaliadas e revisadas".

Laswell (1956) foi um dos pioneiros na categorização das etapas de desenvolvimento desse processo político e propôs uma divisão em sete fases: 1) informação (recolha de dados); 2) iniciativa (aprovação de medidas de política); 3) prescrição (formulação de medidas, normas e regras); 4) invocação (justificação e especificação dos benefícios e das sanções); 5) aplicação (concretização das medidas); 6) avaliação (sucesso ou insucesso das decisões); e 7) cessação (regras e instituições criadas no âmbito da política aprovada).

Cumpre ressaltar que as etapas do ciclo não são compreendidas como momentos estanques e independentes. O processo político é complexo e envolve uma intersecção permanente entre essas diversas fases. Todas as etapas envolvem, por exemplo, tomadas de decisão e avaliações.

Existem várias versões do ciclo, mais detalhadas ou mais resumidas. Segundo Frey (2000), essas diferentes propostas apresentam três etapas principais em comum: a formulação, a implementação e a avaliação. Segundo Secchi (2012, p. 33-60), o ciclo da política pública pode ser organizado de forma mais detalhada, em torno de sete fases bem definidas: 1) identificação do problema;

2) formação da agenda; 3) formulação de alternativas; 4) tomada de decisão; 5) implementação; 6) avaliação; e 7) extinção.

Fluxograma 1 – Ciclo de políticas públicas

Fonte: SECCHI, 2012.

A fase do ciclo denominada "identificação do problema" se dá quando um fato passa a chamar a atenção de grupos políticos ou da administração pública. Determinado problema, por algum motivo, adquire relevância, o que significa que passa a demandar uma atenção do Estado. Uma situação que é considerada inadequada por uma coletividade de atores políticos, passível de ser tratada ou resolvida pela ação do poder público, na expectativa de se alcançar uma situação melhor (SECCHI, 2012). No contexto da avaliação de qualidade, esse problema público adquiriu contornos diversos. Nos países de tradição anglo-saxã, por exemplo, o problema dizia respeito à necessidade de se auditar a eficiência da gestão dos recursos públicos destinados às instituições de educação superior, num contexto de austeridade (HARVEY; GREEN, 1993). No Brasil, por outro lado, o problema que origina o Sinaes é a necessidade de se garantir um padrão de qualidade durante um processo de rápida expansão do setor.

A definição da agenda demarca se aquele tema vai ser inserido na pauta governamental. A agenda pode ser compreendida, assim, como o conjunto de problemas e temas entendidos como relevantes, que demandam a atuação do poder público. A agenda é influenciada tanto pelas linhas políticas adotadas pelo governo eleito quanto por grupo de interesse, como a sociedade civil, mídia, corporações. A notoriedade e relevância que aquele problema adquire vai definir se a agenda vai se concretizar na formulação de uma política pública. Fonte (2015) comenta que, nos casos de países sob a vigência de constituições programáticas – ou dirigentes –, o próprio texto constitucional cumpre também um importante papel na definição da agenda institucional ao reclamar a ação governamental para a sua concretização.

Identificado o problema e definida a agenda, chega o momento de elaborar a política. São elencadas as várias alternativas para a solução daquele problema, e os instrumentos de aplicação da política são desenhados. São elaborados métodos, programas, estratégias e ações que poderão alcançar os objetivos estabelecidos (SECCHI, 2012). A escolha do programa ou ação envolve a tomada de decisão, momento em que a autoridade pública vai considerar os custos e benefícios de cada opção, os interesses políticos envolvidos e qual caminho mais se adequa ao objetivo almejado.

Os primeiros estágios do ciclo da política do Sinaes foram abordados no capítulo anterior. No presente capítulo, será priorizada a análise da sua implementação, notadamente dos aspectos decisórios que embasaram a regulamentação da lei, com o objetivo de verificar a concepção de qualidade e avaliação resultante, e em que medida os objetivos propostos na formulação da política foram materializados no desenho final dos seus arranjos jurídico--institucionais.

4.2.2 Abordagem Direito e Políticas Públicas

O estudo de políticas públicas pelo campo do direito é tradicionalmente encarado sob o ponto de vista formalista, com enfoque na análise de legalidade das normas instituidoras de um programa, das interpretações normativas possíveis ou pela delimitação de competências dos agentes. Em geral, o aspecto político de sua implementação é entendido como "não jurídico", como matéria afeta apenas ao campo da ciência política. A apreciação dos resultados por vezes se detém à mera verificação dos efeitos da eventual correta aplicação das normas.

Um programa de ação governamental tem necessariamente um aspecto jurídico. É no direito que se assenta o quadro institucional no qual atua uma política, pois o direito confere expressão formal e vinculativa aos propósitos políticos que fundamentam aquele programa (BUCCI, 2006). A política pública pode ser compreendida, assim, como um emaranhado de normas, processos e arranjos institucionais mediados pelo direito. Ela é implementada a partir de procedimentos balizados por códigos, leis, decretos, portarias e regulamentos, que demandam uma constante análise jurídica sobre sua aplicação (COUTINHO, 2013).

O exame jurídico de um programa pode – e deve –, no entanto, adotar uma perspectiva multidisciplinar, considerar as normas em seu contexto político, os arranjos que resultaram naquela conformação. Isso, inclusive, pode tornar a análise de efetividade dessas normas mais sofisticada, visto que permite compreender de forma mais aprofundada os objetivos pretendidos por aquele programa. A avaliação jurídica dos resultados da política pode também se valer de dados e metodologias de outros campos do saber sob um aspecto prospectivo, com fins de proposição de caminhos de aperfeiçoamento e correção de rumos. Esses elementos não devem fugir do campo da análise de política pública pelo âmbito do direito.

Nesse contexto, a chamada abordagem Direito e Políticas Públicas (DPP), sistematizada por Maria Paula Dallari Bucci e Diogo Coutinho, procura "compreender a moldura jurídico-institucional que estrutura um programa de ação governamental, levando em consideração o contexto político-institucional no qual ela se insere" (BUCCI; COUTINHO, 2017, p. 315). Seu objetivo é examinar os pontos de contato entre os aspectos políticos e jurídicos que cercam a ação governamental e como se promovem transformações jurídico-institucionais, notadamente sob a perspectiva do Poder Executivo.

A abordagem DPP incorpora os juristas ao campo de estudos das políticas públicas sob uma perspectiva multidisciplinar, para além do enfoque formalista da visão tradicional da análise jurídica. Com um viés analítico voltado para a base normativa que determina os procedimentos e rotinas que conformam a ação governamental, a abordagem permite ao pesquisador "compreender o papel do componente jurídico na concepção, implementação e funcionamento dos arranjos institucionais que organizam a ação governamental em função de objetivos politicamente determinados" (RUIZ; BUCCI, 2019, p. 1.145).

A DPP toma como ponto de partida de análise o conceito de arranjos jurídico-institucionais, entendidos como a institucionalidade jurídica peculiar da política pública, seu conjunto ou estrutura normativa – no mais das vezes formal, mas também informal. Os arranjos jurídico-institucionais são compostos pelas normas e processos que definem e classificam os elementos estruturantes da política pública, bem como delimitam responsabilidades, funções e competências de entes e agentes públicos e privados, atribuem consequências e punições, criam incentivos, indicam outras fontes normativas e sistematizam a vigência simultânea das normas referentes àquela política. Por isso, a noção de arranjos jurídico-institucionais traz a "possibilidade de discussão crítica 'interna' às políticas públicas, em oposição aos juízos e interpretações 'externas' usualmente feitos por juristas ao analisar a legalidade ou constitucionalidade de tais políticas" (BUCCI; COUTINHO, 2017, p. 324).

Bucci e Coutinho (2017, p. 317-318) organizaram a abordagem em torno de três principais premissas teóricas e metodológicas.

Primeiramente, além de dar forma e orientação às políticas públicas, o direito também é delas constitutivo e central em seu funcionamento, avaliação, aperfeiçoamento e substituição. O direito pode assumir, assim, diversos papéis nas políticas públicas: a) determinar normativamente os objetivos a serem perseguidos; b) apontar, mesmo que de forma ampla, os instrumentos a serem utilizados para alcançá-los; c) criar canais de participação social e legitimação democrática; e d) estruturar arranjos institucionais voltados à coordenação de processos e à atribuição de tarefas e responsabilidades aos agentes em tais políticas envolvidos. Reconhece, nesses termos, que o direito desempenha um papel importante na análise de programas governamentais, juntamente com outros campos do saber, e esse papel não se limita à apreciação dos seus aspectos formais.

Em segundo lugar, o conjunto de normas que compõem o programa de ação governamental devidamente estruturado – os arranjos institucionais – é objeto especial de observação e análise, na medida em que documenta, formalmente, segundo categorias bem estabelecidas no sistema legal (ato administrativo, competências, contratos, vinculação orçamentária etc.), as escolhas políticas e decisões do gestor político ou executor administrativo da política pública.

Finalmente, o direito pode cumprir um papel de aperfeiçoar políticas públicas e seus arranjos institucionais, torná-las mais eficazes (para atingir resultados em menor tempo, com menor custo e mais qualidade), legítimas (fomentando a participação dos atores sociais implicados) e efetivas (realizando os objetivos legais e os direitos constitucionais que as embasam).

A DPP tem uma vocação aplicada, voltada à tradução do instrumentalismo em proposições juridicamente bem formuladas e adequadamente fundamentadas, com aptidão para a análise de problemas concretos e contribuição para as soluções. "Seu propósito é colaborar com a construção institucional do Estado brasileiro, na perspectiva democrática e da realização dos direitos fundamentais" (BUCCI, 2019, p. 816).

A análise dos programas governamentais sob o ponto de vista jurídico não exaure ou conflita com os métodos de outros campos do saber. Pelo contrário, políticas adequadamente concebidas, implementadas e avaliadas do ponto de vista jurídico podem ser vistas como condição de efetividade dos direitos que procuram realizar ou materializar (COUTINHO, 2013).

4.3 Processo de implementação do Sinaes

Faria (2012) aponta que, tradicionalmente, a implementação das políticas públicas era entendida como momento de aplicação dos preceitos e instrumentos estabelecidos na fase de formulação. Não haveria grandes questões analíticas a serem abordadas, uma vez que as decisões políticas já teriam sido devidamente discutidas nos momentos anteriores. A atenção dos agentes era centrada, assim, na análise dos resultados finais do programa implementado. Os mecanismos de monitoramento enfatizavam a gestão, a adequação dos instrumentos previstos na implementação aos objetivos da política estabelecidos nas fases antecedentes.

No entanto, à medida que os estudos sobre avaliação das políticas públicas foram se aprofundando, verificou-se que a concepção de implementação como mera concretização dos ideais, objetivos e princípios de uma dada política pública seria muito simplista e que essa fase do ciclo deveria ser "vista como particularmente complexa e problemática, demandando atenção sistemática não apenas dos gestores públicos, mas também dos analistas acadêmicos" (FARIA, 2012, p. 8).

A implementação passou a ser encarada como fase crucial para o sucesso de uma política pública e compreendeu-se que seu desenvolvimento envolveria também processos decisórios importantes para a moldagem instrumental daquele programa. Foi superada a ideia artificial de separação entre política e gestão, de implementação como um processo técnico, de clara separação entre a decisão e sua operacionalização.

O momento de implementação desempenha, nessa perspectiva, também um papel criador, que abarca a construção do arcabouço normativo que vai moldar os arranjos institucionais da política, a modelagem final dos seus instrumentos, a capacidade de gestão e planejamento das burocracias administrativas, a garantia orçamentária para a execução daquele programa, entre outros elementos, e todos esses processos envolvem tomadas de decisão complexas, que têm o potencial de reordenar os desenhos inicialmente pensados para serem executados.

Segundo Silva e Melo (2000), os estudos de implementação de políticas devem observar três dimensões: a discrepância entre o que foi planejado, ou seja, a formulação da política, e o formato final por ela adquirido após o processo de implementação; as alterações institucionais decorrentes do processo de implementação ao longo do tempo; e as condições que possibilitam ou dificultam o processo de implementação.

A implementação como processo constitutivo das políticas públicas é um aspecto-chave da abordagem DPP. A consecução dos objetivos determinados para um programa de ação governamental depende da correta concepção, implementação e funcionamento dos seus arranjos institucionais. Nesse sentido, mostra-se essencial uma análise atenta e cuidadosa das "normas infralegais, como os decretos, as portarias e os regulamentos, em razão do seu papel no preenchimento dos procedimentos e rotinas que definem, na ponta do processo, o funcionamento último das disposições mais abstratas dos comandos constitucionais e legais" (BUCCI; COUTINHO, 2016, p. 316). A adequada construção desse arcabouço normativo que materializa a política das normas de cunho regulamentar é essencial para que o programa seja apto a atingir os objetivos para ele delineados.

O processo de implementação de uma política do porte do Sinaes envolve um alto grau de complexidade, tendo em vista a sua abrangência, as expectativas em torno dela e a sua capacidade de influir no funcionamento e gestão das IES. A forma como essa política – que tem um destacado efeito regulatório – é absorvida pelas instituições e o modo como as suas diretrizes, orientações e instrumentos são postos em prática determinam o nível de qualidade dos resultados e mesmo a eficácia dos efeitos planejados (RIBEIRO, 2009).

Aprovada a Lei nº 10.861, de 2004, e definidos os objetivos e perfil do sistema de avaliação, ainda que com um caráter híbrido, conforme destacado no capítulo anterior, deu-se início ao processo de implementação do Sinaes.

A operacionalização de um novo sistema de avaliação não foi simples nem célere. Ao final do primeiro triênio após a publicação da lei, apenas o Enade já tinha sido aplicado. Não havia ainda modelos e instrumentos para a avaliação dos cursos e instituições. Esse período foi marcado por movimentos preparatórios e organizativos, como a formação das Comissões Próprias de Avaliação (CPA), a criação do Banco de Avaliadores do Sinaes (BASis) e a formulação dos instrumentos de avaliação de cursos e de instituições.

O Sinaes buscou conjugar os modelos de avaliação de caráter educativo/formativo, que têm por finalidade radiografar o funcionamento da IES, apontar seus pontos fortes e fracos, e permitir, assim, o aprimoramento contínuo e de caráter regulatório/somativo, que tem por objetivo verificar as condições de funcionamento da IES e exigir um padrão mínimo de qualidade para a sua permanência no Sistema. A junção dessas duas concepções, que não são excludentes entre si, mostrou-se, no entanto, desafiadora (RIBEIRO, 2009). Os primeiros movimentos de desenho jurídico-institucional da política denotam uma tensão no âmbito das diversas instâncias governamentais envolvidas em torno da concepção de avaliação que deveria prevalecer no Sinaes, notadamente em relação ao caráter formativo ou somativo, reproduzida no papel/importância da autoavaliação e na relação entre a avaliação e a regulação.

À medida que a lei foi sendo regulamentada pelos atos normativos do Poder Executivo, os contornos regulatórios se sobressaíram, e o processo avaliativo assumiu um caráter mais quantitativo que qualitativo, privilegiando as técnicas da econometria em detrimento de uma avaliação mais participativa por parte da sociedade civil e das IES (RIBEIRO, 2009).

O Ministério da Educação editou a Portaria MEC nº 2.051, de 9 de julho de 2004 (BRASIL, 2004), que regulamenta os procedimentos de avaliação do Sinaes. A Portaria detalha conceitos, competências e procedimentos constantes na lei, notadamente as atribuições da Conaes e do Inep e as fases da avaliação institucional (com a divisão entre avaliação interna e externa), da avaliação dos cursos e da avaliação de desempenho dos estudantes.

No tocante à articulação entre avaliação e regulação, a Portaria reproduziu os ditames legais e previu que os processos avaliativos do Sinaes subsidiariam o processo de credenciamento e renovação de credenciamento de instituições, e a autorização, reconhecimento e renovação de reconhecimento de cursos de graduação.

A escala de conceitos a cada um dos conjuntos de dimensões da avaliação foi assim definida: faixas 4 e 5, indicativas de pontos fortes; faixas 1 e 2, indicativas de pontos fracos; e a faixa 3, indicativa do mínimo aceitável para os processos regulatórios.

A Portaria estabeleceu que a avaliação de instituições, de cursos e de desempenho de estudantes seria executada conforme diretrizes estabelecidas pela Conaes. No exercício dessas competências, foram publicados, ainda em 2004, os primeiros documentos oficiais de implementação do novo sistema: as *Diretrizes para a avaliação das instituições de educação superior* e o *Roteiro de auto-avaliação institucional*.

A avaliação de cursos e de estudantes passava por um processo de remodelagem, mas partia de duas experiências existentes: a

Avaliação das Condições de Ensino e o Provão. Havia, portanto, um ponto de partida, um acúmulo em torno desses processos. A Conaes inaugurou então a implementação do Sinaes pelas diretrizes para a avaliação institucional, que partia praticamente do zero. Recomendou-se, assim, de início, a instalação das CPA pelas instituições, de forma a possibilitar o início do ciclo avaliativo.

No tocante ao modelo de avaliação constante nesses documentos, segundo Rothen (2006) a Conaes buscou retomar a ideia de avaliação emancipatória gestada pela CEA e relativizada (ou deturpada) no processo de elaboração da lei.

O documento intitulado "*Diretrizes para a avaliação das instituições de educação superior* (CONAES, 2004) sistematiza a concepção, os princípios e as dimensões da avaliação postulados pelo Sinaes e define as diretrizes para a sua implementação. De acordo com a Conaes, as características fundamentais do novo sistema seriam: a) avaliação institucional como centro do processo avaliativo; b) integração de diversos instrumentos com base em uma concepção global; e c) respeito à identidade e à diversidade institucionais. Destacou que sua finalidade seria construtiva e formativa.

No tópico destinado às concepções de avaliação do Sinaes, são expostas as ideias de:
    a) avaliação como instrumento de política educacional: o processo avaliativo coloca à disposição do Estado, da sociedade e de cada beneficiário elementos relevantes para a formulação e implementação de políticas públicas e para a tomada de decisão;
    b) participação: exigência ética que convoca todos os membros da comunidade acadêmica de educação superior, das instâncias institucionais, de setores governamentais ou da sociedade a se envolverem nas ações avaliativas, respeitados os papéis e as competências científicas, profissionais, formais, políticas, administrativas e éticas das distintas categorias.

A concepção de avaliação que recebe mais destaque, no entanto, é a distinção entre avaliação e regulação, um dos pontos mais controversos entre a ideia inicial e a versão final da Lei do Sinaes. A regulação compreenderia o processo documental e a verificação *in loco*, por especialistas selecionados, das condições acadêmicas existentes com vistas ao credenciamento e recredenciamento de IES, à autorização e reconhecimento de cursos. Desse modo, o poder público garantiria à sociedade a qualidade de uma instituição ou curso. A avaliação institucional, diferentemente, seria entendida como um processo desenvolvido por membros internos e externos de dada comunidade acadêmica, visando promover a qualidade acadêmica das instituições em todos os seus níveis, nos termos da sua missão própria. A avaliação teria, assim, objetivo central diverso: promover a realização autônoma do projeto institucional, de modo a garantir a qualidade acadêmica no ensino, na pesquisa, na extensão, na gestão e no cumprimento de sua pertinência e responsabilidade social.

O documento ressalta, assim, que "a avaliação não é um fim em si, mas um dos instrumentos de que dispõe o poder público e a sociedade para dimensionar a qualidade e a relevância das IES em consonância com sua missão acadêmica e social" (BRASIL, 2004, p. 3). Como forma de sistematizar o processo de articulação entre a regulação e a avaliação, a Conaes o dividiu em três momentos:

> (1) o da regulação, enquanto atributo próprio do Poder Público, que precede ao processo de avaliação nas etapas iniciais da autorização e do credenciamento dos cursos;
> (2) o do processo de avaliação que se realiza autonomamente pela instituição, de forma integrada e segundo suas diferentes modalidades; e
> (3) o da regulação novamente, uma vez concluída a avaliação (após emissão de Pareceres da CONAES), quando são aplicados os efeitos regulatórios – previstos em lei – decorrentes da avaliação (BRASIL, 2004, p. 4).

As diretrizes propriamente ditas do Sinaes são, por fim, assim elencadas: a) comparar o projeto da IES e a sua realidade institucional, ou seja, melhorar a qualidade acadêmica significa, no contexto de cada instituição, diminuir a distância entre ambos; b) construir uma proposta de autoavaliação voltada para a globalidade da instituição, buscando dimensionar a relação entre o projeto institucional e sua prática para reformulá-lo no planejamento e nas ações futuras da instituição; e c) elaborar uma metodologia que organize as atividades dos diferentes atores envolvidos no processo avaliativo, buscando a construção de um sistema integrado. Pode-se afirmar que as diretrizes são centradas no "segundo momento" do processo regulatório/avaliativo, ou seja, não fazem referência ou correlação direta com a regulação e reforçam a concepção da autoavaliação como o principal momento da avaliação.

O *Roteiro da auto-avaliação institucional* (CONAES, 2004b) foi destinado às Comissões Próprias de Avaliação (CPAs) e à comunidade acadêmica das IES que estariam envolvidas a partir de 1º de setembro de 2004 no processo de avaliação institucional do Sinaes. O documento expõe orientações e sugestões para o roteiro de avaliação interna e segue a mesma linha teórica das *Diretrizes para a avaliação das instituições de educação superior*.

O chamado ciclo avaliativo poderia ter início, estabelecidas as premissas da primeira etapa – a autoavaliação institucional da qual derivaria um relatório elaborado por cada Comissão Própria de Avaliação (CPA) e que seria seguida pela avaliação institucional externa, por meio da visita de avaliadores institucionais.

Barreyro e Rothen (2014) analisaram diversos estudos sobre a instalação das CPAs pelas instituições e relataram que as comissões foram efetivamente constituídas, mas que apenas cumpriam burocraticamente a legislação, produzindo relatórios para o Inep, conforme as orientações do Sinaes. Esses relatórios eram descritivos, incorporando documentos e informações, mas não conseguiam realizar análises críticas da instituição – um dos objetivos centrais da autoavaliação. Ou seja, as CPA foram implantadas nas IES, e os processos de autoavaliação produziram relatórios com graus diversos de aprofundamento, mas, na maioria dos casos, o trabalho teria consistido apenas no processo burocrático de elaboração de um documento para ser enviado ao Inep.

Em 2006, foi publicado o documento *Avaliação externa de instituições de educação superior: diretrizes e instrumento* (CONAES, 2006), de acordo com as dimensões definidas no *Roteiro de auto-avaliação das instituições* e com as *Diretrizes para a avaliação das instituições de educação superior*, com o objetivo de complementar a ação avaliativa iniciada em 2005 e inaugurar "a mais importante etapa do processo de implementação do Sinaes" (CONAES, 2006, p. 7).

> Com o término progressivo do primeiro ciclo da auto-avaliação institucional, o novo instrumento define a concepção, a metodologia,

os indicadores e os critérios para as Comissões de Avaliação Externa lançarem seu olhar sobre a auto-reflexão crítica produzida pelas Comissões Próprias de Avaliação. Inicia-se assim a segunda etapa deste que é o ciclo mais longo e abrangente da avaliação das instituições e que está no centro do Sistema Nacional de Avaliação da Educação Superior (CONAES, 2006, p. 7).

A Conaes destaca que a avaliação é fundamentada numa concepção formativa e deve adotar procedimentos metodológicos que respeitem a história e a cultura da instituição, as características do entorno e as suas formas de inserção regional e/ou nacional, a sua identidade e complexidade, e a participação dos diversos atores no processo de avaliação dos cursos e da instituição.

A distinção entre avaliação e regulação é mais uma vez exposta, no sentido de que a avaliação formativa deve "privilegiar a condição diagnóstica e reflexiva, identificando aspectos, procedimentos e processos que podem e/ou devem ser aperfeiçoados na instituição, assim como seus pontos de excelência acadêmica". A avaliação, segundo a Conaes, produz "recomendações, gera proposições e projetos de ação, apresenta alterações a serem feitas nos programas desenvolvidos, indica onde e como as metas e os objetivos dos diversos atores e unidades da instituição podem ser revertidos em aspectos alinhados à sua missão" (CONAES, 2006, p. 13).

Nas diretrizes para avaliação externa das IES, é definido que o núcleo da avaliação externa se constitui de bases de informações quantitativas e qualitativas. As bases quantitativas seriam constituídas por informações fornecidas pelas instituições, referentes às dimensões de infraestrutura material e física e recursos humanos (docentes, discentes e corpo técnico-administrativo), e por dados e informações do Cadastro e do Censo da Educação Superior, assim como das avaliações anteriormente realizadas pelo MEC. As bases qualitativas seriam estruturadas a partir da análise do referencial quantitativo e da comparação, em diferentes níveis de observação, entre o que a IES se propõe a cumprir e a sua capacidade para tal, com o objetivo de captar os movimentos institucionais na direção das referências de qualidade estabelecidas nas 10 dimensões do Sinaes.

Foi estabelecida uma lógica de pontuação de indicadores segundo uma referência preestabelecida, de forma a reduzir a subjetividade do avaliador e estabelecer padrões de avaliação. A atribuição do conceito final da avaliação externa para as IES seria o resultado dos conceitos atribuídos às dimensões, determinado pela média ponderada das médias aritméticas de cada uma das 10 dimensões constantes no instrumento.

Para Rothen (2006), o documento *Avaliação externa de instituições de educação superior: diretrizes e instrumento* demonstra uma indefinição no governo sobre o papel da avaliação. A proposta de avaliação externa não reproduzia as *Diretrizes para a avaliação das instituições de educação superior*; pelo contrário, representava um retorno à dinâmica da avaliação do governo anterior, na medida em que instituiu um conjunto de indicadores preestabelecidos que permitiriam a elaboração de um conceito final. Destaca também que os autores do documento, "diante das dificuldades que acarretaria ter a regulação baseada na autoavaliação, preferiram ignorar os documentos anteriores" (ROTHEN, 2006, p. 133).

Paralelamente ao processo gradual de implementação da avaliação institucional, o Enade teve sua primeira edição já em 2004. O exame foi aplicado em larga escala aos alunos concluintes, mas, ao contrário do que até então ocorria com o Provão, foi aplicado também aos alunos ingressantes, de forma a tentar mensurar efetivamente o que o curso agregava de valor à formação do aluno.

Uma etapa marcante no processo de implementação do Sinaes foi a publicação do Decreto nº 5.773, de 9 de maio de 2006 (BRASIL, 2006), que estruturou a ação do poder público no sistema federal de ensino em torno de um tripé de funções: regulação, avaliação e supervisão.

Até a vigência do novo sistema, a avaliação não guardava correspondência direta com os processos regulatórios. O MEC dava prosseguimento aos atos autorizativos de instituições e cursos com base em análises meramente documentais, e resultados insatisfatórios no Provão ou na Avaliação das Condições de Ensino não ensejavam consequências regulatórias. Segundo Bucci (2009), esse foi um dos principais expedientes de expansão da educação superior no período entre 1997 e 2002, por meio do credenciamento de novas unidades, na condição de câmpus fora de sede, de instituições já em funcionamento, muitas delas notoriamente distantes de padrão satisfatório de qualidade.

A concepção por trás desse arranjo era de que a indicação prévia de qualidade não devia ser tratada como problema do Poder Público, mas competia ao mercado. Sustentava-se que, com a realização do Provão, haveria informação suficiente para os alunos, que, sendo "maiores e vacinados", fariam livremente suas escolhas. Não era o que ocorria, contudo. Dado o valor intrínseco do diploma de formação superior em nossa cultura, os maus cursos mantiveram sua clientela, pautando-se a escolha pelas possibilidades econômicas e não pelos indicadores de qualidade (BUCCI, 2009, p. 13).

A Lei do Sinaes previu que os resultados da avaliação constituiriam referencial básico dos processos de regulação e supervisão da educação superior. O Decreto nº 5.773, de 2006, por seu turno, estabeleceu os mecanismos de conexão entre as funções de regulação, avaliação e supervisão, tendo a avaliação como o referencial de atuação do poder público. A partir de então, a renovação de qualquer ato autorizativo, seja de instituição (recredenciamento) ou de curso (renovação de reconhecimento), passou a ser condicionada à respectiva avaliação positiva. Foi ainda disciplinada a função de supervisão: resultados insuficientes na avaliação passaram a ensejar a abertura de processos de supervisão que poderiam resultar na aplicação de penalidades.

O referido Decreto foi um importante paradigma na consolidação do Sinaes ao instituir as consequências regulatórias a partir dos resultados do processo de avaliação e por definir os procedimentos de supervisão, detalhando a função fiscalizatória do Estado. Bucci (2013) esclarece que a ideia da reforma regulatória educacional foi disciplinar o funcionamento de instituições e cursos, tornando efetiva a exigência do requisito de qualidade prevista constitucionalmente e até então não devidamente alcançada, mas, no tocante à avaliação em si, o Decreto não aprofundou na sua concepção ou procedimentos, ou estratégias e instrumentos de indução de sua melhoria.

Esse aparente foco da avaliação na regulação foi objeto de críticas, no sentido de que a avaliação, ao invés de ser encarada como "referencial básico" aos processos regulatórios, estaria se tornando "determinante" aos mesmos, criando uma equivalência entre avaliação e regulação, ou entre avaliação e controle, sem um fomento à avaliação de qualidade preconizada pela LDB (FERNANDES,

2010 apud BARREYRO; ROTHEN, 2014). Bucci, por outro lado, defende que a ênfase na autoavaliação defendida ferrenhamente pelos idealizadores do Sinaes "obscurecia percepção da carência de mecanismos processuais necessários para extrair efeitos públicos das avaliações insatisfatórias" (BUCCI, 2013, p. 706).

Uma vez que já estavam estabelecidas as diretrizes, instrumentos e efeitos regulatórios, o primeiro ciclo avaliativo do Sinaes foi instaurado pela Portaria Normativa MEC nº 1, de 10 de janeiro de 2007 (BRASIL, 2007).

Em 12 de dezembro de 2007, foi publicada a Portaria Normativa MEC nº 40 (BRASIL, 2007), que instituiu o e-MEC como sistema eletrônico de fluxo de trabalho e gerenciamento de informações relativas aos processos de regulação, avaliação e supervisão da educação superior no sistema federal de educação. A Portaria estabeleceu também a operacionalização do cadastro e-MEC de instituições e cursos superiores e o Banco de Avaliadores do Sinaes (BASis).

A Portaria Normativa teve como grande inovação a instituição do sistema eletrônico para a tramitação dos processos regulatórios, e o detalhamento dos fluxos processuais relativos a cada um deles. A Portaria também representou a semente da criação dos indicadores de qualidade, como será detalhado adiante.

4.3.1 Construção dos indicadores

Após a primazia dos efeitos regulatórios conferidos à avaliação nas regulamentações posteriores à publicação da lei, a tensão em torno da concepção de avaliação do Sinaes escalou novamente com o processo de criação dos indicadores de qualidade.

A ideia de criação de um indicador oficial de qualidade remete à primeira proposta do governo após a conclusão dos trabalhos da CEA, que consta no documento *Sistema Nacional de Avaliação e Progresso da Educação Superior: uma nova sistemática de avaliação do ensino superior brasileiro* (BRASIL, 2003). Nesse documento, foi proposta a criação do chamado Índice do Desenvolvimento do Ensino Superior (Ides) para verificar os padrões de eficiência e eficácia do modelo de gestão das atividades dos cursos e instituições, assim como a democratização e efetiva participação da comunidade acadêmica na definição de propósitos e na administração da instituição. A adoção desse índice representaria um "salto de qualidade na avaliação realizada até aqui" e, por isso, seria "utilizado pelo MEC em suas análises, classificações e medidas regulatórias, que incluem o credenciamento e o descredenciamento de cursos e instituições" (BRASIL, 2003, p. 6). Na tramitação da Lei do Sinaes, no entanto, essa proposta foi retirada como efeito das mudanças de gestão no Ministério durante esse processo.

Em 2008, o MEC retomou a ideia da instituição de índices resultantes de fórmulas de econometria, que, paulatinamente, foram modificando os contornos do modelo de avaliação inspirados pela CEA – de modelos mais focados na avaliação global, com equilíbrio de forças entre a avaliação externa e interna, para um modelo com foco no Enade, através da manipulação estatística dos índices (RIBEIRO, 2009). A partir de então, ficava latente a opção política pela predominância da análise quantitativa, aparentemente em detrimento da valorização da autoavaliação formativa defendida pelos idealizadores do sistema.

O primeiro elemento que desencadeou esse processo foi a previsão, na Portaria Normativa MEC nº 40, de 2007, de que, nos processos de renovação de reconhecimento de cursos, seria atribuído um conceito preliminar gerado a partir de informações lançadas por instituições ou cursos no Censo da Educação Superior, dos resultados do Enade e dos cadastros próprios do Inep.

A Portaria Normativa MEC nº 4, de 5 de agosto de 2008 (BRASIL, 2008), regulamentou a aplicação do conceito preliminar de cursos superiores, para fins dos processos de renovação de reconhecimento respectivos, no âmbito do ciclo avaliativo do Sinaes instaurado pela Portaria Normativa MEC nº 1, de 2007. Estava criado o que viria a ser conhecido como Conceito Preliminar de Curso (CPC).

Dando prosseguimento à tendência da política de avaliação com base em indicadores, foi publicada a Portaria Normativa MEC nº 12, de 5 de setembro de 2008 (BRASIL, 2008), que instituiu o Índice Geral de Cursos da Instituição de Educação Superior (IGC), a partir da consolidação das informações relativas aos cursos superiores constantes dos cadastros, censo e avaliações oficiais disponíveis no Inep e na Capes. O índice seria calculado pelas médias ponderadas dos CPC e das notas dos programas de pós-graduação das IES avaliados pela Capes.

Destaque-se que a avaliação por índices decorre da própria Lei do Sinaes, que prevê que a avaliação das instituições de educação superior e dos cursos resultará na aplicação de conceitos, ordenados em uma escala com cinco níveis, a cada uma das dimensões e ao conjunto das dimensões avaliadas.

Bertolin (2009) aponta que importantes organismos internacionais têm baseado avaliações, medições ou operacionalização do desempenho dos sistemas nacionais de educação por meio de sistemas de indicadores, dentre eles a Unesco, a Comissão Europeia e a OCDE. Esses modelos conceituais em geral têm como base estruturas sistêmicas de indicadores que consideram aspectos de: a) entrada, b) processos e c) resultados.

Segundo Rothen e Barreyro (2011), os índices simplificam realidades complexas – como a variação de preços de uma grande gama de produtos. Sua respeitabilidade e legitimidade baseiam-se no caráter técnico dos órgãos que fazem a medição – por exemplo, o Índice Nacional de Preços ao Consumidor (INPC), legitimado pelo Instituto Brasileiro de Geografia e Estatística (IBGE). "O caráter simplificador e técnico dos índices confere-lhes uma aura de inquestionáveis; socialmente, eles são tomados como efetivamente representando a realidade" (ROTHEN; BARREYRO, 2011, p. 23).

Essa metodologia tem o potencial de proporcionar ganhos organizativos e procedimentais, na medida em que sistematiza os resultados da avaliação em escalas objetivas e pode facilitar a sua utilização nos processos regulatórios e o monitoramento da evolução da qualidade a partir da análise comparativa temporal. Sob o ponto de vista do viés da avaliação adotado, no entanto, a adoção de indicadores foi objeto de muitas críticas.

Indicadores quantitativos e qualitativos são produzidos a partir de pesquisas empíricas sofisticadas, baseadas em procedimentos padronizados de construção dos instrumentos de medida, levantamento e processamento de dados. Esses índices permitem traçar um panorama dos resultados produzidos pelo sistema educacional, por intermédio da análise do desempenho alcançado por seus alunos. Fornecem informações importantes para o gerenciamento da rede e a formulação, reformulação e avaliação de políticas públicas (COTTA, 2001).

Dias Sobrinho (2008) critica a implementação dos índices na avaliação da educação superior, na medida em que a avaliação deixava de ser uma produção de significados, questionamento sobre a pertinência e a relevância científica e social da formação e dos conhecimentos, e passava a reduzir-se à medição e ao controle. Os destinatários principais dos índices seriam os órgãos do governo. Os principais conceitos seriam eficiência, competitividade e *performance*. Os objetivos mais importantes seriam controlar, hierarquizar, comparar. E essa política era instituída com pretensa neutralidade e objetividade, "como se a avaliação fosse isenta de valores e interesses, como se os números, as notas, os índices fossem a própria avaliação e pudessem dar conta da complexidade do fenômeno educativo". Mudava-se o paradigma de avaliação: "Da produção de significados e reflexão sobre os valores do conhecimento e da formação, para o controle, a seleção, a classificação em escalas numéricas" (DIAS SOBRINHO, 2008, p. 821).

Para Rothen e Barreyro (2011), a opção pela avaliação por índices enfraqueceu a face avaliadora do Sinaes. A autoavaliação, instrumento da avaliação institucional conduzido pelas CPAs, perdia peso nessa nova configuração. No tocante à avaliação de cursos, as visitas *in loco* e a *peer review*, metodologia internacionalmente aceita nos sistemas de avaliação e acreditação, foram restritas aos cursos sob supervisão. Assim, "a avaliação formativa foi 'des-induzida', ao privilegiar os resultados do Enade sobre os outros" (ROTHEN; BARREYRO, 2011, p. 33).

Polidori (2009), na mesma linha, afirma que os novos indicadores inseridos no processo avaliativo feriram de forma severa o sistema de avaliação que tinha como finalidade ser processual, formativo, emancipatório e que buscaria a melhoria da qualidade da educação superior no Brasil.

4.4 Indicadores de qualidade

Conforme apontado, a partir da publicação das Portarias Normativas MEC nº 4 e 12/2008, a avaliação da educação superior no âmbito do Sinaes passou a ser operacionalizada com base na adoção de indicadores de qualidade: o Conceito Preliminar de Curso

(CPC) e o Índice Geral de Cursos (IGC). A metodologia de cálculo desses conceitos foi construída a partir da consideração de insumos coletados das bases de dados do MEC e do Inep, e dos resultados do desempenho dos estudantes nos exames aplicados para esse fim. Serão analisados neste tópico os conceitos e objetivos desses indicadores, com base nas normas que os instituíram e nas notas técnicas do Inep que expuseram as respectivas fórmulas de cálculo.

4.4.1 Indicadores do Enade: Conceito Enade e IDD

O Exame Nacional de Avaliação dos Estudantes (Enade) – enquanto componente do Sinaes – começou a ser aplicado já em 2004. A experiência dos órgãos do MEC na aplicação de um exame de avaliação em grande escala – o Exame Nacional de Cursos (ENC) – foi aproveitada para rapidamente dar início ao Enade.

Podem ser verificadas algumas semelhanças entre o Enade e o até então existente ENC, tais como o registro da situação regular no histórico escolar do estudante, a exclusividade do acesso ao resultado individual ao próprio participante e a colheita de informações e percepções do estudante sobre o curso e a instituição.

Foram, entretanto, implementadas diversas alterações em sua concepção e formato, de forma a superar as críticas ao modelo do Provão e adequar esse novo exame aos princípios e estruturas do Sinaes.

Inicialmente em relação à nomenclatura, buscou-se deixar claro que se tratava de um exame de desempenho, que não refletiria automaticamente a avaliação do curso, ou seja, deveria ser encarado como um dos componentes da avaliação, não devendo ser tomado como indicador isolado de qualidade. Os alunos ingressantes (que até a data de inscrição tivessem concluído entre 7% a 22% da carga horária curricular mínima) passaram também a ser submetidos ao exame, juntamente com os concluintes (que tivessem concluído pelo menos 80% da carga horária curricular mínima).[19] Possibilitou-se também uma seleção amostral de

---

[19] A partir de 2011, passaram a ser considerados estudantes ingressantes todos aqueles que tivessem matrícula inicial no curso no ano do exame; e estudantes concluintes aqueles que

participantes, e não obrigatoriamente censitária, como no Provão.[20] A periodicidade do Enade passou a ser adequada ao ciclo de avaliação. Os alunos de determinado curso teriam seu desempenho avaliado a cada três anos.

Enquanto o Provão tinha por objetivo principal funcionar como um mecanismo de regulação, o Enade passaria a fornecer não só um indicador com esse fim, mas, principalmente, seria uma ferramenta de avaliação propriamente dita, através do diagnóstico de competências e habilidades adquiridas ao longo de um ciclo de três anos de escolarização superior, aliado com a visão do estudante sobre a instituição e o curso, e com seu conhecimento sobre aspectos mais gerais, não relacionados a conteúdos específicos (VERHINE; DANTAS; SOARES, 2006).

Dias Sobrinho (2010) ressalta que, apesar de guardarem semelhanças operacionais, os dois exames pertencem a paradigmas diferentes, são fundamentados em conceitos distintos, têm objetivos diferentes, requerem atos distintos de avaliação e produzem diferentes efeitos. Na sua concepção original, o Enade se propunha como "avaliação dinâmica, incorporando a noção de mudança e desenvolvimento do aluno em seu percurso formativo. Nessa perspectiva, o processo ganha proeminência sobre o resultado final isolado" (DIAS SOBRINHO, 2010, p. 213).

As provas seriam compostas por um componente de formação geral, com o objetivo de abarcar a ética, a competência e o compromisso profissionais com a sociedade em que vive; e um componente de formação específica, de acordo com o curso avaliado. As diretrizes da prova de cada área foram elaboradas por comissões assessoras, compostas por doutores ou pessoas de notório saber indicadas por entidades acadêmicas representativas, e tomaram por base as Diretrizes Curriculares Nacionais dos Cursos, aprovadas e instituídas pelo Conselho Nacional de Educação (CNE).

Passaram ainda a compor o Enade: o Questionário de Impressões sobre a Prova (hoje Questionário de Percepção de Prova),

---

tivessem matrícula no ano de conclusão do curso concomitante ao ano de realização do Enade daquela área.

[20] Em 2009, o Enade viria a se tornar censitário. Todos os estudantes ingressantes e concluintes inscritos pelas IES passaram a ser convocados para realizar o exame.

preenchido pelos participantes juntamente com a prova; o Questionário Socioeconômico (hoje chamado Questionário do Estudante), enviado aos estudantes antes do dia da prova e entregue por eles no dia do exame; e o Questionário do Coordenador do Curso, respondido *online* até quinze dias após a aplicação do Exame.

A prova tem por objetivo aferir o desempenho dos estudantes em relação aos conteúdos programáticos previstos nas diretrizes curriculares do respectivo curso de graduação, suas habilidades para ajustamento às exigências decorrentes da evolução do conhecimento e suas competências para compreender temas exteriores ao âmbito específico de sua profissão, ligados à realidade brasileira e mundial e a outras áreas do conhecimento.

O Questionário de Impressões sobre a Prova foi implantado com o objetivo de verificar como o estudante se posiciona com relação a aspectos específicos da prova (formato, tamanho, nível de dificuldade e natureza das questões) e aferir a percepção dos estudantes em relação à prova, auxiliando, também, na compreensão dos resultados dos estudantes no Enade.

A finalidade da aplicação do Questionário Socioeconômico é compor o perfil dos estudantes, integrando informações do seu contexto às suas percepções e vivências, e investigar a percepção desses estudantes diante da sua trajetória no curso e na IES por meio de questões objetivas, que exploram a função social da profissão e os aspectos fundamentais da formação profissional. Busca levantar informações que permitam caracterizar o perfil dos estudantes e o contexto de seus processos formativos, relevantes para a compreensão dos resultados dos estudantes no Enade.

O Questionário do Coordenador do Curso, por fim, tem por objetivo colher as impressões dos coordenadores de curso, tanto sobre aspectos da prova quanto sobre o projeto pedagógico e as condições gerais de ensino em seu curso.

Rothen e Barreyro (2011) destacam que as primeiras aplicações do Enade não tiveram grandes repercussões – ainda mais quando se considera o paradigma ainda recente do Provão. O Exame não produzia ainda efeitos regulatórios diretos, e a agenda governamental para a educação superior não estava fortemente direcionada para a questão da avaliação.

Antes mesmo da consolidação da política de instituição dos indicadores oficiais de qualidade, os resultados do Enade já eram operacionalizados e externados por meio de indicadores próprios: o Conceito Enade e o Indicador de Diferença entre os Desempenhos Observado e Esperado (IDD).

O Conceito Enade é calculado para cada curso, tendo como unidade de observação um curso de uma instituição, num município e numa área de avaliação. Ele representa a média ponderada da nota padronizada dos concluintes na formação geral e no componente específico. A parte referente à formação geral contribui com 25% da nota final, enquanto a referente ao componente específico contribui com 75%. É então gerada a Nota dos Concluintes no Enade do curso de graduação (NCc), que é convertida em cinco categorias (1 a 5), sendo que 1 é o resultado mais baixo e 5 é o melhor resultado possível.

Quadro 4 – Parâmetros de conversão do NCc em Conceito Enade

Conceito Enade (Faixa)	NC_c (Valor Contínuo)
1	$0 \leq NC_c < 0{,}945$
2	$0{,}945 \leq NC_c < 1{,}945$
3	$1{,}945 \leq NC_c < 2{,}945$
4	$2{,}945 \leq NC_c < 3{,}945$
5	$3{,}945 \leq NC_c \leq 5$

Fonte: DAES/INEP.[21]

As fórmulas utilizadas para o cálculo do Conceito são descritas em notas técnicas do Inep referentes a cada ano de aplicação do

---

[21] Nota Técnica nº 5/2020/CGCQES/DAES. Apresenta a metodologia utilizada no cálculo do Conceito Enade referente ao ano de 2019. Disponível em: http://portal.inep.gov.br/educacao-superior/indicadores-de-qualidade/outros-documentos.

Exame, e seu detalhamento foge do escopo do presente trabalho. O procedimento para atribuição do Conceito Enade foi assim sistematizado por Bittencourt *et al*. (2008):

Quadro 5 – Procedimento para atribuição do Conceito Enade

1. Calcula-se a média e o desvio-padrão de todos os alunos da instituição que fizeram a prova, tanto ingressantes (I) como concluintes (C), tanto na formação geral (FG) como no componente específico (CE).
2. Calcula-se o afastamento padronizado (AP) para os seguintes grupos: CE dos concluintes (CE^C) e dos ingressantes (CE^I) e FG dos ingressantes + concluintes (FG^{I+C}). O AP é um escore que normalmente varia entre -3 e +3. Ele indica quantos desvios-padrão, acima ou abaixo da média, está o curso em relação aos demais concluintes da área.
3. Transforma-se o AP que geralmente varia de -3 a +3 para uma nota no intervalo de 0 a 5. Esta nova escala é efetivamente usada para a atribuição de conceitos. Os cursos que estão abaixo de -3 e acima de +3 são considerados atípicos e não são considerados para a mudança de escala. Aqueles que estão abaixo de -3 recebem grau 0 e os que estão acima de +3 recebem grau 5.
4. Calcula-se a média geral (MG) do curso levando-se em conta as três notas – CE^C, CE^I, FG^{I+C} – com as ponderações de 60%, 15% e 25%, respectivamente.
5. Define-se o conceito de acordo com a MG: MG 0,0 a 0,9 1,0 a 1,9 2,0 a 2,9 3,0 a 3,9 4,0 a 5,0   Conceito 1 2 3 4 5

Fonte: BITTENCOURT *et al.*, 2008.

Cumpre destacar que as notas não são calculadas de acordo com o desempenho bruto dos participantes. O cálculo leva em consideração o chamado "desvio-padrão", uma medida de dispersão que representa o quanto as notas dos alunos estão dispersas em relação à média, bem como o conceito estatístico de afastamento padronizado. Esse modelo de cálculo dificulta a análise comparativa por ano, crítica que será explorada adiante.

O IDD, por seu turno, foi criado em 2005 para captar o valor agregado do curso, ou seja, verificar o quanto de conhecimento o curso forneceu aos seus alunos e mensurar a sua efetiva contribuição para o desenvolvimento de competências, habilidades e conhecimento dos estudantes. Buscava-se superar o argumento –

geralmente defendido pelo setor privado da educação superior, desde o Provão – de que algumas instituições têm bom desempenho na prova por receberem bons alunos.

Esse índice retrata a diferença entre o desempenho médio do concluinte de um curso e o desempenho médio estimado para os concluintes desse mesmo curso e representa quanto cada curso se destaca da média. Para calcular o desempenho estimado, são considerados o desempenho dos ingressantes, o nível de instrução de seus pais e o grau de seletividade do curso (medido através da relação ingressantes/concluintes), por meio de análise de regressão linear. O modelo linear considera também uma constante que representa o incremento médio dos concluintes em relação aos ingressantes no curso.

Posteriormente, o IDD passou a considerar a nota do estudante no Exame Nacional do Ensino Médio (Enem) como ponto de partida em substituição ao desempenho no Enade como ingressante. Essa medida é controversa, pois se propõe a realizar uma comparação de desempenhos a partir de exames com características e objetivos diversos.

O curso pode ficar acima ou abaixo do que seria esperado para ele, baseando-se no perfil de seus estudantes. A partir do cálculo desse indicador, cursos nos quais o desempenho dos ingressantes seja próximo ao dos concluintes têm uma má avaliação, ao passo que são bem avaliados aqueles em que o desempenho dos concluintes é superior ao dos ingressantes (ROTHEN; BARREYRO, 2011).

Segundo Bittencourt *et al.* (2008), o IDD foi a maior inovação do atual sistema em relação ao antecessor Provão, na medida em que seria um indicador mais justo do que o conceito Enade, pois leva em conta o perfil dos candidatos, promovendo, assim, uma comparação entre indivíduos supostamente nivelados quanto às condições de entrada.

O IDD é calculado e divulgado para cada curso de graduação avaliado. Hoje em dia, o cálculo do indicador leva em consideração o número de estudantes concluintes participantes do Enade com resultados válidos, o desempenho geral dos estudantes participantes no Enade, o desempenho dos estudantes no Enem nas respectivas áreas de avaliação e o número de participantes no Enade com nota do Enem recuperada para o cálculo do IDD. O indicador tem seus resultados divididos em faixas de 1 a 5, e suas fórmulas de cálculo estão disponíveis no sítio eletrônico do Inep.[22]

4.4.2 Conceito Preliminar de Curso (CPC)

Conforme visto anteriormente, a Portaria Normativa MEC nº 4, de 2008, regulamentou a aplicação do CPC para fins dos processos de renovação de reconhecimento respectivos no âmbito do ciclo avaliativo do Sinaes instaurado pela Portaria Normativa MEC nº 1, de 2007.

A Portaria previu que, nos casos em que esse conceito preliminar fosse satisfatório, a avaliação *in loco* poderia ser dispensada, conforme os critérios a serem definidos pela Conaes. A ideia era simplificar os procedimentos, na medida em que tornava facultativa a avaliação *in loco* para os cursos bem avaliados, o que, por um lado, premiaria as boas instituições e, por outro, desoneraria os órgãos do MEC de visitas de prioridade secundária, permitindo o direcionamento dos meios administrativos para o acompanhamento dos cursos com conceitos insatisfatórios (BUCCI, 2009).

A Portaria Normativa nº 4, de 2008, no entanto, limitou-se a prever que o Inep divulgaria os conceitos preliminares de cursos a cada ano, segundo as áreas avaliadas pelo Enade. Não foram especificados os insumos que comporiam o cálculo do indicador.

Os cursos que tivessem obtido conceito preliminar satisfatório – igual ou superior a 3 – ficariam dispensados de avaliação *in loco* nos processos de renovação de reconhecimento respectivos. Manteve-se a obrigatoriedade da visita apenas aos cursos com conceito preliminar inferior a 3.

A criação do CPC partiu da necessidade de reduzir o número de visitas *in loco* pelas comissões de especialistas, considerando o grande número de cursos a serem avaliados, a demanda represada de avaliações e as restrições de pessoal da estrutura do MEC. Apesar de ser apresentado pelo Inep como um indicador de qualidade que avalia os cursos de graduação, o indicador foi formulado a partir

---

[22] http://portal.inep.gov.br/web/guest/documentos-e-legislacao12.

de uma perspectiva funcional específica para possibilitar maior eficiência na gestão pública, otimizar recursos.

Para a gestão pública, que tem que lidar com a escassez de recursos e com uma considerável demanda represada de visitas, faz sentido, sob o ponto de vista da eficiência, focar nos cursos que apresentam indícios de qualidade abaixo do padrão exigido. Essa medida é, no entanto, passível de críticas quando analisada sob outros prismas.

Inicialmente, tal dispensa de avaliação externa estabelecida por portaria abre espaço para questionamentos, tendo em vista que a Lei do Sinaes estipula expressamente que a "avaliação dos cursos de graduação utilizará procedimentos e instrumentos diversificados, dentre os quais *obrigatoriamente as visitas por comissões de especialistas* das respectivas áreas de conhecimento" (BRASIL, 2004, art. 4º, §1º, grifo nosso). A lei não prevê exceções, e uma norma de hierarquia inferior relativizou uma etapa avaliativa obrigatória nela prevista, potencialmente extrapolando o seu papel regulamentar.

Sob o prisma da avaliação de qualidade, ficou demonstrado o foco do MEC na conformidade, na garantia de um padrão mínimo, na avaliação quase que exclusivamente para fins regulatórios. Uma vez que o objetivo era diminuir o número de cursos a receberem avaliação externa *in loco* e, assim, acelerar o processo de reconhecimento de cursos, perdiam espaço a avaliação formativa e o rigor regulatório (ROTHEN; BARREYRO, 2011). O Sinaes parecia se afastar do objetivo da melhoria da qualidade.

Barreyro e Rothen (2014, p. 70) criticam ainda a instituição do CPC por portaria, visto que dava a aparência de se tratar "apenas de uma questão operacional decorrente da implementação do Sinaes, e não uma mudança central que retoma velhas concepções e discussões sobre os modelos de avaliação da educação superior no país".

O cálculo e divulgação do CPC ocorrem no ano seguinte ao da realização do Enade e levam em consideração: a) o desempenho dos estudantes, mensurado a partir das notas dos estudantes concluintes no Enade (Conceito Enade); b) o valor agregado pelo processo formativo oferecido pelo curso, mensurado a partir dos valores do IDD; c) o corpo docente, baseado em informações obtidas a partir do Censo da Educação Superior, referente ao ano de aplicação do Enade, sobre a titulação (proporção de mestres e proporção de doutores) e o regime de trabalho dos docentes vinculados aos cursos avaliados (regime parcial ou integral); e d) a percepção discente sobre as condições do processo formativo, obtida por meio do levantamento de informações relativas à organização didático-pedagógica, à infraestrutura e instalações físicas e às oportunidades de ampliação da formação acadêmica e profissional, a partir das respostas obtidas com a aplicação do Questionário do Estudante.

As fórmulas de cálculo do indicador são detalhadas em notas técnicas referentes a cada ano, disponíveis no sítio eletrônico do Inep.[23] A Nota Técnica nº 58/2020/CGCQES/DAES, que apresenta a metodologia de cálculo do CPC referente ao ano de 2019, assim sistematiza a composição do indicador e os pesos das suas dimensões e componentes:

Quadro 6 – Composição do CPC e pesos das suas dimensões e componentes

DIMENSÃO	COMPONENTES	PESOS	
Desempenho dos Estudantes	Nota dos Concluintes no Enade (NC)	20,0%	
Valor agregado pelo processo formativo oferecido pelo curso	Nota do Indicador de Diferença entre os Desempenhos Observado e Esperado (NIDD)	35,0%	
Corpo Docente	Nota de Proporção de Mestres (NM)	7,5%	30,0%
	Nota de Proporção de Doutores (ND)	15,0%	
	Nota de Regime de Trabalho (NR)	7,5%	
Percepção Discente sobre as Condições do Processo Formativo	Nota referente à organização didático-pedagógica (NO)	7,5%	15,0%
	Nota referente à infraestrutura e Instalações Físicas (NF)	5,0%	
	Nota referente às oportunidades de ampliação da formação acadêmica e profissional (NA)	2,5%	

Fonte: DAES/INEP.

A escolha das dimensões, componentes e respectivos pesos atribuídos permite perceber a proeminência do Enade no cálculo do indicador. O Conceito Enade e o IDD garantem que 55% do CPC terão relação direta com o desempenho dos estudantes do curso. Além disso, as informações relativas à organização didático-pedagógica, infraestrutura e instalações físicas e às oportunidades de ampliação da formação acadêmica e profissional são obtidas a partir do Questionário do Estudante no Enade e representam 15% do CPC. O Enade é responsável, assim, por 70% do CPC.

---

[23] http://portal.inep.gov.br/educacao-superior/indicadores-de-qualidade/outros-documentos

Os insumos alheios ao Enade, referentes ao corpo docente, com informações obtidas do Censo da Educação Superior, respondem por apenas 30% do indicador.

Para além da política baseada em indicadores de qualidade em si, a forma de cálculo desses indicadores também foi objeto de muitas críticas. O peso atribuído ao Enade na nota do CPC – que reflete no IGC, como será visto – rememorou as discussões sobre a problemática do Provão, que funcionava praticamente como único parâmetro de qualidade. Questionável também pelo formato que não acarreta consequências aos estudantes, o que relativiza o compromisso dos mesmos na realização do exame. A ideia de sistema de avaliação polissêmica e multidimensional passou a ser relativizada.

Polidori (2009) aponta uma distorção na composição desse indicador. O Sinaes é composto por três pilares: a avaliação institucional, a avaliação de cursos e a avaliação de estudantes. À proporção que apenas um desses três pilares passa a ser o único elemento definidor de qualidade de um curso ou de uma IES, haveria uma transgressão do sistema atual de avaliação.

Para Dias Sobrinho, nesse modelo de cálculo toda a responsabilidade cabe ao estudante. A qualidade final depende do seu desempenho no exame e de sua opinião no questionário, independentemente da área profissional e de estudos, dos compromissos e idiossincrasias, da capacidade de discernimento e de tantas outras variáveis que dificilmente podem avaliar essa metodologia como adequada e suficiente para determinar com precisão, rigor e justiça as escalas de qualidade de uma instituição ou de um curso. "Não há teoria educacional que sustente que o desempenho de um estudante numa prova seja plena garantia de aprendizagem, nem de que o resultado de um conjunto de estudantes num exame seja igual à qualidade de um curso" (DIAS SOBRINHO, 2008, p. 822).

4.4.3 Índice Geral de Cursos (IGC)

O Índice Geral de Cursos (IGC) foi instituído pela Portaria Normativa MEC nº 12, de 2008, como um indicador que consolida informações relativas aos cursos superiores constantes dos cadastros, censo e avaliações oficiais disponíveis no Inep e na Capes.

É um indicador de qualidade que avalia as instituições de educação superior a partir da qualidade de todos os seus cursos de graduação, mestrado e doutorado. Seu cálculo é realizado anualmente e leva em conta: a) as notas contínuas dos Conceitos Preliminares de Curso do último triênio, relativos aos cursos avaliados da instituição, ponderada pelo número de matrículas em cada um dos cursos computados; b) o número de matrículas nos cursos de graduação (estudantes cursando ou formandos no ano de referência do CPC), conforme base de dados oficial do Censo da Educação Superior; c) os conceitos dos cursos de mestrado e doutorado atribuídos pela Capes na última avaliação divulgada oficialmente para os programas de pós-graduação reconhecidos, incluindo a avaliação dos novos programas recomendados para o ano de referência do IGC, conforme base de dados oficial encaminhada pela Capes ao Inep; e d) o número de matrículas nos cursos de mestrado e doutorado, conforme base de dados oficial encaminhada pela Capes ao Inep.

Como o IGC considera o CPC dos cursos avaliados no ano do cálculo e nos dois anos anteriores, sua divulgação refere-se sempre a um triênio, compreendendo todas as áreas avaliadas previstas no Ciclo Avaliativo do Enade.

Compõem o cálculo do indicador: a chamada nota média da graduação da IES (média das notas contínuas dos CPC, considerando o CPC válido mais recente para cada curso, ponderada pela quantidade de matrículas nos respectivos cursos de graduação); a nota média de mestrado da IES (nota de mestrado estabelecida com base no Conceito de Mestrado atribuído pela Capes); nota média de doutorado da IES (nota de doutorado estabelecida com base no Conceito de Doutorado atribuído pela Capes); e o número de mestrandos e doutorandos em termos de graduandos equivalentes (peso atribuído a cada matrícula da pós-graduação tomando em consideração os conceitos dos cursos de mestrado e doutorado). As fórmulas de cálculo do indicador são detalhadas em notas técnicas referentes a cada ano, disponíveis no sítio eletrônico do Inep.[24]

---

[24] http://portal.inep.gov.br/educacao-superior/indicadores-de-qualidade/outros-documentos.

Observa-se que o CPC exerce forte influência no cálculo do IGC, seja em razão das fórmulas de cálculo e dos pesos atribuídos aos seus componentes, seja em razão do perfil de um grande número de IES que não ofertam cursos de pós-graduação *stricto sensu*. Assim, os resultados e insumo do Enade acabam sendo o principal parâmetro também para a avaliação institucional.

A dispensa de visitas *in loco* para os cursos com conceitos preliminares 3, 4 e 5 revela também que um número considerável de cursos e instituições não passa pela etapa de avaliação externa por pares no processo avaliativo. Uma das principais inovações do Sinaes acaba restrita aos cursos que apresentam indícios de problemas e adquire um caráter meramente conformativo. As comissões de especialistas ficam com parâmetros "viciados", pois não têm acesso aos cursos e instituições com qualidade superior e são desperdiçadas no seu papel sistêmico.

Essa dinâmica reduz as comissões ao papel de checagem do cumprimento dos parâmetros mínimos, uma mera auditagem. Boas práticas deixam de ser avaliadas e difundidas para o restante do sistema.

Questiona-se também o IGC em razão de os CPC utilizarem resultados do Enade que não permitem comparação entre cursos de áreas diversas – e nem do mesmo curso em diferentes anos – e ainda pelo fato de a avaliação de insumos estar fundamentada na opinião do corpo discente. Além disso, pressupõe-se que uma instituição é a somatória de seus cursos (BARREYRO; ROTHEN, 2014).

Nesse formato, os indicadores se tornaram importantes instrumentos de *marketing* no setor do ensino superior, que organizam e divulgam *rankings* imediatamente após as divulgações dos resultados. Expressões como "nota máxima no MEC" ou "melhor avaliação do MEC" são comuns em peças publicitárias.

Sob o ponto de vista regulatório, o Sinaes está bem consolidado e os indicadores – pela sua objetividade – funcionam como um importante parâmetro de tomada de decisão processual. Faz-se importante analisar, no entanto, se a política pública de avaliação da educação superior com base em indicadores numéricos de qualidade implementada pelo MEC tem tido resultados satisfatórios no cumprimento de um dos objetivos expressos do Sinaes: a melhoria da qualidade.

4.4.4 Conceitos da avaliação *in loco*

O Inep enumera como indicadores de qualidade da educação superior apenas o Conceito Enade, o IDD, o CPC e o IGC. No entanto, existe a previsão de outros dois conceitos, que decorrem diretamente das visitas *in loco* e que acabam por funcionar como indicadores da avaliação de cursos e da avaliação das instituições: o Conceito de Curso (CC) e o Conceito Institucional (CI).

Conforme pontuado nos tópicos anteriores, não obstante a Lei do Sinaes estabelecer a obrigatoriedade das visitas por comissões de especialistas nas avaliações de cursos e instituições, a regulamentação previu que, no caso da obtenção de CPC ou IGC igual ou superior a 3, a avaliação *in loco* poderá ser dispensada e só será realizada mediante requerimento da IES.

Nos casos em que há a fase de avaliação *in loco*, mediante requerimento ou em razão da obtenção de CPC ou IGC inferior a 3, os indicadores de qualidade assumem uma dinâmica diversa.

O Inep é responsável por formar a comissão avaliadora, que será constituída por, no mínimo, dois avaliadores designados eletronicamente entre os integrantes do Banco de Avaliadores do Sinaes (BASis), conforme critérios previstos na Portaria Normativa MEC nº 840, de 24 de agosto de 2018 (BRASIL, 2018).[25] A avaliação é realizada de acordo com o instrumento referente ao respectivo ato regulatório. Segundo a referida Portaria Normativa, a verificação pela comissão deverá ser pautada pelo registro fiel e circunstanciado das condições de funcionamento da instituição ou do curso, incluídas as eventuais deficiências, produzindo-se relatório que servirá como referencial básico à decisão da secretaria competente do MEC.

O instrumento de avaliação *in loco* dos cursos é composto por três dimensões: organização didático-pedagógica, perfil do corpo docente e instalações físicas. A partir da ponderação dos resultados atribuídos pela comissão de avaliadores a cada uma dessas dimensões, será calculado o chamado Conceito de Curso (CC), em faixas de 1 a 5.

---

[25] Essa Portaria Normativa foi republicada em 31 de agosto de 2018 e retificada em 3 de setembro de 2018.

O instrumento de avaliação *in loco* das instituições é composto por cinco eixos: 1) planejamento e avaliação institucional, 2) desenvolvimento institucional, 3) políticas acadêmicas, 4) políticas de gestão e 5) infraestrutura. A partir da ponderação dos resultados atribuídos pela comissão de avaliadores a cada um desses eixos, será calculado o chamado Conceito Institucional (CI), em faixas de 1 a 5.

Os resultados dos relatórios das visitas *in loco* são sujeitos à interposição de recurso à Comissão Técnica de Acompanhamento da Avaliação (CTAA).

O CC e o CI são utilizados como subsídio para a decisão administrativa nos processos regulatórios – nos casos de análise de entrada no sistema (autorização de cursos e credenciamento institucional) ou de renovação de atos (reconhecimento e renovação de reconhecimento de cursos e recredenciamento institucional).

Quando a avaliação *in loco* é realizada no âmbito do ciclo avaliativo, o CC e o CI se sobrepõem ao CPC e ao IGC. Em outras palavras, o resultado da avaliação pela comissão de especialistas passa a ser considerado como a avaliação final daquele curso ou IES. Os insumos e resultados que foram utilizados para os cálculos do CPC e do IGC deixam de ser contabilizados, e o resultado da avaliação passa a se resumir ao instrumento de avaliação *in loco*.

Esse modelo expõe um paradoxo no sistema avaliativo: por um lado, considera de forma excessiva os insumos e resultados dos estudantes no cálculo dos indicadores e, por outro, os ignora para considerar apenas a avaliação da comissão de especialistas, que atribui conceitos a partir de um inevitável grau de subjetividade, não obstante os guias e treinamentos para os avaliadores.

Apesar da Lei do Sinaes não mencionar expressamente a integração necessária entre os resultados da avaliação dos estudantes, dos cursos e das instituições, a ideia da avaliação enquanto sistema não permite outra interpretação. A avaliação dos cursos não pode prescindir dos resultados da avaliação dos estudantes, e a avaliação das instituições não pode desconsiderar os resultados das avaliações dos seus estudantes e dos seus cursos.

4.5 Ciclo avaliativo

Com a implantação dos indicadores de qualidade, o desenho final resultante da implementação da política de avaliação baseou-se no chamado ciclo avaliativo do Sinaes, que tem início a partir do Enade e desencadeia o fluxo de avaliação dos cursos e das instituições.

O início do ciclo avaliativo toma por referência as avaliações trienais do Enade. O Inep divide os cursos de educação superior em três grupos, a serem avaliados um a cada ano. Ao final de três anos, todos os cursos terão sido submetidos ao Exame.

Calculados o Conceito Enade e o IDD, de acordo com as fórmulas descritas nos itens anteriores, será então calculado o CPC dos respectivos cursos. Divulgado o CPC, serão adotadas as providências regulatórias de renovação do reconhecimento dos cursos, de acordo com o resultado e com a realização ou não da visita *in loco*.

No caso de resultado de CPC igual ou superior a 3 e da não requisição de visita *in loco* pela IES, a Seres abrirá processo de reconhecimento de ofício, já na fase de publicação de portaria de ato autorizativo.

Fluxograma 2 – Fluxo de avaliação dos cursos com CPC ≥ 3, sem visita *in loco*

ENADE → CONCEITO ENADE / IDD → CPC ≥ 3 → PUBLICAÇÃO DA PORTARIA DE RECONHECIMENTO
↓
NÃO REQUISIÇÃO DE VISITA *IN LOCO*

Fonte: Elaboração própria com dados do Inep.

Quando o resultado de CPC for igual ou superior a 3 e houver requisição de visita *in loco* pela IES e, ainda, quando o resultado do CPC for inferior a 3, o Inep organizará uma comissão de especialistas, que será responsável pela elaboração do relatório de avaliação. A partir desse relatório, será calculado o Conceito de Curso (CC), que será utilizado nos processos regulatórios.

Fluxograma 3 – Fluxo de avaliação dos cursos com CPC < 3 ou CPC ≥ 3, com visita *in loco*

ENADE → CONCEITO ENADE / IDD → CPC < 3 ou CPC ≥ 3 com requisição de visita *in loco* → VISITA *IN LOCO* → CONCEITO DE CURSO (CC)

Fonte: Elaboração própria com dados do Inep.

Na avaliação institucional, quando o resultado do IGC for igual ou superior a 3 e da não requisição de visita *in loco* pela IES, a Seres abrirá processo de recredenciamento de ofício, já na fase de publicação de portaria de ato autorizativo.

Fluxograma 4 – Fluxo de avaliação institucional com IGC ≥ 3, sem visita *in loco*

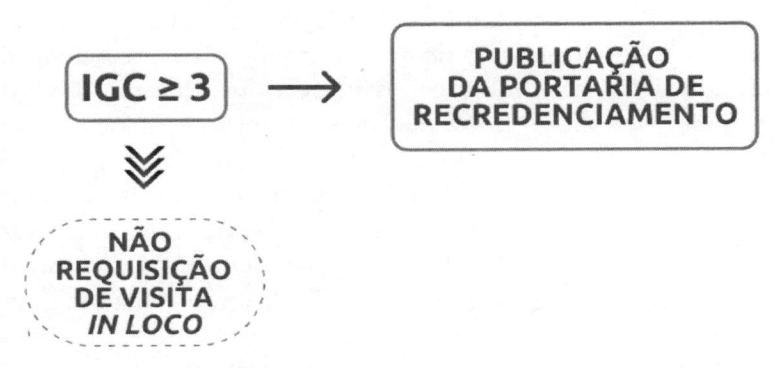

IGC ≥ 3 → PUBLICAÇÃO DA PORTARIA DE RECREDENCIAMENTO

↓
NÃO REQUISIÇÃO DE VISITA *IN LOCO*

Fonte: Elaboração própria com dados do Inep.

No caso de resultado de IGC igual ou superior a 3 e da requisição de visita *in loco* pela IES e, ainda, no caso de resultado de IGC inferior a 3, o Inep organizará uma comissão de especialistas, que será responsável pela elaboração do relatório de avaliação. A partir desse relatório, será calculado o Conceito Institucional (CI), que será utilizado nos processos regulatórios.

Fluxograma 5 – Fluxo de avaliação institucional com IGC < 3 ou IGC ≥ 3, com visita *in loco*

```
[IGC < 3 ou IGC ≥ 3 com requisição de visita in loco] → [VISITA IN LOCO] → [CONCEITO INSTITUCIONAL (CI)]
```

Fonte: Elaboração própria com dados do Inep.

4.6 Conclusões

A análise da implementação do Sinaes, sob o ponto de partida dos arranjos jurídico-institucionais resultantes da sua regulamentação, mostra, primeiramente, em relação ao formato final da política, uma predominância do modelo de avaliação quantitativa.

Apesar do modelo híbrido de avaliação previsto na lei, a política foi desenhada de forma a priorizar a avaliação controle/quantitativa em detrimento da avaliação formativa/emancipatória então em disputa. A adoção dos indicadores quantitativos de qualidade como base da avaliação se sobrepôs à autoavaliação, elemento que era considerado central na primeira proposta da CEA.

A ideia de avaliação formativa, com foco na produção de subsídios para o acompanhamento interno de qualidade pelas próprias IES, parece não ter se adequado à realidade da estrutura da educação superior no Brasil. A construção de um sistema avaliativo configurou-se como agenda em resposta à expansão do setor privado sem o devido controle de qualidade pelo poder público. A prioridade inicial da implementação do programa foi, assim, garantir um padrão mínimo de qualidade para as instituições e cursos.

A avaliação com base em indicadores é uma prática comum em diversos sistemas avaliativos da educação superior e tem o potencial de facilitar o diagnóstico e o acompanhamento do sistema. A definição das fórmulas de cálculo dos índices do Sinaes, no entanto, mostrou-se controversa, notadamente pela supervalorização de alguns insumos e pela desconsideração de outros. A fórmula de cálculo do CPC e do IGC, por exemplo, utiliza os insumos do Enade de forma excessiva e não considera os insumos das avaliações externas *in loco*. O CC e o CI, por outro lado, consideram apenas os resultados das visitas em detrimento dos demais insumos que compõem os cálculos do CPC e do IGC.

A ideia do Sinaes enquanto sistema que considera a análise global e integrada das dimensões, estruturas e atividades das IES e cursos restou, nesse formato, limitada.

Outro ponto a ser abordado como resultado da implementação do Sinaes é a articulação entre a avaliação e a regulação. A previsão de consequências regulatórias objetivas decorrentes dos resultados da avaliação de qualidade representou um importante avanço do programa, uma vez que a qualidade passou a ser efetivamente considerada nos desenhos institucionais da educação superior. No entanto, a dinâmica regulatória decorrente do contínuo processo de expansão do setor – e das demandas dele decorrentes – parece ter resultado numa sistemática em que a regulação foi excessivamente priorizada, e a avaliação passou a ser encarada como mero insumo, como mero instrumento daquela.

Ou seja, ao invés de funcionar como referencial básico para a regulação, conforme previsto na Lei do Sinaes, a avaliação foi desenhada como fase do processo regulatório. Não há um monitoramento do comportamento dos índices de qualidade. O cálculo dos indicadores é construído sem levar em consideração as ferramentas de avaliação comparativa da política pública. Não se constata uma preocupação ou estratégia para melhorar a qualidade, mas apenas a criação de instrumentos para a garantia de padrões mínimos de conformidade, que não são sequer objetivos, mas decorrentes da média entre os estudantes, cursos e IES avaliados naquele mesmo processo.

A lei prevê que a avaliação de instituições, cursos e estudantes resultará na aplicação de conceitos numa escala com cinco níveis. O resultado desses conceitos pode desencadear diferentes ações do poder público, a depender do objetivo para o qual são construídos. Uma vez que a avaliação adota como elemento prioritário a construção de subsídios para a regulação, os resultados desses indicadores passam a funcionar apenas como um balizador da busca pela conformidade, da garantia de um padrão mínimo de qualidade. Afasta-se da ideia de busca contínua por melhoria que balizou a criação do Sinaes.

Não obstante as limitações na metodologia e formato dos arranjos institucionais do Sinaes, a implementação da política representou, de certa forma, uma ruptura em relação aos modelos de avaliação até então vigentes.

No próximo capítulo, será então abordada uma proposta de avaliação da política pública a partir da análise da evolução dos insumos do Censo da Educação Superior referentes à qualidade e das tendências de distribuição das IES em cada faixa do IGC ao longo desse período. O intuito é verificar se o Sinaes tem sido capaz de concretizar o mandamento constitucional da garantia da qualidade.

CAPÍTULO 5

ELEMENTOS PARA UMA AVALIAÇÃO DA POLÍTICA DO SINAES

5.1 Introdução

No capítulo anterior, foram utilizados os conceitos e métodos analíticos do ciclo das políticas públicas e da abordagem Direito e Políticas Públicas para estudar a fase de implementação da política de avaliação da educação superior consubstanciada pela lei que instituiu o Sistema Nacional de Avaliação da Educação Superior (Sinaes). Analisou-se que o desenho jurídico-institucional decorrente da sua regulamentação resultou num programa de ação governamental com predominância de concepções quantitativas de avaliação – materializada nos indicadores numéricos de qualidade – e enfoque no papel da avaliação como subsídio para os processos regulatórios.

Na análise do ciclo de políticas públicas, foi exposto que, após a fase de implementação, o programa deve ser avaliado. As boas práticas de gestão impõem um monitoramento sobre o funcionamento da política, uma análise sobre a eficiência e cumprimento dos objetivos por ela propostos, uma avaliação sobre o Sinaes enquanto programa de ação governamental e seus reflexos sobre o problema público que fundamentou a sua formulação.

Este capítulo tem como objetivo analisar o funcionamento e os impactos do Sinaes na qualidade da educação superior desde a implementação dos indicadores de qualidade, e essa análise busca ter um caráter prospectivo, no sentido de verificar tendências e buscar aperfeiçoamentos.

Diante das limitações metodológicas decorrentes do desenho dos instrumentos da política, propõem-se elementos para um estudo dos dados brutos sobre insumos do Censo da Educação Superior que admitam uma comparação temporal e tenham relação direta com a qualidade, de acordo com os próprios instrumentos da política e de outros sistemas de avaliação da educação superior.

Inicialmente, será trabalhado o conceito de avaliação de políticas públicas e sua importância como instrumento de gestão e de análise do funcionamento do programa de ação governamental. Depois, serão discutidas duas recentes avaliações externas de processos do Sinaes realizadas pelo Tribunal de Contas da União (TCU) e pela Organização para a Cooperação e Desenvolvimento Econômico (OCDE) e suas implicações no âmbito do Instituto Nacional de Estudos e Pesquisas Educacionais Anísio Teixeira (Inep).

Expostas essas bases, será proposta uma metodologia para avaliação dos resultados do Sinaes e serão analisados os dados do Censo da Educação Superior sobre o grau de formação docente, regime de trabalho dos docentes e relação matrícula/função docente em exercício. O capítulo vai abordar também os dados sobre os percentuais de docentes envolvidos com pesquisa e extensão. Por fim, os dados do Conceito Preliminar de Cursos (CPC) e do Índice Geral de Cursos (IGC) serão organizados de acordo com o percentual de cursos e instituições de educação superior (IES) em cada faixa dos seus conceitos por ano, desde a sua implementação.

Esclarece-se, desde já, que não se propõe uma análise definitiva sobre os resultados do Sinaes. Entretanto, os dados disponíveis podem permitir uma investigação dos movimentos e tendências de certos insumos, de forma a conferir mais subsídios para um retrato da política de avaliação da educação superior vigente.

5.2 Avaliação das políticas públicas

No desenho do ciclo de políticas públicas proposto por Secchi (2012), a fase de implementação do programa de ação governamental é seguida pela chamada fase de avaliação.

O termo avaliação é intrinsecamente ligado à ideia de diagnóstico. Avaliar significa formar um juízo de valor com base na comparação entre uma situação empírica e uma situação ideal (COTTA, 2014).

No caso das políticas públicas, a avaliação é a etapa do ciclo em que são estudados a adequação dos instrumentos e os impactos efetivos dos programas implementados, ou seja, em que medida os objetivos propostos foram alcançados, quais instrumentos funcionaram e quais não foram eficazes. Trata-se de um momento crucial para se avaliarem a eficiência do gasto público, a eficácia dos instrumentos da política e, eventualmente, corrigir rumos. Nesse sentido, "o propósito da avaliação é guiar os tomadores de decisão, orientando-os quanto à continuidade, necessidade de correções ou mesmo suspensão de uma determinada política ou programa" (COSTA; CASTANHAR, 2003, p. 972). A avaliação busca determinar como uma política pública se saiu na prática e estimar o provável desempenho dela no futuro. A avaliação examina tanto os meios utilizados quanto os objetivos alcançados por uma política pública na prática (WU; RAMESH; HOWLETT; FRITZEN, 2014).

Segundo Ramos e Schabbach (2012), a avaliação aprimora o processo de tomada de decisão, vislumbra a alocação apropriada de recursos e promove a responsabilização por decisões e ações (*accountability*) dos governantes perante o parlamento, as agências reguladoras e fiscalizadoras e os cidadãos. Permite ainda aos formuladores e gestores de políticas públicas desenharem políticas mais consistentes, com melhores resultados e melhor utilização dos recursos. "Ao incorporar elementos valorativos e de julgamento, a avaliação contempla aspectos qualitativos, não se confundindo com o mero acompanhamento das ações governamentais" (RAMOS; SCHABBACH, 2012, p. 1.273).

Nessa etapa, caso os objetivos do programa tenham sido atendidos, o ciclo político pode ser suspenso ou chegar ao fim, ou ter continuidade sob outros parâmetros, ou seja, a partir de uma nova fase de percepção e definição de problemas. "Com isso, a fase da avaliação é imprescindível para o desenvolvimento e a adaptação contínua das formas e instrumentos de ação pública" (FREY, 2000, p. 229).

Existem diversos métodos e objetivos para a realização da fase de avaliação de determinado programa de ação governamental, dentre os quais se destacam as formas de avaliação de acordo com o momento, com o objeto avaliado e, ainda, conforme os critérios de análise.

O momento de sua realização pode ser dividido em avaliação *ex ante* e avaliação *ex post*. A avaliação *ex ante* é realizada antes do início de um programa, com o objetivo de fornecer subsídios à sua implementação. A avaliação *ex post* é realizada durante a execução ou no final de um programa. Quando a política ainda está em fase de execução, avalia-se se ela deve ter continuidade, com base nos resultados obtidos até aquele momento. No caso de resultados positivos, a política passa por uma avaliação sobre a manutenção daquele formato ou pelo aperfeiçoamento dos seus instrumentos. Quando o programa já foi concluído, examina-se a pertinência da repetição daquela experiência em outros contextos. A avaliação *ex post* é a mais desenvolvida metodologicamente e a que tem tido maior aplicação (RAMOS; SCHABBACH, 2012).

Alguns trabalhos incluem também o momento de avaliação *in itinere*, que seria uma avaliação formativa ou monitoramento, durante o processo de implementação, para fins de ajustes imediatos na política (COSTA; CASTANHAR, 2003).

A avaliação varia ainda de acordo com o seu objetivo: avaliar processos ou resultados. A chamada avaliação de processos é realizada durante a implementação da política e diz respeito à dimensão da gestão, ou seja, analisa as dificuldades que têm ocorrido durante o processo de implementação a fim de se efetuarem correções ou adequações. Verifica se a política tem funcionado conforme o previsto, quais instrumentos implementados têm mostrado maior eficácia e possibilita uma correção de rumos ainda no decorrer da sua implementação. A avaliação de resultados, por seu turno, busca analisar se a política funcionou, se ela atingiu os resultados esperados, quais foram as consequências em relação ao problema público que ocasionou a sua implementação. "É uma dimensão *ex post* do resultado, relacionada com os objetivos gerais e o alcance efetivo das metas" (RAMOS; SCHABBACH, 2012, p. 1.278). A análise de resultados verifica também a correlação entre os resultados alcançados e os instrumentos implementados, de forma a analisar se aquelas mudanças têm relação direta com a política ou se foram resultados de outras variáveis.

Secchi (2012) elenca, por fim, possíveis critérios de análise para a avaliação, parâmetros para julgar se uma política pública funcionou bem ou mal:
  a) economicidade: refere-se ao nível de utilização de recursos (*inputs*);
  b) eficiência econômica: trata da relação entre *inputs* (recursos utilizados) e *outputs* (produtividade);
  c) eficiência administrativa: trata do seguimento de prescrições, ou seja, do nível de conformação da execução a métodos preestabelecidos;
  d) eficácia: corresponde ao nível de alcance de metas ou objetivos preestabelecidos;
  e) equidade: trata da homogeneidade de distribuição de benefícios (ou punições) entre os destinatários de uma política pública.

As políticas públicas que têm como agenda a concretização de direitos individuais e sociais são em geral avaliadas no âmbito das pesquisas jurídicas sob o viés da verificação do nível de eficácia dos comandos normativos que as conformam. Há uma predominância do aspecto do controle, da análise do papel dos órgãos judiciais na garantia dos direitos não devidamente atendidos naquela ação governamental.

A avaliação dessas políticas sob a abordagem analítica do Direito e Políticas Públicas (DPP) permite, por outro lado, uma análise jurídica sob outra perspectiva. Nesse sentido, Bucci (2017) propõe uma análise que leve em consideração a perspectiva do Poder Executivo, a escala de ação dos programas de ação e uma visão prospectiva.

O foco no papel do Poder Executivo se justifica pelo fato de o governo ser o principal protagonista do impulso e das iniciativas que dão forma às políticas públicas. A análise da chamada escala da ação dos programas de ação governamental, com o exame da dimensão quantitativa do problema, da utilização da estatística, permite que se tenha a compreensão da dimensão coletiva dos direitos. A concretização do direito deixa de ser considerada sob o ponto de vista individual dos demandantes de determinada ação judicial. Esses elementos vão permitir que a avaliação de um programa de ação governamental tenha um viés prospectivo, um direcionamento da capacidade analítica para propor cenários para o futuro, e que assim possa traçar estratégias para o aperfeiçoamento dos arranjos jurídico-institucionais de determinado programa (BUCCI, 2017, p. 34-39).

Enquanto política pública destinada a melhorar a qualidade da educação superior, é essencial que o Sinaes seja submetido a processos regulares de avaliação pelos agentes responsáveis pela sua implementação.

Não foram encontrados nas plataformas públicas, no período de coleta de dados da presente pesquisa, quaisquer documentos oficiais disponibilizados pelo Ministério da Educação, pelo Conselho Nacional de Educação, pela Conaes ou pelo Inep sobre a avaliação desse programa de ação governamental. Os documentos sobre o funcionamento do programa disponibilizados ao público em geral fazem menção apenas a dados quantitativos referentes ao número de exames de Enade aplicados, visitas *in loco*, cursos e instituições avaliados, sem se deter sobre a análise do funcionamento e dos resultados da política em si.

O Sinaes produz uma quantidade considerável de informações, que, aliadas aos dados provenientes do Censo da Educação Superior, têm o potencial de possibilitar a verificação dos impactos da política, bem como subsidiar a elaboração e análise de outros programas governamentais. Segundo Cotta (2014), a avaliação é um dos mais importantes mecanismos para gerar informações que auxiliem os gestores educacionais nos processos de tomada de decisão. Nesse sentido, haveria uma percepção geral de que tais informações seriam automaticamente incorporadas ao processo decisório. Ou seja, a mera existência de um sistema de avaliação implicaria na melhoria da qualidade das políticas do setor. Entretanto, há muitos fatores que dificultam a utilização efetiva dos resultados da avaliação para fins de melhoria do objeto, e o conhecimento desses fatores depende de uma avaliação da própria política de avaliação.

A ausência de uma avaliação sobre a política limita o escopo do processo de tomada de decisão pelos gestores ao não disponibilizar informações essenciais sobre o funcionamento do programa. Como consequência, acaba-se por reduzir a avaliação de qualidade do Sinaes ao seu papel meramente regulatório. A utilização dos instrumentos de avaliação como subsídio dos processos regulatórios de instituições e cursos representa um importante avanço em comparação com experiências avaliativas anteriores. A limitação da avaliação à mera etapa da regulação, no entanto, afasta o Sinaes dos seus objetivos relacionados à melhoria contínua da qualidade da educação superior. Esse quadro implica numa considerável redução do escopo de atuação da política.

Não obstante a não realização pública de uma avaliação da política pelas próprias instituições responsáveis pela implementação e gestão do Sinaes, órgãos de controle, consultorias e trabalhos acadêmicos têm se ocupado nesse campo. Adiante, serão elencadas avaliações de processos recentemente realizadas pelo TCU e pela OCDE e serão analisados alguns resultados da política de avaliação da educação superior.

5.3 Experiências de avaliação de processos do Sinaes

A avaliação de processos tem como foco detectar possíveis defeitos na elaboração dos procedimentos, identificar barreiras e obstáculos à sua implementação (COSTA; CASTANHAR, 2003) e analisar os fatores que influenciam no funcionamento daquele programa de ação governamental.

Trata-se de uma avaliação essencial para a gestão de uma política. Permite monitorar e verificar em tempo real o funcionamento dos seus instrumentos, os comportamentos dos seus desenhos institucionais, corrigir rumos e potencializar medidas para a obtenção dos resultados pretendidos para aperfeiçoar a intervenção pública naquela determinada agenda.

Uma das experiências recentes de avaliação de processos do Sinaes foi realizada pelo Tribunal de Contas da União por meio de uma auditoria operacional com o objetivo de avaliar a atuação da Secretaria de Regulação e Supervisão da Educação Superior (Seres/MEC) e do Inep nos processos de regulação, supervisão e avaliação dos cursos superiores de graduação no país. Essa análise se deu a partir de iniciativa da Comissão de Defesa do Consumidor da Câmara dos Deputados, que solicitou uma avaliação sobre a atuação do MEC nos procedimentos de fiscalização dos cursos de direito, em razão dos baixos índices de aprovação de egressos desses cursos nos exames de admissão na Ordem dos Advogados do Brasil (OAB).

O TCU tomou como referência a Estratégia 12.19 do Plano Nacional de Educação (PNE) – qual seja, reestruturar, com ênfase na melhoria de prazos e qualidade da decisão, no prazo de dois anos, os procedimentos adotados na área de avaliação, regulação e supervisão, no âmbito do sistema federal de ensino – e organizou a auditoria em torno de quatro questões, com definição de procedimentos tendentes a se revelarem:

1) O Conceito Enade e o Conceito Preliminar de Curso (CPC) são adequados, respectivamente, para avaliar o desempenho dos concluintes e medir a qualidade/excelência dos cursos superiores de graduação?

2) A sistemática de avaliação de cursos por meio do conjunto de indicadores disponíveis é adequada à regulação (autorização, reconhecimento e renovação de reconhecimento) e demais políticas de expansão (Fies, Prouni)?

3) Quais os motivos para que a maioria dos cursos de direito tenha avaliação satisfatória por meio da avaliação realizada pelo MEC/Inep e baixo desempenho para os alunos que realizam o Exame Unificado da Ordem dos Advogados do Brasil?

4) O registro de diplomas é feito da maneira prevista na legislação e de modo a coibir fraudes? A atuação do MEC (Setec/MEC) é suficiente para garantir a regularidade no processo de emissão de diplomas? (BRASIL, 2018)

No tocante ao objeto do presente estudo, importa deter-se sobre os achados e conclusões de auditoria referentes aos pontos 1 e 2.

Sobre a adequação do Conceito Enade e do CPC, o Tribunal apontou a ausência de fundamentos teórico-metodológicos que deem suporte e consistência aos métodos e formas de cálculo dos componentes do conceito e dos parâmetros de conversão utilizados, em especial quanto à ausência de justificativas para atribuição de pesos aos componentes do CPC.

Segundo o Relatório, o Inep apresentou como justificativa o documento técnico *Avaliação de cursos na educação superior: a função e a mecânica do conceito preliminar de curso*. Esse documento, no entanto, teria sido elaborado posteriormente à implantação do indicador. Assim, não obstante a existência de notas técnicas que explicariam a forma de cálculo do CPC em cada período, "não teriam sido apresentados pelo Inep os documentos ou fundamentos teórico-metodológicos que embasaram a construção do conceito desde sua origem" (BRASIL, 2018, p. 29), o que traria efeitos indesejados sobre a sua validade e publicidade. A ausência de justificativas técnicas se estenderia, também, para a fórmula dos parâmetros de conversão dos conceitos.

O TCU debruçou-se também sobre a utilização dos procedimentos de padronização estatística para o cálculo dos indicadores, com o consequente reescalonamento das notas. A utilização dessa metodologia foi apontada como insuficiente para medição da qualidade dos cursos e do desempenho dos estudantes. O Tribunal entendeu que a utilização de escores padronizados poderia levar a distorções nos conceitos atribuídos.

Como as fórmulas de cálculos são feitas a partir dos desvios padrões em relação à média, se a média de uma distribuição normal for muito baixa, com a padronização e o consequente reescalonamento a maior parte das notas na nova escala será enquadrada em valores médios relativos baixos. Esse desempenho médio, bem como boa parte dos desempenhos acima da média, não necessariamente refletiria bons desempenhos ou desempenhos satisfatórios em termos de qualidade, tendo em vista que a nova escala estabelecida é predominantemente proveniente de baixos desempenhos. Ou seja, esse mecanismo de atribuição de notas tende a eliminar as desigualdades de desempenho de fato existentes, ora maximizando baixos desempenhos, ora minimizando desempenhos mais elevados, não trazendo um diagnóstico preciso relativo à qualidade/excelência dos cursos avaliados.

A utilização da padronização não permitiria, pois, fazer inferências verossímeis acerca do real desempenho dos alunos, no caso do Enade, tampouco da qualidade dos cursos, no caso do CPC – ou das instituições, no caso do IGC. "E o objetivo primordial dos indicadores não é estabelecer *rankings* entre as instituições e cursos, mas aferir a qualidade, nos termos da legislação" (BRASIL, 2018, p. 29).

As conclusões sobre os aspectos do cálculo do CPC foram assim sistematizadas no Relatório de Auditoria:

> 174. O efeito gerado pelo reescalonamento das notas a partir da padronização estatística, conforme análises efetuadas, faz com que a

maior parte dos cursos avaliados se situem em torno dos valores centrais da escala utilizada. Outro fator, que pode elevar o desempenho dos cursos avaliados, refere-se ao critério de arredondamento utilizado para conversão das notas contínuas em conceitos. Com a utilização desses métodos para efeitos de avaliação, individualmente ou conjugados, corre-se o risco de que sejam atribuídos desempenhos satisfatórios a cursos que não fazem jus a essa condição.
175. Do conjunto de causas elencadas e analisadas, conclui-se que o CPC, da forma como é calculado, não é capaz de refletir aspectos de qualidade no que diz respeito à excelência dos cursos avaliados e demanda modificações em sua forma de cálculo que, fundamentadamente, expressem razoavelmente os aspectos de qualidade dos cursos de graduação, objetivo a que se propõe (BRASIL, 2018, p. 36).

Outro achado de auditoria a respeito dos indicadores foi que "a metodologia atual possui inconsistências quanto à atribuição de conceitos aos cursos". O relatório criticou a metodologia de atribuição dos conceitos do CPC sem considerar as avaliações *in loco*, e a atribuição do Conceito de Curso (CC), sem considerar os resultados dos estudantes.

Conforme explicado no capítulo anterior, o CPC é resultante das medidas de desempenho dos estudantes e das condições de oferta dos cursos. Nos casos de obtenção de CPC maior ou igual a 3, a realização de visita *in loco* por especialistas depende de requerimento da IES. No caso de CPC inferior a 3, a referida visita é obrigatória. Ocorre que a visita gera um relatório de avaliação que resulta na atribuição do chamado Conceito de Curso (CC), que passa a ser considerado, por si só, como indicador de qualidade definitivo nos processos regulatórios.[26] Os insumos sobre condições da oferta obtidos pelo Censo e pelo questionário dos estudantes e o desempenho dos estudantes no Enade, medido do CPC, deixam de ser considerados, e o relatório da visita *in loco* passa a se sobrepor.

O TCU aponta que ambos os indicadores procuram medir a qualidade do curso, mas o CPC mede a qualidade também por meio do resultado dos alunos, enquanto o CC mede a qualidade exclusivamente pelas condições de oferta. Isso não seria um problema se eles fossem usados de forma complementar, de modo

---

[26] Para detalhes do ciclo avaliativo, vide o *Capítulo 3 – A avaliação da educação superior: a garantia da qualidade e a construção do Sinaes.*

a dar uma visão global da qualidade do curso, cada um medindo uma dimensão específica do curso, mas a sistemática atual impõe que um curso pode ter apenas o CPC, nos casos de não realização de visita *in loco*, ou ter apenas o CC, nos casos de visita.

Como consequência, a utilização desses índices, da forma como está sendo feita, permite que diversos cursos obtivessem conceito final que não considera o desempenho dos alunos; contribui para que a sociedade não consiga enxergar com objetividade e clareza a situação de determinado curso; não favorece um processo de regulação e de tomada de decisão adequado, que possa efetivamente contribuir para a progressiva melhora dos cursos; e eleva as notas dos cursos considerando apenas os meios ou condições de ofertas, abandonando a dimensão do resultado (BRASIL, 2018).

Em suma, os indicadores não refletiriam a qualidade/excelência dos cursos superiores de graduação, tendo em vista que não haveria fundamentos teórico-metodológicos para a escolha dos componentes, bem como para a atribuição de pesos a eles nas fórmulas de cálculo; a metodologia utilizada para a atribuição desses conceitos seria composta de elementos que os distanciam dos resultados absolutos das avaliações, estabelecendo, na essência, apenas uma classificação entre os cursos avaliados; e haveria inconsistências na utilização do CPC sem considerar visita *in loco* e, do CC, sem considerar os resultados dos estudantes.

O Relatório foi acolhido pelo plenário do TCU e resultou na publicação do Acórdão nº 1.175/2018-TCU, que determinou ao Inep que, em 120 dias, apresentasse plano de ação para implementação das seguintes medidas, com etapas e prazos razoáveis e justificados:

> [...] 9.1.2. desenvolver, com fundamento no art. 206, inciso VII, da Constituição Federal e no art. 1º, § 1º, da Lei 10.861/2004, metodologia de avaliação do ensino superior que:
> 9.1.2.1. contemple o desenvolvimento de fundamentos teórico-metodológicos para construção dos indicadores do ensino superior, especialmente quanto: (i) aos procedimentos utilizados para conversão das notas contínuas em conceitos, de modo que os meios a serem estabelecidos para tanto não gerem impactos significativos nos resultados das avaliações em decorrência estrita dos critérios de conversão utilizados; e (ii) às justificativas técnicas para cada ponderação a ser utilizada nas notas que dão origem aos conceitos, com demonstração de sua razoabilidade (achado IV.I – itens 112 a 147 do relatório);

9.1.2.2. reflita, objetivamente, o nível de qualidade/excelência no que concerne aos cursos superiores de graduação, e não somente o desempenho relativo entre cursos, como medido na metodologia atual (achado IV.1 – itens 148 a 170 do relatório);
9.1.2.3. inclua os resultados do Enade na métrica relativa ao Conceito de Curso – CC, em observância ao art. 5, § 2º, da Lei 10.861/2004 (itens 176 a 202 do relatório).
9.1.3. dar publicidade à metodologia a ser desenvolvida, informando os fundamentos teórico-metodológicos para construção dos indicadores do ensino superior, os critérios de conversão das notas contínuas em conceitos e as justificativas técnicas para cada ponderação a ser utilizada nas notas que dão origem aos conceitos, bem como aos demais aspectos da metodologia, com fundamento no art. 37, caput, da Constituição Federal; [...] (BRASIL, 2018).

Outro recente procedimento de avaliação externa de processos do Sinaes foi realizado pela OCDE. No ano de 2018, o MEC encomendou à entidade um estudo sobre a relevância, eficácia e eficiência dos procedimentos externos de garantia de qualidade aplicáveis a programas de graduação e pós-graduação e instituições de ensino superior no sistema federal de ensino superior do Brasil.

A análise teve por objeto a eficácia e a eficiência dos diferentes aspectos dos sistemas de garantia de qualidade existentes no sentido de: a) assegurar padrões mínimos de qualidade na provisão educacional; b) prover mensuração diferenciada de qualidade (entre tipos de provisão e níveis de qualidade ofertados); e c) promover a melhoria da qualidade e das práticas orientadas à qualidade nas IES (melhoria da qualidade).

Essa análise resultou na publicação do documento *Repensando a garantia de qualidade para o ensino superior no Brasil* (OCDE, 2018), com apresentações das conclusões sobre os aspectos mencionados e recomendações para melhorias no sistema.

Dentre as diversas conclusões apresentadas, cumpre destacar as que fazem referência aos processos do Enade, da avaliação de cursos e da avaliação institucional.

Primeiramente sobre o Enade, a OCDE aponta que os objetivos do Exame, como atualmente formulados, não seriam realistas em razão da chamada avaliação geral de competências, que abarcaria conteúdos não abordados pelos cursos. A inclusão da avaliação geral de competências, em razão da exigência legal de medição da capacidade dos alunos de analisar novas informações e sua compreensão mais ampla de temas fora do escopo de seu programa, seria problemática, na medida em que seria excessivamente genérica e que os conhecimentos e habilidades avaliados, por definição, não fariam parte dos principais resultados de aprendizagem intencionados pelo programa. Não estaria claro, portanto, como os "cursos poderiam equipar os alunos com uma variedade de conhecimentos e habilidades não especificados ou por que eles deveriam ser responsabilizados por alunos que não têm essas competências no final de seus estudos" (OCDE, 2018, p. 28).

Existiriam ainda fragilidades na forma como o Enade é projetado e implementado, o que prejudicaria a sua capacidade de gerar informações confiáveis sobre o desempenho dos alunos e a qualidade do programa. A OCDE destaca que se trata de um exame de baixo risco, o que reduziria a motivação dos alunos, e que os itens do teste não são padronizados, ou seja, os testes não são de dificuldade equivalente entre anos e sujeitos e não haveria limites explícitos de qualidade para indicar o que é o bom desempenho.

Reforça também as críticas do TCU sobre a utilização da padronização estatística, destacando que os resultados para os alunos em cada programa são padronizados para gerar uma pontuação em uma escala de 1 a 5, mas é uma medida relativa do desempenho médio dos alunos, não uma indicação clara do nível de seus conhecimentos e habilidades. A metodologia agravaria, assim, a falta de transparência sobre o que os resultados do Enade realmente significam.

Ao analisar o processo de composição do CPC, a OCDE entendeu que as ponderações atribuídas aos diferentes indicadores seriam arbitrárias, sem base científica discernível, o que dificultaria o entendimento sobre o que as pontuações atribuídas aos cursos realmente significam na prática para estudantes e sociedade em geral. A Organização pontua também a ausência da mensuração da taxa de atrito de alunos – qual a proporção de alunos que entram em um curso e o concluem – e dos resultados subsequentes de emprego dos alunos. A ausência de limiares de qualidade no Enade, combinada com as fraquezas do IDD, dificultaria a plena compreensão se uma pontuação do CPC de três representaria um padrão de qualidade adequado ou não.

Sobre a avaliação dos cursos, a OCDE apresenta então algumas recomendações-chave, dentre as quais cumpre destacar:
a) realizar uma avaliação completa dos objetivos, custos e benefícios dos testes em larga escala de alunos como parte do sistema de garantia de qualidade: identificar como os pontos fracos podem ser abordados e como, em contraste com a situação atual, o Enade poderia ser uma ferramenta útil e um mecanismo de retroalimentação (*feedback*) para professores e instituições;
b) se uma versão reformada do Enade for mantida, garantir que os objetivos definidos para o exame sejam mais realistas;
c) melhorar o design dos testes do Enade para garantir que eles gerem informações mais confiáveis sobre os resultados de aprendizado, que também podem ser utilizados por professores e IES: garantir que eles tenham níveis comparáveis de dificuldade dentro de disciplinas de um ano para outro e que testes para disciplinas diferentes sejam de dificuldade equivalente para qualificações equivalentes; e
d) introduzir um novo painel de indicadores, com um alcance mais amplo de medidas, para monitorar o desempenho do programa e identificar programas "em risco": incluir um conjunto mais amplo de indicadores mais transparentes em um sistema de monitoramento contínuo, com limites estabelecidos para indicar desempenhos em risco em diferentes indicadores (OCDE, 2018).

Ao se debruçar sobre a avaliação institucional, a OCDE registra que as entrevistas conduzidas pela sua equipe de revisão em várias instituições sugerem que as Comissões Próprias de Avaliação (CPAs) se concentram principalmente em garantir o cumprimento das regras do Sinaes e a entrega de dados ao Inep, em vez de desenvolver sistemas internos de qualidade adaptados às necessidades institucionais ou promover inovações e melhorias de qualidade. Essa conclusão reforça a percepção de Barreyro e Rothen (2014) sobre o funcionamento das CPA mencionadas no item 4.3 do Capítulo 4 deste livro.

O IGC, por seu turno, não obstante ser amplamente percebido como um sinal público visível de qualidade institucional – que as próprias IES apresentam em suas publicidades –, teria um valor limitado como indicador de qualidade para os estudantes interessados. Embora os efeitos do IGC à reputação possam ser importantes, não seria um indicador apto a causar impacto sobre como as instituições entendem e gerenciam a qualidade da educação que elas fornecem, tendo em vista não introduzir novas informações de desempenho para seus gestores.

O Relatório apresenta então recomendações-chave para o aperfeiçoamento dos processos de avaliação institucional, dentre as quais merecem destaque:

    a) aumentar o peso atribuído aos produtos e resultados: os indicadores quantitativos de programa e instituições devem, idealmente, se concentrar nos produtos e resultados do ensino superior, enquanto as análises *in loco* conduzidas pelos pares se concentrariam nos insumos e processos que geram os produtos e resultados observados nos indicadores; e

    b) aumentar os incentivos para as instituições adotarem uma visão estratégica da qualidade (OCDE, 2018).

O documento realizou ainda um diagnóstico sobre a governança do sistema, com uma análise do papel de cada organização envolvida nos arranjos institucionais do Sinaes, e recomendou a criação de uma agência independente de garantia da qualidade da educação superior.

Os relatórios mencionados geraram reações e encaminhamentos diversos no âmbito do Inep. Sobre os resultados da análise do TCU, o Inep encaminhou à Corte de Contas o Ofício nº 1369/2018/GAB-INEP para apresentar o plano de ação para a implementação de alterações estruturais e técnicas relativas à avaliação da educação superior, conforme determinado pelo referido acórdão.

No referido ofício, o Inep informa da criação, pela Portaria nº 260, de 13 de abril de 2018 (BRASIL, 2018), da Comissão de Assessoramento para Revisão dos Processos Avaliativos, Instrumentos e Técnicas de Coleta de Dados e Indicadores da Educação Superior com os objetivos de revisar e propor o aperfeiçoamento dos processos avaliativos, medidas estatísticas e indicadores; revisar e propor o aperfeiçoamento dos instrumentos de avaliação e de coleta dos dados; propor estratégias para o aprimoramento da avaliação de desempenho dos estudantes e de sua metodologia; e propor caminhos metodológicos para a obtenção de resultados das avaliações comparáveis e que expressem qualidade em termos absolutos, considerando os possíveis impactos de tal proposta.

O Inep informa ainda que sua equipe técnica identificou que os indicadores existentes não permitiam a verificação da efetiva melhoria de qualidade dos cursos avaliados e que esse fato teria implicado na reformulação dos indicadores, de modo a torná-los medidas absolutas e comparáveis entre edições. Identificou, ainda, a necessidade de prosseguir os estudos de validação dos construtos dos atuais indicadores, as fontes de dados, formas de coleta, fórmulas utilizadas e suas finalidades, qualificando-se os insumos dos mencionados indicadores, bem como levando em consideração a diversidade do sistema de educação superior.

As considerações constantes no ofício, bem como a apresentação dos planos de ação, parecem indicar uma boa aceitação, pelo Inep, dos resultados da avaliação de processos do Sinaes realizada no âmbito do TCU.

Não há menção no portal da autarquia sobre eventuais resultados da referida Comissão de Assessoramento para Revisão dos Processos Avaliativos, Instrumentos e Técnicas de Coleta de Dados e Indicadores da Educação Superior, que foi extinta sete meses após a sua instituição, pela Portaria nº 984, de 22 de novembro de 2018 (BRASIL, 2018). A norma não faz referência a quaisquer relatórios ou medidas dela decorrentes para a consecução dos seus objetivos.

O resultado da consultoria da OCDE, no entanto, não teve a mesma receptividade pelo Inep. A autarquia publicou uma manifestação intitulada *Análise do documento "Repensar a garantia da qualidade da educação superior no Brasil"*,[27] no qual critica a metodologia e as bases teóricas do relatório.

A autarquia questionou, primeiramente, a ausência de oportunidade de se manifestar previamente sobre o seu conteúdo, apesar de ter encomendado e pago pelo estudo. Considera que o objetivo do relatório foi apenas parcialmente atingido, em razão de limitações na metodologia adotada, uma vez que os dados utilizados para as conclusões e sugestões teriam sido amparados

---

[27] Disponível em: http://inep.gov.br/sinaes/relatorio-ocde.

apenas por estudo documental e entrevistas, prescindindo de uma análise realizada a partir do desempenho do sistema de avaliação. O documento aponta uma suposta generalização dos achados do estudo a partir de pesquisas com, segundo o Inep, números "bastante reduzidos de casos para uma realidade tão ampla e complexa como a brasileira" e que o relatório seria em grande parte opinativo e não apresentaria evidências sobre os elementos que embasam suas conclusões.

Nesse ponto, pode-se constatar que as avaliações de processos realizadas pelo TCU e pela OCDE utilizaram metodologias de análise documental, entrevistas e análise dados, e seus resultados apresentam diversos pontos de intersecção, notadamente no tocante à crítica dos componentes do CPC e do IGC e da utilização da metodologia da padronização estatística no cálculo dos indicadores, elementos centrais de ambos os relatórios.

As respostas do Inep sobre as conclusões dos relatórios foram, no entanto, destoantes. Em atendimento ao acórdão do TCU, a autarquia elaborou um plano de ação para o cumprimento das suas determinações. Na nota sobre o estudo da OCDE, por outro lado, o Instituto foca na crítica da metodologia e na desqualificação dos seus resultados e não menciona qualquer medida de reanálise dos processos de avaliação da educação superior, medidas essas que, inclusive, já haviam sido mencionadas nas respostas ao Tribunal.

Esses elementos parecem indicar que a resposta da autarquia ao Acórdão nº 1.175/2018-TCU reflete mais o receio e a prevenção da aplicação de penalidades aos gestores públicos, no caso de descumprimento das determinações da Corte de Contas, do que uma abertura ou aceitação aos resultados da avaliação externa sobre o funcionamento do Sinaes.

Os relatórios do TCU e da OCDE, aliados às críticas de especialistas sobre a metodologia de composição dos indicadores de qualidade mencionadas no capítulo anterior,[28] parecem convergir para alguns pontos críticos, que merecem uma maior atenção dos agentes competentes para um aperfeiçoamento dos processos do Sinaes.

---

[28] Ver DIAS SOBRINHO, 2008; POLIDORI, 2009; e ROTHEN; BARREYRO, 2011.

O primeiro deles é um déficit de transparência sobre a fundamentação e explicação dos indicadores de qualidade para a sociedade. Os indicadores foram implementados como a base do sistema de avaliação de qualidade, mas sua construção não se deu por meio de um debate público e justificativas técnicas e políticas prévias, e isso se reflete na limitação de informações disponibilizadas sobre esses indicadores tanto para os gestores quanto para o público em geral. O *site* do Inep publica apenas notas técnicas explicativas das fórmulas de cálculo dos indicadores. Não há uma explicação detalhada sobre os objetivos e as razões para a escolha de cada insumo, sobre os pesos atribuídos a cada um deles ou sobre os resultados esperados. O próprio ciclo avaliativo não é devidamente ilustrado nas plataformas públicas do MEC e do Inep.

Outro ponto que é objeto constante de críticas é a opção metodológica pelo cálculo dos indicadores com base na padronização estatística. Na medida em que se limita a fazer uma comparação entre os estudantes, cursos ou instituições avaliadas naquele mesmo processo, o cálculo dos indicadores não expõe a real qualidade. Pelo contrário, verifica-se que os patamares mínimos de conformidade não existem. O conceito 3 é obtido com base nos desempenhos dos demais, e não em parâmetros prévios estabelecidos pelos órgãos reguladores e avaliadores.

Por fim, a composição dos indicadores também demanda uma análise crítica. A avaliação de resultados e insumos sobre condições de oferta coletadas dos estudantes assume pesos considerados excessivos nos cálculos do CPC e do IGC. A visita de especialistas, obrigatória por lei, é dispensada nos casos de CPC ou IGC maior ou igual a 3 e, quando há a visita, o CC e o CI ignoram todos os insumos anteriores, e o indicador de qualidade do curso ou instituição passa a ser composto unicamente pelo relatório das condições de oferta elaborado pelos especialistas na avaliação externa. A ideia de Sinaes enquanto sistema parece estar, nesses moldes, deturpada, uma vez que os diversos elementos de avaliação nunca estão devidamente integrados.

A postura aparentemente reativa dos órgãos e entidades responsáveis pela gestão do Sinaes à avaliação dos processos pode indicar um afastamento das melhores práticas de gestão de políticas públicas e acaba por prejudicar a realização da agenda que fundamentou a própria criação do programa.

5.4 Avaliação dos resultados do Sinaes

5.4.1 Elementos para uma avaliação dos resultados do Sinaes

A avaliação de resultados de uma política pública toma como questão central a análise da sua efetividade, os impactos em face do problema público que deu causa à sua implementação. Para tanto, são buscados elementos que permitam estabelecer relações causais entre as ações de um programa e o resultado final por ele obtido. Esse tipo de avaliação tem como objetivo, pois, "identificar os efeitos líquidos de uma intervenção social" (COSTA; CASTANHAR, 2003, p. 980).

Numa política que adota como instrumento a construção de indicadores numéricos, a avaliação de resultados tende a ser facilitada. A comparação temporal entre os resultados dos índices de qualidade publicados desde a sua implementação forneceria subsídios confiáveis para a análise dos impactos do programa na realidade que se busca intervir.

No caso do Sinaes, no entanto, a utilização da metodologia da padronização estatística para o cálculo dos indicadores de qualidade, além de não refletir a real qualidade auferida no processo avaliativo, conforme apontado nas análises de processos mencionadas no tópico anterior, tem o efeito de dificultar a avaliação dos resultados da política pública. Isso se dá porque o cálculo do desvio-padrão leva em consideração as notas obtidas pelos demais estudantes/cursos/ instituições naquele ano específico. Por não refletirem um resultado absoluto, os resultados dos ciclos avaliativos seguintes não podem ser comparados, pois utilizam insumos totalmente diferentes.

Considerando essas dificuldades operacionais, propõe-se a busca de elementos que permitam uma avaliação dos resultados do Sinaes a partir da análise dos dados brutos do Censo da Educação Superior desde a implementação do primeiro ciclo avaliativo, notadamente dos componentes que são mensurados pelo Censo e são ao mesmo tempo utilizados para o cálculo de indicadores de qualidade – ou seja, elementos que são oficialmente compreendidos como diretamente relacionados com a qualidade – e também de insumos que, mesmo não considerados no Sinaes, são utilizados por outros sistemas de avaliação. São eles: grau de formação dos docentes, regime de trabalho dos docentes, relação número de matrículas por função docente e docentes envolvidos com atividades de pesquisa e extensão.

Tendo em vista as diferenças históricas de perfil, objetivos e normas regulatórias entre as instituições públicas e particulares, os dados serão compilados e apresentados de acordo com essa divisão. No caso das IES públicas, no entanto, serão analisados apenas os dados referentes às instituições federais de educação superior, tendo em vista que o Sinaes se aplica ao sistema federal de ensino.[29] Não teria sentido metodológico, pois, avaliar eventuais impactos dessa política nas instituições públicas estaduais e municipais.

A análise quantitativa da evolução dos números desses insumos não se propõe a fornecer uma conclusão definitiva sobre os resultados da política pública, mas, diante das dificuldades metodológicas decorrentes do desenho dos instrumentos do programa, o comportamento desses dados pode fornecer um retrato sobre os impactos do Sinaes nesses pontos específicos, que, repise-se, são utilizados para o cálculo dos indicadores de qualidade.

Além da comparação dos dados brutos de insumos do Censo, propõe-se também um estudo sobre o percentual de instituições localizadas em cada faixa de qualidade do IGC e do CPC nos ciclos avaliativos desde a sua implementação. Essa análise tem como objetivo verificar se há progressão no percentual de IES para as faixas das escalas mais altas que possa indicar um movimento no sentido da melhoria contínua da qualidade, oficialmente prevista como objetivo do Sinaes.

A análise cobrirá os anos de 2009, início da publicação dos dados dos indicadores de qualidade, até 2018, último censo publicado quando da coleta de dados da presente pesquisa. Entende-se que esse período de dez anos de implementação da política pode corresponder a um universo representativo dos primeiros impactos do Sinaes sobre o universo analisado.

---

[29] O Censo da Educação Superior agrega sob a rubrica de "públicas" os dados referentes às instituições federais, estaduais e municipais.

5.4.2 Evolução dos insumos do Censo da Educação Superior

O Censo da Educação Superior é realizado anualmente pelo Inep e tem como objetivo oferecer à comunidade acadêmica e à sociedade em geral informações detalhadas sobre a situação e as grandes tendências do setor.

O Censo reúne informações sobre as IES, seus cursos de graduação presencial ou a distância, cursos sequenciais, vagas oferecidas, inscrições, matrículas, ingressantes e concluintes e informações sobre docentes nas diferentes formas de organização acadêmica e categoria administrativa.

Os dados são coletados a partir do preenchimento dos questionários por parte das IES e por importação de dados do Sistema e-MEC. Após procedimento de conferência e análise, os dados são divulgados e as sinopses estatísticas são publicadas.

Segundo o Inep, as estatísticas educacionais produzidas permitem que as políticas do setor e seus participantes sejam acompanhados de maneira minuciosa, subsidiam o planejamento e a avaliação de políticas públicas e, ainda, contribuem no cálculo de indicadores de qualidade, como o CPC e o IGC.[30]

Os dados do Censo são organizados em dados gerais das instituições, recursos humanos, processos seletivos, matrículas, concluintes, cursos de graduação a distância, cursos sequenciais e instituições federais. Os dados que serão aqui analisados estão incluídos na seção de recursos humanos e são utilizados para o cálculo do CPC, que, como visto, reflete diretamente também no cálculo do IGC.

5.4.2.1 Grau de formação docente

O grau de formação docente é diretamente relacionado à melhoria da qualidade. A titulação docente consta como requisito para a qualificação de uma IES como universidade (art. 52, II, LDB),

---

[30] Disponível em: http://portal.inep.gov.br/censo-da-educacao-superior.

é um dos componentes do cálculo do CPC (nota de proporção de mestres e nota de proporção de doutores) e foi prevista como a meta nº 13 do PNE, que deve ser atingida até o ano de 2024, cujo objetivo é elevar a qualidade da educação superior pela ampliação da proporção de mestres e doutores do corpo docente em efetivo exercício no conjunto do sistema de educação superior para 75%, sendo, do total, no mínimo, 35% doutores.

O Censo divide os dados em docentes sem graduação, com graduação, com especialização, com mestrado e com doutorado.

Os profissionais sem graduação correspondem a um número ínfimo no universo dos docentes na educação superior. Em 2008, eram 0,13% nas instituições privadas e 0,15% nas federais. Mesmo que numa escala muito residual, verificou-se uma diminuição nessa faixa para o percentual de 0,03% nas instituições privadas e 0,03% nas federais. Tal categoria foi praticamente extinta.

Tabela 1 – Percentual de docentes sem graduação

IES	2009	2010	2011	2012	2013	2014	2015	2016	2017	2018
Privadas	0,13%	0,10%	0,02%	0,01%	0,01%	0,05%	0,01%	0,01%	0,02%	0,03%
Federais	0,15%	0,48%	0,03%	0,04%	0,00%	0,00%	0,01%	0,02%	0,00%	0,01%

Fonte: Elaboração própria a partir de dados do Censo da Educação Superior.

Houve também uma redução no percentual de docentes com graduação. Em 2008, eram 6% nas instituições privadas e 14% nas federais. Até 2018, verificou-se uma redução gradativa, chegando a 0% nas instituições privadas e 2% nas federais.

Tabela 2 – Percentual de docentes com graduação

IES	2009	2010	2011	2012	2013	2014	2015	2016	2017	2018
Privadas	6%	3%	2%	1%	1%	0%	0%	0%	0%	0%
Federais	14%	8%	7%	6%	6%	5%	4%	4%	3%	2%

Fonte: Elaboração própria a partir de dados do Censo da Educação Superior.

A obtenção do grau de especialização parece ser a porta de entrada na carreira docente. Em 2008, eram 38% nas instituições privadas e 8% nas federais, mas esse percentual também foi diminuindo até 2018 e chegou a 24% nas instituições privadas e 6% nas federais.

Tabela 3 – Percentual de docentes com especialização

IES	2009	2010	2011	2012	2013	2014	2015	2016	2017	2018
Privadas	38%	38%	37%	36%	34%	33%	31%	29%	26%	24%
Federais	8%	7%	7%	7%	7%	7%	6%	6%	6%	6%

Fonte: Elaboração própria a partir de dados do Censo da Educação Superior.

Os números coletados pelo Censo apontam uma tendência contínua de redução percentual nas categorias de docentes sem graduação, que praticamente não existem mais; com graduação, que tinha um percentual maior que a categoria anterior, mas que também se tornou insignificante; e com especialização, que eram um número considerável nas IES privadas, mas perderam espaço. Esse movimento se inverte nas categorias de docentes com mestrado e com doutorado.

Os docentes com titulação de mestrado eram 41% nas IES privadas e 26% nas federais em 2009. Esse percentual passou para 50% nas IES privadas em 2018, configurando o universo mais representativo dos docentes nessa categoria administrativa, enquanto nas federais houve uma redução residual, para 26%.

Tabela 4 – Percentual de docentes com mestrado

IES	2009	2010	2011	2012	2013	2014	2015	2016	2017	2018
Privadas	41%	43%	44%	45%	47%	47%	48%	49%	49%	50%
Federais	26%	28%	29%	29%	28%	27%	26%	25%	25%	24%

Fonte: Elaboração própria a partir de dados do Censo da Educação Superior.

O grau de doutorado é a titulação acadêmica mais elevada e representa a categoria de excelência na carreira docente, a mais desejável pelos instrumentos de avaliação, que a ela atribuem as maiores pontuações. O grupo de docentes com doutorado observou um acréscimo percentual contínuo e considerável nesse período. Em 2008, eram 14% nas instituições privadas e 53% nas federais; esse número passou para 26% nas IES privadas e 68% nas federais.

Tabela 5 – Percentual de docentes com doutorado

IES	2009	2010	2011	2012	2013	2014	2015	2016	2017	2018
Privadas	14%	15%	17%	18%	18%	20%	21%	23%	24%	26%
Federais	53%	56%	57%	58%	59%	61%	63%	65%	66%	68%

Fonte: Elaboração própria a partir de dados do Censo da Educação Superior.

O gráfico abaixo ilustra o movimento de redução percentual dos docentes sem graduação, com graduação e com especialização e de aumento dos docentes com mestrado e doutorado nas IES privadas:

Gráfico 21 – Participação percentual de docentes, em exercício, na educação superior privada por qualificação docente

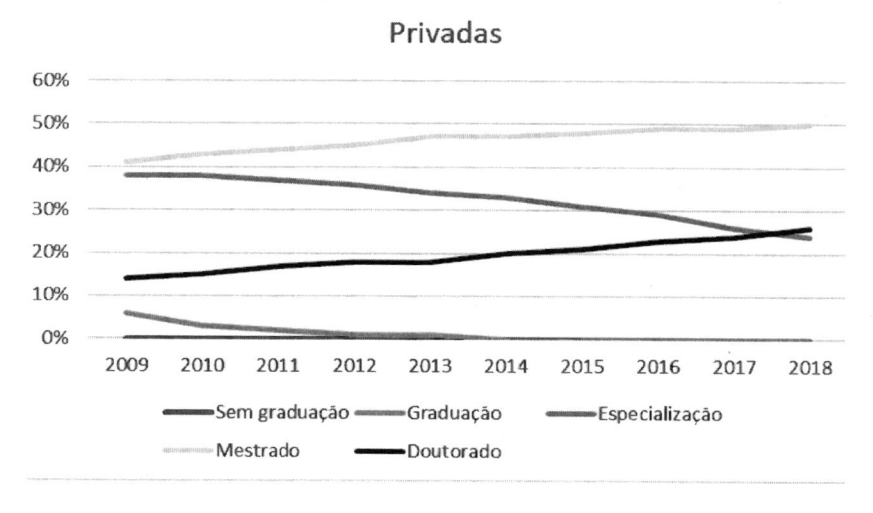

Fonte: Elaboração própria a partir de dados do Censo da Educação Superior.

Nas IES particulares, a maioria dos professores era composta pelo grupo de docentes com mestrado, e esse percentual aumentou. O segundo posto deixou de ser ocupado pelos docentes com especialização e, hoje, é composto pelos docentes com doutorado.

Gráfico 22 – Percentual de qualificação docente em IES particulares

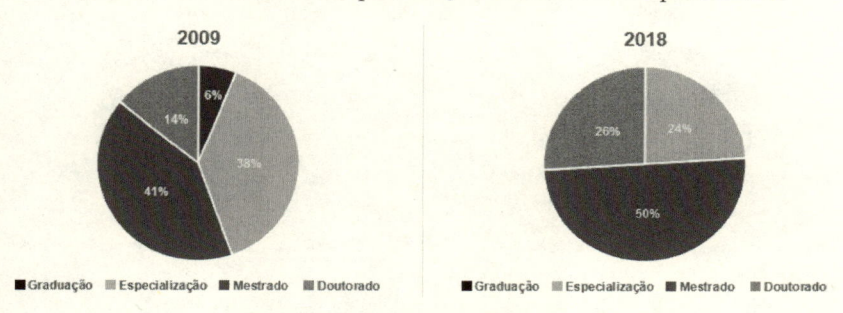

2009
- Graduação: 41%
- Especialização: 14%
- Mestrado: 38%
- Doutorado: 6%

2018
- Graduação: 26%
- Especialização: 24%
- Mestrado: 50%
- Doutorado: (não indicado)

Fonte: Elaboração própria a partir de dados do Censo da Educação Superior.

O gráfico abaixo ilustra o movimento de redução percentual dos docentes com graduação, de pequena variação negativa dos docentes com especialização e mestrado, e o aumento do percentual de docentes com doutorado nas IES federais:

Gráfico 23 – Participação percentual de docentes, em exercício, na educação superior federal por qualificação docente

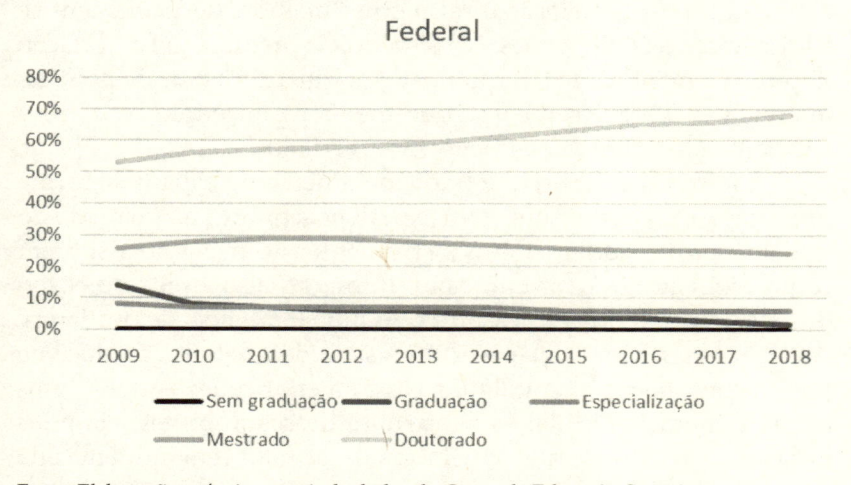

Federal (2009–2018)
Legenda: Sem graduação — Graduação — Especialização — Mestrado — Doutorado

Fonte: Elaboração própria a partir de dados do Censo da Educação Superior.

Nas IES federais, a maioria dos professores já era composta pelo grupo de docentes com doutorado e, hoje, o percentual dessa categoria é ainda maior:

Gráfico 24 – Percentual de qualificação docente em IES federais

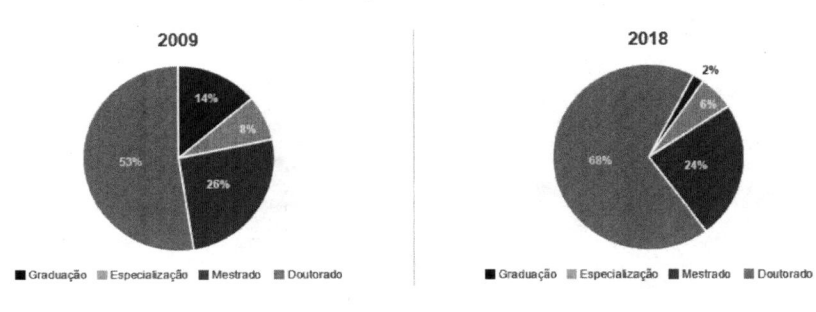

2009: Graduação 53%, Especialização 8%, Mestrado 26%, Doutorado 14%(?)

2018: Graduação 2%, Especialização 6%, Mestrado 24%, Doutorado 68%

Fonte: Elaboração própria a partir de dados do Censo da Educação Superior.

O acompanhamento dos números sobre o grau de formação dos docentes no período de 2009 a 2018 indica uma melhora constante na titulação acadêmica desses profissionais. A meta de nº 13 do PNE já foi plenamente atingida pelas IES federais e está em vias de ser cumprida também pelas IES particulares.

Trata-se de um indicativo de melhora de um insumo essencial para a análise da qualidade da educação superior. Não é possível estabelecer uma correlação direta entre a melhora desse elemento e a implementação do Sinaes. No entanto, na medida que a titulação docente é um indicador de qualidade nos instrumentos da política, interessa às IES que seu corpo docente tenha formação acadêmica suficiente para cumprir as exigências regulatórias.

Mesmo em cursos que tradicionalmente investiam de forma predominante em docentes com experiência prática no mercado do trabalho, na medida em que os instrumentos de avaliação instituem como requisito graus mínimos de formação acadêmica do corpo docente, o perfil dos professores tem uma tendência de mudança. As IES passaram a estabelecer requisitos de qualificação docente para a contratação e, em alguns casos, a criar reflexos dos títulos nas remunerações e planos de carreira desses docentes. Há bons indícios, portanto, de que a melhoria desse fator tem influência da aplicação dos instrumentos do Sinaes.

5.4.2.2 Regime de trabalho dos docentes

Outro aspecto medido pelo censo relacionado à qualidade da educação superior é o regime de trabalho dos docentes. A nota de regime de trabalho docente é componente do CPC e é calculada de acordo com a proporção de docentes em regime parcial e integral.

O censo divide os dados em docentes horistas, docentes em regime de tempo parcial, docentes em regime de tempo integral em dedicação não exclusiva e docentes em regime de tempo integral com dedicação exclusiva.

Os docentes com regime de trabalho conhecido como horista são aqueles contratados pela instituição exclusivamente para ministrar aulas, independentemente da carga horária, ou que não se enquadram em outros regimes de trabalho. Trata-se de uma categoria não desejada nos instrumentos de avaliação, que atribui melhores notas de acordo com a menor proporção de docentes contratados sob esse regime. Em 2009, eram 53% nas IES privadas e apenas 1% nas federais. Em 2018, esse número reduziu consideravelmente, passando para 30% nas IES privadas e sendo extinto nas federais.

Tabela 6 – Percentual de docentes horistas

IES	2009	2010	2011	2012	2013	2014	2015	2016	2017	2018
Privadas	53%	48%	44%	42%	40%	35%	37%	34%	33%	30%
Federais	1%	1%	1%	1%	1%	1%	0%	0%	0%	0%

Fonte: Elaboração própria a partir de dados do Censo da Educação Superior.

Os docentes com regime de tempo parcial são aqueles contratados para atuar 12 horas semanais ou mais na mesma instituição, tendo reservado pelo menos 25% do tempo para estudos, planejamento, avaliação e orientação de alunos. Em 2009, eram 26% nas IES privadas e 11% nas federais. Em 2018, esse número aumentou para 42% nas IES privadas e reduziu para 7% nas federais.

Tabela 7 – Percentual de docentes em regime de tempo parcial

IES	2009	2010	2011	2012	2013	2014	2015	2016	2017	2018
Privadas	26%	28%	31%	34%	35%	40%	38%	40%	40%	42%
Federais	11%	9%	8%	8%	8%	7%	7%	7%	7%	7%

Fonte: Elaboração própria a partir de dados do Censo da Educação Superior.

O regime de tempo integral com dedicação não exclusiva compreende a prestação de 40 horas semanais de trabalho na IES. Desse total, está reservado o tempo de ao menos vinte horas semanais para estudos, pesquisa, trabalhos de extensão, gestão, planejamento e avaliação e orientação de estudantes. Em 2009, eram 19% nas IES privadas e 16% nas federais. Em 2018, esse número aumentou para 26% nas IES privadas e reduziu para 13% nas federais.

Tabela 8 – Percentual de docentes em regime de tempo integral, dedicação não exclusiva

IES	2009	2010	2011	2012	2013	2014	2015	2016	2017	2018
Privadas	19%	22%	23%	23%	24%	23%	24%	25%	25%	26%
Federais	16%	12%	13%	14%	14%	13%	13%	13%	13%	13%

Fonte: Elaboração própria a partir de dados do Censo da Educação Superior.

O regime de tempo integral com dedicação exclusiva compreende a prestação de 40 horas semanais de trabalho na mesma instituição, implicando a impossibilidade legal de desenvolver qualquer outro tipo de atividade permanente, remunerada ou não, fora da IES. Em 2009, eram 2% nas IES privadas e 71% nas federais. Em 2018, esse número se manteve em 2% nas IES privadas e aumentou para 80% nas federais.

Tabela 9 – Percentual de docentes em regime de tempo integral, dedicação exclusiva

IES	2009	2010	2011	2012	2013	2014	2015	2016	2017	2018
Privadas	2%	2%	2%	2%	1%	1%	1%	1%	2%	2%
Federais	71%	77%	78%	77%	77%	79%	79%	79%	80%	80%

Fonte: Elaboração própria a partir de dados do Censo da Educação Superior.

As diferenças entre os regimes jurídicos de contratação e de organização dos planos de carreira dos docentes nas IES privadas e federais impõem dinâmicas e movimentos diversos nos perfis de regime de trabalho nessas instituições.

Nas IES privadas, pode-se observar uma significativa migração do regime horista para os regimes de tempo parcial e tempo integral:

Gráfico 25 – Participação percentual de docentes, em exercício, na educação superior por regime de trabalho, segundo a categoria administrativa

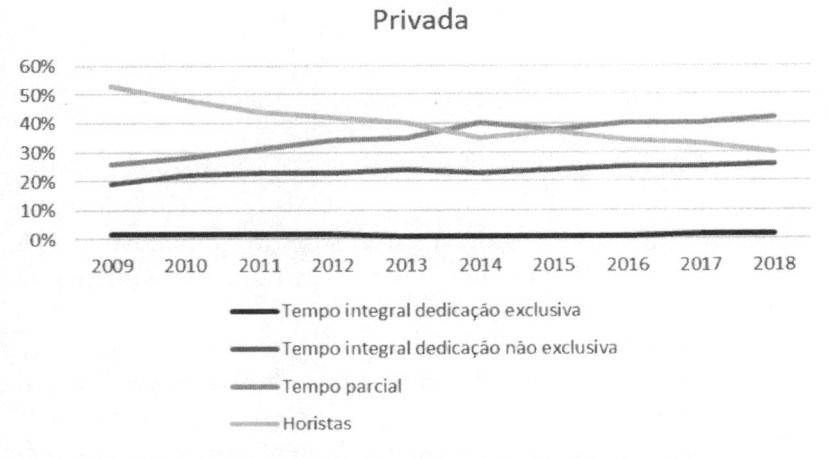

Privada

— Tempo integral dedicação exclusiva
— Tempo integral dedicação não exclusiva
— Tempo parcial
— Horistas

Fonte: Elaboração própria a partir de dados do Censo da Educação Superior.

Nas IES federais, essa movimentação foi mais tímida, pois essas instituições já tinham por característica a predominância do regime de tempo integral. Ainda assim, houve no período uma redução do percentual de docentes contratados sob o regime de tempo parcial e um aumento nos docentes de tempo integral.

Gráfico 26 – Participação percentual de docentes, em exercício, na educação superior por regime de trabalho, segundo a categoria administrativa

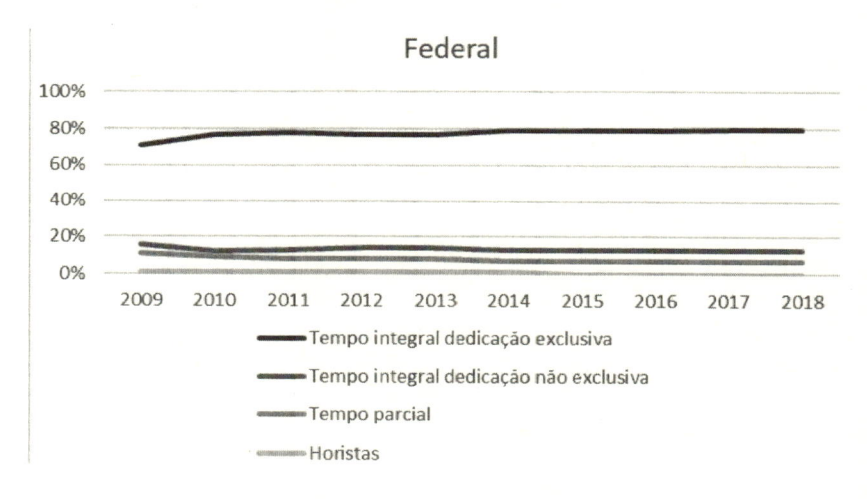

Federal

— Tempo integral dedicação exclusiva
— Tempo integral dedicação não exclusiva
— Tempo parcial
— Horistas

Fonte: Elaboração própria a partir de dados do Censo da Educação Superior.

A análise da evolução dos dados sobre o regime de trabalho dos docentes permite inferir que, no período de 2009 a 2018, houve uma melhora nesse indicador, visto que se verificaram uma redução do percentual dos docentes horistas e um incremento no percentual de docentes em tempo parcial e tempo integral.

A melhora dos dados sobre o regime de contratação de docentes nas IES privadas é digna de nota, pois se deu num contexto de expansão de grandes grupos empresariais e da implementação de modelos de gestão – processo que alguns autores chamam de mercantilização da educação superior, o que teria ocasionado a precarização das relações de trabalho docente.[31]

---

[31] Ver BERTOLIN, 2009, b.

Não é possível estabelecer uma correlação direta entre a melhora desses insumos e a implementação do Sinaes. No entanto, na medida em que o regime de trabalho docente é um indicador de qualidade nos instrumentos da política, interessa às IES que o seu corpo docente seja contratado sob o regime de trabalho exigido pelas normas regulatórias, em claro movimento de indução de melhoria da qualidade.

5.4.2.3 Relação matrícula/função docente em exercício

A relação aluno por professor não é considerada oficialmente no cálculo dos indicadores de qualidade do Sinaes. Trata-se, no entanto, de um dado calculado pelo Censo da Educação Superior como "Relação Matrículas dos Cursos de Graduação Presenciais/ Função Docente em Exercício, por Organização Acadêmica, segundo a Unidade da Federação e a Categoria Administrativa das IES" e pode fornecer informações sobre o apoio acadêmico disponível aos alunos. Quanto menor o número da relação alunos por professor, maior a probabilidade de o auxílio pedagógico ser prestado de forma adequada.

A OCDE utiliza essa informação no seu instrumento de avaliação de qualidade da educação superior dos países-membros, com o cálculo da chamada *Student-Teacher Ratio* (STR). A Organização utiliza como parâmetros de coleta os regimes docentes de tempo parcial e tempo integral na sua base de cálculo, o que pode traduzir uma informação mais confiável e passível de comparação internacional entre os diversos países-membros.

Os dados do Censo, por outro lado, são coletados sem fazer a diferenciação sobre o regime de trabalho dos docentes, ou seja, são considerados os números de matrículas dos estudantes e o número de funções docentes cadastradas. Essa metodologia pode limitar o alcance prático do dado, uma vez que, como visto, a maioria dos docentes nas IES privadas é contratada sob o regime de tempo parcial ou horista. Ao se considerar qualquer regime como uma função docente, o dado tende a ser artificialmente mais benéfico do que a realidade.

A existência da categoria de docente horista também dificulta o cálculo de acordo com o regime de trabalho, pois a metodologia do Censo inclui nessa categoria diferentes situações de trabalho dos docentes, que, por vezes, podem se assemelhar ao regime de tempo parcial, mas que, em outras situações, não têm paralelo nessa categorização. Haveria, assim, uma gama de docentes que ficaria no limbo ao se tentar fazer um paralelo com a classificação internacional.

Não obstante essa limitação metodológica na obtenção dessas informações, a relação matrícula/função docente em exercício pode ser agregada ao conjunto de dados anteriormente referidos como mais um insumo de condições de oferta relacionado com a qualidade da educação superior.

Em 2009, as IES privadas tinham 20 matrículas por função docente em exercício, e esse número aumentou para 30 em 2018. As IES federais tinham 11 matrículas por função docente em exercício em 2019, tendo sido observada uma pequena variação para 12 em 2011 e 2012, e retornando para 11 desde 2013.

Tabela 10 – Relação de matrículas por função docente em exercício

IES	2009	2010	2011	2012	2013	2014	2015	2016	2017	2018
Privadas	20	22	22	24	25	26	27	27	29	30
Federais	11	11	12	12	11	11	11	11	11	11

Fonte: Elaboração própria a partir de dados do Censo da Educação Superior.

O gráfico a seguir ilustra o aumento contínuo nesse insumo nas IES privadas no período analisado:

Gráfico 27 – Matrículas por função docente em exercício nas IES privadas

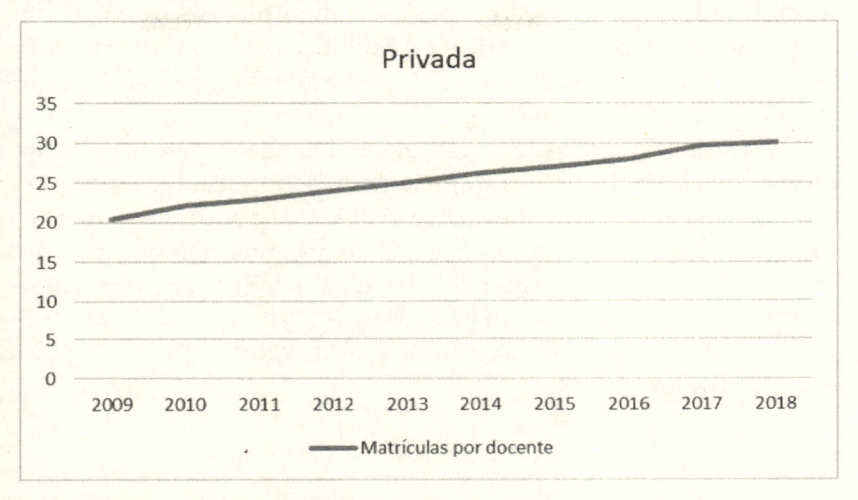

Privada

[Gráfico de linha mostrando Matrículas por docente de 2009 (aprox. 20) a 2018 (aprox. 30), com crescimento contínuo]

Fonte: Elaboração própria a partir de dados do Censo da Educação Superior.

Os dados indicam que não houve um impacto digno de nota do Sinaes na direção da melhoria da qualidade desse insumo. Nas IES federais, observa-se uma estabilidade e, nas IES privadas, observa-se o aumento contínuo da quantidade de alunos por docente, no sentido oposto ao preconizado pela ideia de qualidade.

5.4.2.4 Docentes com bolsas de pesquisa e de extensão

Um último conjunto de dados disponibilizados pelo Censo e relacionados com a oferta de educação superior de qualidade é o percentual de docentes beneficiários de bolsas de pesquisa e bolsas de extensão.

A Constituição Federal faz referência à indissociabilidade entre ensino, pesquisa e extensão nas universidades (art. 207, *caput*) e dispõe que as atividades de pesquisa, de extensão e de estímulo e fomento à inovação realizadas por universidades e/ou por instituições de educação profissional e tecnológica poderão receber apoio financeiro do poder público (art. 213, §2º).

A Lei do Sinaes também prevê que a política para o ensino, a pesquisa, a pós-graduação, a extensão e as respectivas formas de operacionalização, incluídos os procedimentos para estímulo à produção acadêmica, as bolsas de pesquisa, de monitoria e demais modalidades, deverão ser obrigatoriamente consideradas na avaliação das instituições (art. 3º). As políticas de ensino e extensão perpassam diversos indicadores dos instrumentos de avaliação *in loco* de instituições e cursos.

Apesar do respaldo constitucional e legal à pesquisa como elemento essencial e estratégico para a qualidade, os dados mostram que esse elemento ainda é incipiente na educação superior brasileira. Em 2009, havia apenas 2% de docentes beneficiários de bolsas de pesquisa nas IES privadas e 5% nas federais. Em 2018, esse número teve uma pequena oscilação positiva para 3% nas IES privadas e 7% nas federais, tendo-se observado um pico de 10% em 2011 nestas últimas.

Tabela 11 – Docentes com bolsa de pesquisa

IES	2009	2010	2011	2012	2013	2014	2015	2016	2017	2018
Privadas	2%	2%	2%	3%	3%	2%	3%	3%	3%	3%
Federais	5%	7%	10%	9%	8%	8%	9%	9%	8%	7%

Fonte: Elaboração própria a partir de dados do Censo da Educação Superior.

Na extensão, é possível verificar um maior respaldo institucional. Em 2009, 12% dos docentes eram beneficiários de bolsas de extensão das IES particulares e 21% nas federais. Em 2018, esse número aumentou para 24% nas privadas e 36% nas federais.

Tabela 12 – Docentes com bolsas de extensão

IES	2009	2010	2011	2012	2013	2014	2015	2016	2017	2018
Privadas	12%	14%	18%	19%	19%	18%	20%	21%	23%	24%
Federais	21%	26%	29%	31%	30%	31%	31%	32%	32%	36%

Fonte: Elaboração própria a partir de dados do Censo da Educação Superior.

Compilando-se os dados, observa-se um crescimento no percentual de bolsas de extensão e uma estabilidade nas bolsas de pesquisas nas IES privadas:

Gráfico 28 – Evolução do percentual de docentes com
bolsas de pesquisa e de extensão das IES privadas

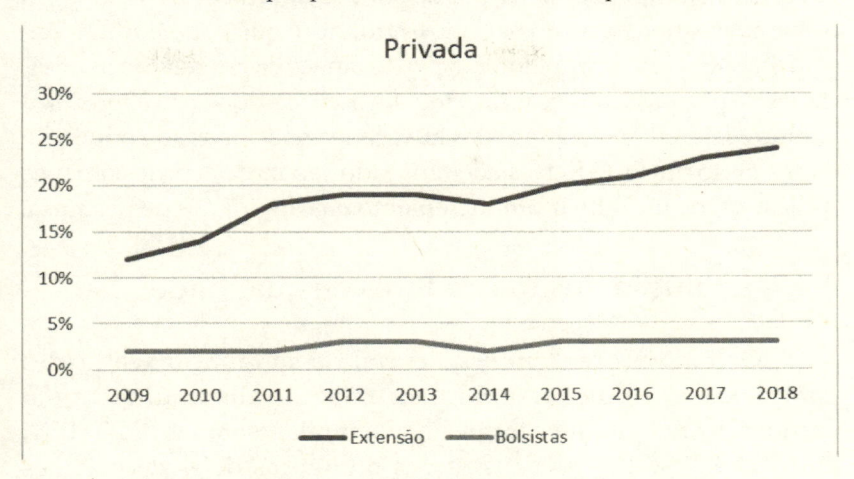

Privada

[Gráfico de linhas mostrando Extensão crescendo de ~12% em 2009 para ~24% em 2018, e Bolsistas permanecendo em torno de 2-3% ao longo do período.]

Fonte: Elaboração própria a partir de dados do Censo da Educação Superior.

No caso das IES federais, tem-se um crescimento em ambos os percentuais, mas, assim como nas IES privadas, o aumento de docentes bolsistas de extensão foi mais substancial.

Gráfico 29 – Evolução do percentual de docentes com
bolsas de pesquisa e de extensão das IES federais

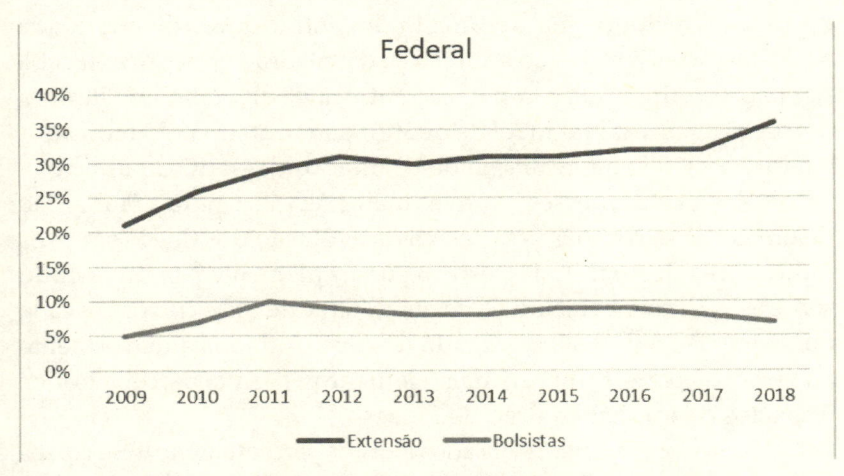

Federal

[Gráfico de linhas mostrando Extensão crescendo de ~21% em 2009 para ~36% em 2018, e Bolsistas variando entre 5% e 10% ao longo do período.]

Fonte: Elaboração própria a partir de dados do Censo da Educação Superior.

Nesse ponto, pode-se afirmar que houve uma melhora considerável na disponibilização de bolsas para os docentes envolvidos em atividades de extensão no período estudado, o que pode traduzir um impacto positivo da implementação do Sinaes. Já em relação às atividades de pesquisa, houve uma pequena oscilação, que não alterou seu caráter residual no conjunto das atividades relacionadas à educação superior no Brasil. O Sinaes não teria sido capaz, de acordo com esse indicador, de incentivar um incremento nas atividades de pesquisa.

5.4.3 Evolução dos indicadores de qualidade

Os indicadores têm o potencial de simplificar realidades complexas e promover uma padronização de resultados em categorias predefinidas e tecnicamente fundamentadas (ROTHEN; BARREYRO, 2011). As construções numéricas deles decorrentes devem ser aptas a fornecer uma imagem de simples compreensão pelos observadores, ou seja, a leitura do indicador deve ser suficiente para que se tenha uma ideia clara do que ele representa.

Nesse sentido, a qualidade da educação superior retratada pelos indicadores deveria possibilitar uma noção objetiva sobre o padrão de determinado curso ou IES e permitir uma análise comparativa de sua evolução ao longo de certo marco temporal.

Conforme debatido nos tópicos anteriores do presente capítulo, a metodologia de cálculo dos indicadores de qualidade da educação superior – ao adotar a padronização estatística – acaba por não permitir a sua comparação entre anos diversos. Isso limita a percepção sobre o real nível de qualidade retratado pelo indicador e reduz o escopo da avaliação de resultados da política pública.

Não obstante esses entraves metodológicos para a realização de uma análise comparativa acerca da evolução dos dados sobre os indicadores de qualidade desde a sua implementação, um estudo sobre as variações percentuais da quantidade de IES e cursos em cada faixa do CPC e do IGC, agregado aos outros dados anteriormente analisados, pode fornecer mais elementos para a percepção dos impactos da implementação do Sinaes.

Neste tópico, serão analisados, pois, os percentuais de IES e cursos em cada faixa dos respectivos indicadores em cada ano de publicação para verificar se é possível constatar algum movimento de aumento nas faixas de conformidade (3, 4 e 5) desde a sua implementação.

O CPC é calculado com base no Conceito Enade, no Indicador de Diferença entre os Desempenhos Observado e Esperado (IDD), na percepção dos discentes sobre as condições de oferta e nos dados sobre o corpo docente.[32]

O cálculo do CPC se dá em ciclos de três anos, com determinadas áreas sendo avaliadas em cada ano do ciclo. As definições das áreas foram sendo alteradas ao longo do tempo, de forma que é possível fazer a análise de cada uma de maneira específica, mas os dados de cada ano mostram tendências semelhantes, independentemente da área a que se referem.

Na divulgação do CPC 2009, 37,3% dos cursos não obtiveram índices mínimos de qualidade no indicador, tendo sido enquadrados nas faixas 1 e 2; 48% dos cursos foram enquadrados na faixa 3; 12%, na faixa 4; e 1,3%, na faixa 5. No CPC 2018, os cursos nas faixas insuficientes tiveram uma redução percentual para 10,4%; 59% dos cursos foram enquadrados na faixa 3; 28%, na faixa 4; e 1,5%, na faixa 5.

A análise dos dados do CPC mostra um notável movimento em direção às faixas de conformidade no período de 2009 a 2018. A faixa 2, por exemplo, reduziu de 36% para 10%. As faixas 3 e 4 aumentaram de 48% para 58%, e de 12% para 28%, respectivamente. A faixa 5, de excelência, ficou estagnada em patamares insignificantes.

Tabela 13 – Percentual de cursos em cada faixa do CPC

CPC	2009	2010	2011	2012	2013	2014	2015	2016	2017	2018
1	1,30%	0,90%	0,70%	0,50%	0,50%	0,60%	0,40%	0,30%	0,40%	0,40%
2	36%	22%	16%	16%	12%	15%	13%	8%	10%	10%
3	48%	52%	51%	57%	52%	56%	61%	53%	54%	58%
4	12%	21%	28%	23%	32%	25%	23%	36%	32%	28%
5	1,30%	1,80%	2,90%	1,40%	1,80%	1,80%	1%	1,50%	2%	1,50%

Fonte: Elaboração própria a partir de dados do Censo da Educação Superior.

---

[32] Para uma análise das fórmulas de cálculo do CPC, vide o capítulo anterior.

O IGC leva em consideração a média dos CPC, a média das avaliações dos cursos de pós-graduação *stricto sensu* realizadas pela Capes e a distribuição dos estudantes entre os diferentes níveis de ensino.[33]

Na divulgação do IGC 2009, desconsiderando-se as IES sem conceito,[34] 38,6% das IES não obtiveram índices mínimos de qualidade no indicador, tendo sido enquadradas nas faixas 1 e 2; 52% foram enquadradas na faixa 3; 7%, na faixa 4; e 1,4% na faixa 5. No IGC 2018, as IES nas faixas insuficientes tiveram uma redução percentual para 13,3%; 63% das IES foram enquadradas na faixa 3; 21%, na faixa 4; e 2%, na faixa 5.

A análise dos dados do IGC mostra um notável movimento em direção às faixas de conformidade no período de 2009 a 2018. A faixa 2, por exemplo, reduziu de 38% para 13%. As faixas 3 e 4 aumentaram de 52% para 63%, e de 6% para 21%, respectivamente. A faixa 5, de excelência, ficou estagnada em patamares insignificantes.

Tabela 14 – Percentual de IES em cada faixa do IGC

IGC	2009	2010	2011	2012	2013	2014	2015	2016	2017	2018
1	0,60%	0,50%	0,40%	0,50%	0,50%	0,50%	0,30%	0,40%	0,40%	0,50%	0,30%
2	38%	37%	30%	18%	17%	15%	14%	14%	13%	13%
3	52%	54%	57%	64%	63%	67%	67%	66%	66%	63%
4	6%	7%	10%	16%	17%	15%	16%	17%	19%	21%
5	1,40%	1,50%	1,50%	1%	1,20%	1,20%	1%	1,40%	1,60%	2%

Fonte: Elaboração própria a partir de dados do Censo da Educação Superior.

Os dados sobre CPC e IGC apresentam tendências semelhantes. Observa-se um aumento percentual nas faixas de conformidade, notadamente nas faixas 3 e 4, mas uma estagnação no nível de excelência da faixa 5, que sempre apresenta percentuais muito baixos.

---

[33] Para uma análise das fórmulas de cálculo do IGC, vide o capítulo anterior.
[34] As IES que não possuem ao menos um curso com CPC calculado no ciclo avaliativo do IGC ou matrículas no ano de referência do CPC ficam na condição "Sem Conceito (SC)".

Mesmo não sendo possível estabelecer uma comparação bruta entre os resultados dos anos analisados e ainda que a fórmula de cálculo do desvio padrão favoreça o enquadramento do indicador na faixa mínima de conformidade, o percentual de cursos em cada faixa sugere uma melhora na qualidade dos cursos e IES, com uma redução nas faixas 1 e 2, e um aumento nas faixas 3 e 4 no período de 2009 a 2018.

5.5 Conclusões

A avaliação sobre a política pública de garantia da qualidade da educação superior consubstanciada pelo Sinaes tem o objetivo de verificar se os instrumentos resultantes da implementação têm funcionado de acordo com os objetivos para os quais foram desenhados e se o programa tem atingido os resultados almejados, se tem sido apto a impactar de forma significativa no problema público que desencadeou a sua formulação.

Conforme apontado, avaliar o funcionamento e os resultados do Sinaes não é uma tarefa simples. O desenho dos instrumentos e a práxis institucional dos órgãos envolvidos na sua implementação parecem não considerar a avaliação do programa como uma etapa importante e necessária da política pública. Não foram encontradas publicações oficiais ou menções a processos internos que tenham resultado em uma avaliação desse programa de ação governamental pelo Inep, pelo MEC ou mesmo pelos outros órgãos componentes da estrutura regulatória da educação superior.

Essa omissão parece convergir com a análise da implementação exposta no capítulo anterior, na qual se defendeu que o desenho do Sinaes teve como resultado predominante a ideia e o processo avaliativo como produção de insumos para a regulação em detrimento da construção de parâmetros e metas próprias para a qualidade em si.

A avaliação dos processos, adotando como ponto de partida os relatórios detalhados elaborados pelo TCU e pela OCDE, demonstra que o sistema pode – e deve – ser aperfeiçoado. Pode-se fazer referência, como pontos cruciais, aos insumos considerados nas fórmulas de cálculo e à metodologia de cálculo dos indicadores de qualidade; e à dinâmica de realização e de integração dos resultados das visitas *in loco*. No tocante aos resultados do Sinaes, buscaram-se elementos que permitissem uma análise dos impactos das políticas em determinados insumos diretamente relacionados à qualidade e passíveis de comparação temporal.

Os dados do Censo da Educação Superior do Inep de 2009 a 2018 sobre os docentes permitem perceber melhoras significativas no grau de formação, com o aumento do número de docentes com mestrado e com doutorado. O regime de trabalho deixou de ser majoritariamente horista nas privadas, com o aumento dos números dos regimes de tempo parcial e integral; e, nas federais, houve um aumento no regime integral com dedicação exclusiva. Ambas as categorias administrativas passaram a conceder mais bolsas de pesquisa e de extensão nesse período. A relação matrícula/função docente em exercício, no entanto, permaneceu estável nas federais e teve uma piora nas IES particulares.

A análise do percentual de cursos e IES em cada faixa do CPC e IGC também demonstra uma tendência de melhoria, com um movimento constante em direção às faixas de conformidade. Houve um crescimento nos cursos e instituições nas faixas 3 e 4. A faixa 5 – de excelência – seguiu, no entanto, com números insignificantes.

Apesar dos entraves metodológicos de se fazer uma avaliação objetiva dos resultados do Sinaes, a análise dos dados do Censo e dos indicadores possibilita inferir que a implementação dos instrumentos da política teve um impacto positivo na qualidade da educação superior.

As condições de oferta analisadas hoje são, em geral, melhores do que antes da implementação da política de indicadores de qualidade da educação superior. Como fatores que justificam esse incremento, pode-se fazer referência ao Sinaes e também às políticas públicas de fomento à pesquisa e expansão da educação superior, como o Programa de Apoio a Planos de Reestruturação e Expansão das Universidades Federais (Reuni), o Programa Ciência sem Fronteiras e o aumento na concessão de bolsas de mestrado e doutorado.

Não obstante esse incremento nas condições de oferta, a política de garantia da qualidade prevista na Constituição Federal e reproduzida na Lei do Sinaes pode obter melhores resultados se passar a ser considerada também enquanto programa de ação governamental para a melhoria constante da qualidade. Com efeito, a melhoria dos dados mostra uma influência do Sinaes, mas o desenho dos arranjos institucionais do programa não permite aferir essa tendência de forma irrefutável. Parece não existir um diagnóstico oficial sobre a situação da qualidade quando do início da implementação do sistema e sobre o momento atual. O programa não prevê metas e objetivos claros para serem atingidos num curto, médio e longo prazo.

Pensar a política de garantia de qualidade para além da obtenção de padrões mínimos de conformidade demanda um rearranjo nos instrumentos regulatórios. O formato atual carece de incentivos para que os cursos e instituições melhorem seus índices para além da faixa 3. O próximo capítulo analisará, assim, a possibilidade da adoção de elementos da regulação responsiva como meio de proporcionar uma concepção de política de qualidade voltada não apenas para o fornecimento de subsídios para os processos regulatórios, mas também para a busca da melhoria contínua dos padrões de qualidade, conforme prescrito na Lei do Sinaes.

CAPÍTULO 6

A REGULAÇÃO POR INCENTIVOS E A POLÍTICA DE GARANTIA DA QUALIDADE

6.1 Introdução

O Sinaes significou um importante avanço na política de garantia da qualidade da educação superior ao estabelecer a avaliação como cerne da regulação e a articulação dos instrumentos avaliativos em torno da ideia de um sistema. Buscou, na sua concepção, representar uma ruptura de um modelo de avaliação da educação superior que promovia o *ranking* e a competitividade, baseado em estratégias de visibilidade mercadológica, representado pelo Provão, para um paradigma que propõe a avaliação formativa ao incluir a autoavaliação participativa nas instituições e propor sua articulação com a regulação do sistema (POLIDORI, MARINHO-ARAUJO; BARREYRO, 2006, p. 434).

Conforme apontado anteriormente, o desenho da política, no entanto, parece não ter priorizado a aferição e o monitoramento do objetivo da garantia da qualidade previsto na Lei do Sinaes. A implementação da política pública de garantia da qualidade se deu ao mesmo tempo da consolidação do novo sistema regulatório e resultou num sistema que tem como foco a garantia do índice mínimo de qualidade, o conceito 3 na escala de 1 a 5 prevista na lei. Os instrumentos regulatórios giram em torno dessa faixa de conformidade. Havendo intercorrências na avaliação que mostrem resultados abaixo do padrão mínimo, a regulação prevê medidas de saneamento e penalidades. Não há uma política coordenada de concessão de incentivos regulatórios em caso da obtenção de indicadores superiores ao mínimo exigido.

A articulação entre regulação e avaliação da educação superior pode se dar com base em outros preceitos, e os institutos regulatórios podem cumprir o papel de instrumentos da política de melhoria da qualidade a partir da ideia de incentivos, ou seja, a política regulatória pode dispor de seus instrumentos não apenas para aferir o cumprimento das normas pelos regulados e aplicar sanções em caso de desconformidade, mas também para incentivar boas práticas e comportamentos nos regulados.

A análise da aplicação dessa política de incentivos é um dos objetos da chamada regulação responsiva, que busca modular as intervenções regulatórias de acordo com o comportamento dos agentes e introduz o elemento da persuasão como estratégia regulatória (AYRES; BRAITHWAITE, 1992). Conforme será visto, os debates sobre responsividade giram hoje em torno da ideia de estratégias com base em incentivos regulatórios, como forma de encorajar boas práticas nos agentes regulados em busca dos padrões acima dos mínimos exigidos, ou seja, passar da regulação de conformidade para a regulação aspiracional (KOLIEB, 2015).

A partir dessas premissas, a teoria da regulação responsiva pode trazer importantes contribuições para uma reformulação dos instrumentos regulatórios do Sinaes, com o objetivo de aperfeiçoar a política pública da garantia da qualidade. A responsividade pode fornecer os elementos para a implementação de uma política que utilize os instrumentos regulatórios para garantir o cumprimento dos requisitos legais mínimos exigidos, mas que também empregue esses instrumentos para incentivar e promover a melhoria contínua dos indicadores de qualidade para os níveis mais altos.

O presente capítulo tem por objetivo, pois, problematizar as limitações da política de garantia da qualidade com seus instrumentos centrados na regulação de conformidade e, tomando por base os elementos da regulação responsiva, discutir outra forma de articulação entre regulação e avaliação, em que as estratégias regulatórias podem ser utilizadas para elevar os padrões de qualidade para além do mínimo legal exigido, ou seja, para incentivar a busca pelos patamares mais elevados de qualidade.

Inicialmente, serão expostas as bases da teoria da regulação responsiva, a partir da inserção de elementos de persuasão como estratégia regulatória e, posteriormente, dos mecanismos de incentivos de melhoria contínua dos padrões de comportamento. Serão ainda descritas experiências de aplicação dessa teoria em setores regulados em escala internacional e nacional.

Debatidos os elementos primordiais da regulação responsiva, será discutida a possibilidade da aplicação dos seus preceitos à política de garantia da qualidade do Sinaes a partir da análise de instrumentos de incentivo já presentes na legislação em vigor e de potenciais estratégias a serem implementadas em busca da melhoria contínua da qualidade.

6.2 Teoria da regulação responsiva

6.2.1 Persuasão como estratégia regulatória

A teoria da regulação responsiva teve suas bases lançadas por Ian Ayres e John Braithwaite em *Responsive regulation: transcending the deregulation debate*,[35] em 1992. Os autores adotaram como ponto de partida a discussão então em voga – período marcado pela ascensão do discurso neoliberal – sobre a necessidade de reformas para desregular os mercados ou, por outro lado, para aumentar o papel regulatório do Estado. Propuseram, em contraposição a essa polarização, uma metodologia na qual as estratégias regulatórias poderiam ser reformuladas para tornar a regulação mais eficaz a partir do diálogo entre os agentes, adotando-se elementos tanto de autorregulação quanto de intervenções estatais mais severas.

A discussão em torno da reforma da regulação tomava por base a insatisfação com a eficácia do Estado regulatório contemporâneo. Por um lado, alguns entendiam que a regulação estatal seria um fator de ineficiência dos mercados e, por isso, deveria ser suprimida para dar espaço para movimentos de autorregulação pelos agentes. Outra corrente defendia que a regulação seria ineficaz

---

[35] *Regulação responsiva: transcendendo o debate da desregulação*, em tradução livre.

e comumente cooptada pelos agentes econômicos, o que demandaria um fortalecimento do Estado nesse campo. A resposta para cada uma dessas críticas caminhava para caminhos opostos entre si e, por vezes, travava o debate em torno das reformas regulatórias requeridas. Ayres e Braithwaite (1992) observaram, ainda, que as políticas de desregulação às vezes eram sucedidas por medidas de fortalecimento da regulação, como no caso das privatizações. Os autores buscaram, então, transcender esse dilema e propor um modelo alternativo de regulação que realmente leve em consideração cada uma dessas demandas.

Um primeiro postulado teórico da regulação responsiva é a ideia de diálogo entre regulador e regulado. A regulação deve se moldar ao agente destinatário daquela intervenção. Para ser eficaz, a regulação deve ser maleável, ter a capacidade de se adaptar aos contextos, conjunturas, agentes envolvidos e objetivos do Estado naquele momento para cada mercado. O regulador deve estar atento ao perfil, objetivos e ações dos agentes regulados. Cada mercado possui determinadas peculiaridades. As regulações em si modificam a estrutura desses mercados e as motivações dos agentes econômicos que neles atuam. Da mesma forma, o comportamento dos regulados deve também moldar o grau de intervenção estatal no setor (AYRES; BRAITHWAITE, 1992). A estratégia regulatória deve se adaptar, assim, ao comportamento dos agentes – daí o nome "responsiva", em contraposição à ideia tradicional de regulação prescritiva e estática.

Identificados o perfil e motivações dos agentes, a implementação das ações regulatórias deve escalar das medidas menos interventivas – menos onerosas e traumáticas – para as medidas mais drásticas, ou seja, devem ser adotadas estratégias para que as prescrições regulatórias sejam, a princípio, adotadas de forma autônoma pelos agentes e, só depois, escalarem, se necessário, para uma atuação estatal mais presente. Para os autores, "o escalonamento da intervenção estatal poderá reforçar e ajudar a constituir formas menos intrusivas e delegadas de regulação" (AYRES; BRAITHWAITE, 1992, p. 4). Os estudos empíricos analisados pelos autores demonstram a ineficácia de se partir diretamente para as medidas punitivas. A regulação responsiva prescreve então o diálogo e a cooperação como forma prioritária de intervenção e, só depois, o escalonamento gradual para medidas mais interventivas.

A regulação responsiva adota, assim, a noção de maleabilidade na atuação do agente regulador, a possibilidade de moldar a intervenção estatal ao comportamento dos agentes regulados. Essa flexibilidade tem por objetivo conferir maior dinamismo e eficiência à atividade regulatória.

Essas múltiplas possibilidades de decisão quanto às respostas regulatórias a serem impostas para cada caso vão de encontro ao formalismo regulatório tradicional, que busca determinar de antemão as respostas cabíveis para cada situação, sem maiores preocupações com as circunstâncias concretas de cada caso.

Uma terceira ideia central da regulação responsiva é a possibilidade da adoção de instrumentos de persuasão como estratégia regulatória. Segundo Gunningham (2010), os comandos normativos demandam medidas de aplicação (*enforcement*) para que sejam seguidos pelos destinatários. Essa aplicação, em geral, é estimulada pela previsão de punição, da imposição de sanções em caso de descumprimento da norma. O monitoramento do cumprimento dos comandos normativos exige, no entanto, algum grau de engajamento – e recursos – da estrutura das agências regulatórias. A regulação responsiva busca, por outro lado, agregar a persuasão como medida de aplicação das normas regulatórias, ou seja, a cooperação e o diálogo entre os agentes podem ser capazes de induzir o cumprimento das normas regulatórias voluntariamente, de forma a tornar a regulação mais efetiva e menos onerosa.

A harmonização desses elementos, no entanto, é uma tarefa desafiadora. A estratégia regulatória baseada na punição pode minar a ponte de diálogo entre regulador e regulados e inibir o espaço para a cooperação, principalmente no caso dos agentes motivados por um senso de responsabilidade. Já o foco na persuasão fragiliza a credibilidade e o potencial coercitivo do ente regulador e poderá ser aproveitado por agentes motivados pela racionalidade econômica. A fórmula residiria numa sinergia entre a persuasão e a punição. O diálogo entre regulador e regulado geraria um ciclo virtuoso de cooperação entre os sujeitos, com vistas a tornar a regulação mais eficaz, mas esse diálogo, por outro lado, só seria possível diante da possibilidade da imposição de penalidades pelo regulador. A disponibilidade, pelo regulador, de sanções que afetem economicamente os regulados é que abriria a porta para o desenvolvimento do diálogo proposto.[36] A resposta regulatória adequada e eficaz deve variar de acordo com o comportamento do agente. Um importante avanço desse modelo foi o reconhecimento de que os diferentes agentes de um setor regulado têm motivações diversas para seguir ou não seguir as prescrições regulatórias. No caso dos agentes identificados como racionais, aqueles que só atendem aos comandos legais se forem economicamente benéficos para o negócio, a aplicação de punições deve ser mais eficaz. Já para os chamados agentes virtuosos, que cumprem os comandos legais por um imperativo moral, haveria uma predisposição para a cooperação, e as medidas de persuasão seriam mais eficazes.

Os autores assim sistematizam a importância da persuasão como estratégia regulatória:

a) Os agentes econômicos são imbuídos de compromissos contraditórios com valores sobre racionalidade econômica, obediência à lei e responsabilidade empresarial. Alguns agentes só cumprirão a lei se considerarem economicamente vantajoso; a maioria dos agentes cumprirá a lei em geral simplesmente porque é a lei.

b) Uma estratégia baseada unicamente na persuasão e autorregulação será deturpada pelos atores motivados pela racionalidade econômica.

c) Uma estratégia baseada majoritariamente na punição vai minar a boa vontade dos agentes quando eles forem motivados por um senso de responsabilidade.

d) Punição é custosa. Persuasão é barata. Uma estratégia baseada principalmente na punição desperdiça em litígios recursos que poderiam ser mais bem aplicados em monitoramento e persuasão.

e) Uma estratégia baseada na punição promove um ambiente empresarial de resistência à regulação, em que os métodos para burlar a legislação passam a fazer parte da cultura do

---

[36] *"Regulators will be more able to speak softly when they carry big sticks [...] Paradoxically, the bigger and the more various are the sticks, the greater the success regulators will achieve by speaking softly"* (AYRES; BRAITHWAITE, 1992, p. 19).

setor regulado. O foco na punição cria um jogo regulatório de gato e rato, em que as empresas descumprem a lei, explorando lacunas, e o Estado escreve regras cada vez mais específicas e engessadas para tentar inibir esses abusos (AYRES; BRAITHWAITE, 1992, p. 19-20).

Em síntese, a regulação responsiva propõe estratégias de melhoria da eficácia da regulação a partir da consideração das motivações dos agentes regulados e da sinergia entre as estratégias regulatórias de persuasão/cooperação e comando/punição, operacionalizadas por medidas escalonadas de intervenção estatal.

Essas estratégias regulatórias foram sistematizadas em torno das chamadas pirâmides regulatórias, esquema que buscou representar e esquematizar visualmente o escalonamento das intervenções do Estado no ambiente regulatório, de acordo com o perfil e o comportamento dos agentes.

A pirâmide delas é a pirâmide de estratégias regulatórias, que procura demonstrar a dinâmica de utilização proposta para as variadas formas de intervenções regulatórias possíveis, consubstanciadas no diálogo entre a autorregulação, a corregulação e a regulação de comando e controle.

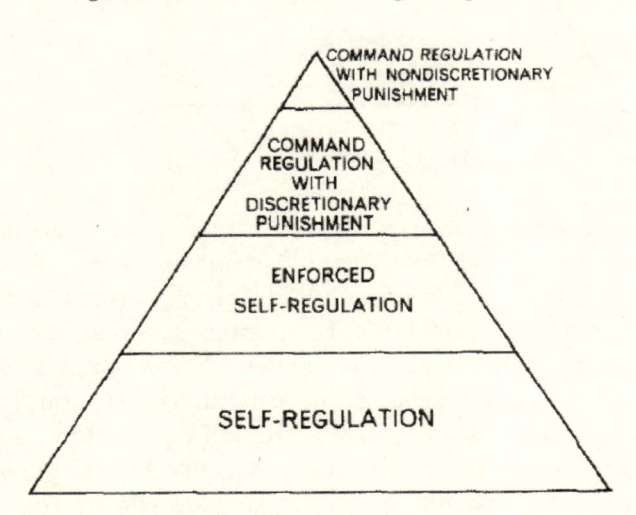

Figura 2 – Pirâmide de estratégias regulatórias

Fonte: AYRES; BRAITHWAITE, 1992, p. 39.

Traduzindo-se essas formas de intervenção para as ações concretas a serem tomadas pelo regulador no acompanhamento da aplicação dos comandos regulatórios, há a chamada pirâmide de constrangimentos (*enforcement pyramid*), que elenca e exemplifica o escalonamento entre as medidas de cooperação/persuasão até a sanção mais rígida. Segundo Aranha (2019, p. 135), "é precisamente no rol de técnicas regulatórias da pirâmide de constrangimento onde o regulador deve exercitar seu esforço inovador, pois para cada setor e conjuntura regulatória, haverá diferentes técnicas".

Figura 3 – Pirâmide de constrangimentos (*enforcement*)

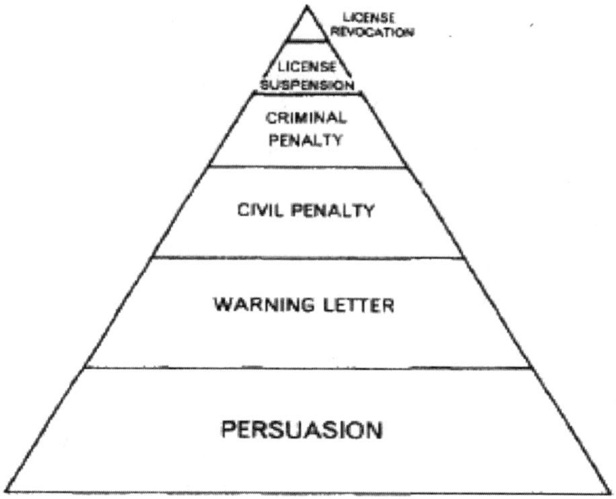

Fonte: AYRES; BRAITHWAITE, 1992, p. 35.

A pirâmide é organizada de forma que as estratégias baseadas na persuasão/cooperação são situadas na base. Uma vez que são compreendidas como o momento prioritário, mais receptivo e eficaz da regulação, devem corresponder ao início do processo regulatório e à maioria das intervenções. Nesse ponto, incluem-se as advertências, notificações e outras medidas mais brandas.

As medidas interventivas vão sendo inseridas de forma escalonada, progressivamente, nos casos em que a cooperação não produza resultados ou em que, pela gravidade do caso em análise, seja desde já necessária. Não sendo possível garantir a aplicação das normas pela via do diálogo, dá-se início à imposição de estratégias punitivas. No topo da pirâmide, estão as estratégias que resultam na aplicação das punições mais severas, as situações extremas e irremediáveis, que devem, num ambiente responsivo, corresponder à minoria dos casos.

Dessa maneira, os recursos necessários a uma resposta mais interventiva e mais custosa são resguardados para uma minoria de casos em que ela é realmente imperiosa, e, ademais, a intervenção é tida como mais legítima, pela oportunidade de participação na estipulação da solução mais adequada quando da deliberação ocorrida na base da pirâmide. Quando há uma tentativa de diálogo no início da fiscalização regulatória, as medidas coercitivas que eventualmente venham a ser aplicadas num momento posterior tendem a ser vistas como mais legítimas e, quando a regulação é vista como legítima e justa, é mais provável que os regulados cumpram suas normas (BRAITHWAITE, 2011).

Compulsando-se essa estrutura com os conceitos sobre os diferentes perfis de agentes regulados, pode-se sistematizar a organização da pirâmide da seguinte forma: a) na base estão as medidas de persuasão, destinadas aos agentes virtuosos, que precisam apenas ter ciência e entendimento do que é exigido; b) no meio, as medidas coercitivas, que gerarão um custo, destinadas aos agentes racionais; e c) no topo, as medidas aplicáveis para os agentes que não podem ser considerados virtuosos ou racionais, que são incapazes de cumprir os objetivos da regulação, mesmo após o escalonamento das intervenções, e devem assim ser excluídos do ambiente regulado.

Importante destacar que o esquema da pirâmide não é estático. Não é necessário que o agente regulador percorra todas as escalas de forma uniforme. A situação concreta pode ensejar uma intervenção direta no meio da pirâmide ou mesmo no topo. Nesse ponto, Braithwaite (2002) apresenta como exemplo uma situação de risco em uma usina nuclear, na qual se verifica que o corpo gestor não tem formação em engenharia, o que os capacitaria a entender e contribuir com as medidas de cooperação. Nesse caso, a medida correta seria, desde logo, a suspensão ou encerramento das atividades.

Os autores pretendem ainda que o desenho da pirâmide seja um esquema interpretativo, uma forma de aplicação das normas regulatórias a serem aplicadas e adaptadas de acordo com o setor regulado. Não se trata, pois, de uma fórmula a ser indistintamente reproduzida.

O modelo piramidal de atuação regulatória tem influenciado as ações de diversas agências ao redor do mundo. Kolieb (2015) aponta que o modelo é muito atrativo tanto para os reguladores quanto para os regulados. Pela perspectiva dos primeiros, a presunção de que a persuasão pode funcionar na maioria dos casos significa que eles podem focar seus esforços nas estratégias mais baratas e colaborativas de regulação e comprometer menos tempo e recursos nas custosas medidas punitivas do topo da pirâmide. Já para os regulados, as medidas regulatórias mais brandas reduzem seus custos financeiros e organizacionais. Assim, esse modelo dinâmico proporcionaria um gerenciamento eficiente de recursos e competências pelos reguladores e também possibilitaria o desenvolvimento de uma relação construtiva de diálogo entre reguladores e regulados.

Não obstante essa ampla aceitação da teoria da regulação responsiva entre as instâncias regulatórias governamentais e também no ambiente acadêmico, ao longo do tempo o modelo foi objeto de críticas e de propostas de aperfeiçoamento.

Dentre as críticas, podem-se destacar: a dificuldade de enquadramento dos conceitos de agentes racionais e virtuosos em ambientes regulatórios vastos e complexos; a não adaptação do modelo a determinados setores (como o bancário); o foco na atuação do Estado, quando em muitos países tem-se um movimento de autorregulação; a fragilidade, do ponto de vista legal, da discricionariedade na aplicação de sanções; e o risco de captura do regulador pelos regulados como resultado dos constantes diálogos propostos como estratégia regulatória.

Essas análises resultaram na formulação de algumas teorias que propuseram aperfeiçoamentos pontuais na teoria da regulação responsiva ou mesmo teorias que partiram de suas bases para apresentarem novos modelos. No primeiro caso, faz-se referência a Braithwaite, Makkai e Braithwaite (2011), que elaboraram uma nova proposta de pirâmide de incentivos, e a Kolieb (2015), com a ideia do diamante regulatório que agrega à pirâmide responsiva o elemento da chamada regulação aspiracional; no segundo caso, despontaram a *Smart Regulation*,[37] de Gunningham e Grabosky (1998), a *Problem-centered Regulation*,[38] de Sparrow (2000), e a *Really Responsive Regulation*,[39] de Baldwin e Black (2008).

Cada uma dessas abordagens focou em certos aspectos da regulação responsiva e propôs novos elementos e modelos para discussão. Para os fins do presente estudo, da análise da política de garantia da qualidade da educação superior, mostra-se interessante detalhar e discutir as estratégias regulatórias de incentivos propostas por Braithwaite, Makkai e Braithwaite (2011) e por Kolieb (2015).

6.2.2 Regulação por incentivos

A criação de estratégias para a garantia da aplicação das normas regulatórias foi um passo importante da regulação responsiva. Num contexto de discussão crescente sobre a desregulação, Ayres e Braithwaite foram exitosos em levar a discussão sobre a eficiência da regulação para outros paradigmas, em afastar o debate da pauta da dicotomia entre a regulação pelo Estado ou a regulação pelos próprios agentes.

O amadurecimento da teoria, após a sua submissão ao crivo acadêmico e sua aplicação prática em diversos setores regulados, mostrou que a garantia da aplicação das normas (*compliance*) era apenas uma das facetas da regulação. A regulação responsiva poderia ser aperfeiçoada e seus paradigmas serem utilizados para irem além da garantia dos padrões mínimos. A responsividade deveria também incentivar comportamentos que extrapolassem os mínimos legais requeridos.

Segundo Aranha (2019), a modalidade de regulação por incentivos, ainda que por meio de orientações estatais impositivas, abriria espaço para que os meios e fins escolhidos para o cumprimento da ordem estatal fossem prioritariamente via opções de racionalidade do negócio regulado. A regulação por incentivos aplica métodos de amenização do conflito de interesses entre

---

[37] *Regulação inteligente*, em tradução livre.
[38] *Regulação baseada em problemas*, em tradução livre.
[39] *Regulação responsiva de verdade*, em tradução livre.

sociedade e regulado, buscando um alinhamento entre os interesses de ambos, em um formato menos invasivo que o exercido na regulação por comando e controle e com a responsabilidade pelos resultados da regulação compartilhada entre os atores da regulação.

Kolieb (2015) aponta que o desenho original da pirâmide regulatória é excessivamente focado na aplicação das normas e não se detém suficientemente nas estratégias de incentivo aos agentes virtuosos – um dos objetivos originais da regulação responsiva. Esse foco na garantia de padrões de comportamento limitaria o potencial de alcance da regulação. Recompensas, incentivos e outros mecanismos de encorajamento de comportamentos positivos para além desses padrões não teriam o espaço devido.

Com efeito, a regulação que tem como um dos seus objetivos a concretização de direitos – para além da mera normatização de setores econômicos – não pode se restringir a resguardar a aplicação das normas.

A persuasão não deve se restringir, pois, ao cumprimento dos padrões regulatórios mínimos. Pode envolver também incentivos para que os agentes sejam atraídos para as melhores práticas regulatórias e busquem continuamente ir além do esperado, além do mínimo exigido pelas normas editadas pelos órgãos reguladores.

Diante desse quadro, o próprio Braithwaite, em conjunto com Makkai e Braithwaite, propôs a reformulação da pirâmide regulatória, com a publicação de *Regulating aged care: ritualism and the new pyramid*[40] (2007). Os autores reconhecem que um dos tradicionais dilemas da regulação responsiva é que, na pirâmide regulatória, as sanções são mais destacadas que as recompensas. No desenho original da pirâmide, seria impossível integrar satisfatoriamente sanções e recompensas. Propuseram então um redesenho da representação gráfica da regulação responsiva em torno de um modelo de pirâmide dupla, no qual a pirâmide regulatória clássica, com o escalonamento de sanções, seria complementada por uma pirâmide paralela de reconhecimentos,[41] com o escalonamento de recompensas regulatórias.

---

[40] *Regulando os cuidados com idosos: ritualismo e a nova pirâmide*, em tradução livre.
[41] *Strengths-based pyramid*, no original.

Essa pirâmide de incentivos não teria o objetivo de garantir padrões mínimos, mas de aumentar a qualidade elevando os padrões aos níveis máximos. A ideia-chave é a melhoria contínua dos padrões. A estratégia regulatória passaria a aliar a identificação dos riscos e problemas, e suas soluções, com a identificação dos pontos fortes para tentar maximizá-los. O regulador teria o papel de verificar o devido cumprimento das normas, a garantia dos padrões mínimos, mas também de analisar as boas práticas dos regulados, de forma a poder incentivar uma contínua melhoria nesses comportamentos positivos.

Figura 4 – Modelo da pirâmide dupla

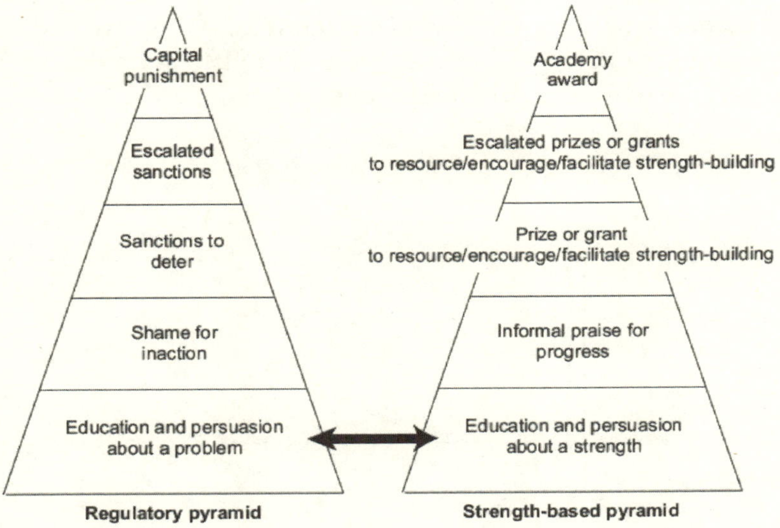

Fonte: BRAITHWAITE; MAKKAI; BRAITHWAITE, 2008, p. 319.

As duas pirâmides são ligadas na base porque educação e persuasão sobre os problemas e pontos fortes dos regulados devem ser identificadas e analisadas pelo mesmo órgão regulador. A combinação dessas duas pirâmides seria mais eficaz para o fomento da melhoria contínua dos padrões do que estratégias regulatórias de sanções e incentivos separadas.

Enquanto a pirâmide regulatória escala das sanções mais brandas para as sanções incapacitantes, que retiram o agente do setor, a pirâmide de reconhecimentos pode alternar entre recompensas e incentivos para amplificar e encorajar aqueles que estão atuando a partir de boas práticas e buscando superar os padrões mínimos exigidos.

Kolieb, em *When to punish, when to persuade, when to reward: strengthening responsive regulation with the regulatory diamond*[42] (2015), reconhece que o modelo de pirâmide dupla representou um avanço em relação à pirâmide regulatória original. No entanto, a proposta teria algumas limitações: a descontinuidade entre as duas pirâmides, que significaria a ideia de alternância ao invés de continuidade; e a nomenclatura da pirâmide de incentivos, que não deixaria claro se tratar também de outra faceta da pirâmide regulatória, a ela complementar, mas, sim, com ela contrastando.

O autor propôs, então, outro desenho de estratégias regulatórias que considerem também os incentivos, por ele batizado de diamante regulatório, com o objetivo de refletir uma concepção contemporânea de regulação responsiva.

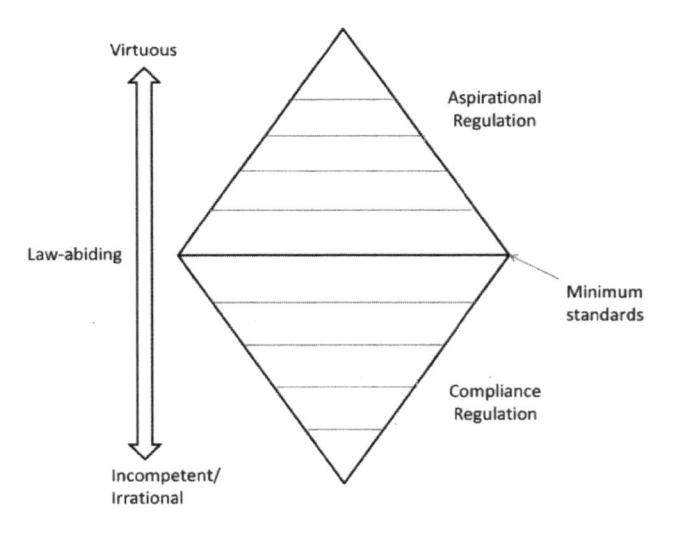

Figura 5 – Diamante regulatório

Fonte: KOLIEB, 2015, p. 150.

---

[42] *Quando punir, quando persuadir, quando recompensar: reforçando a regulamentação responsiva com o diamante regulatório*, em tradução livre.

O diamante regulatório propõe-se a representar inovações que possibilitem uma melhor coerência teórica e utilidade prática à regulação responsiva. A proposta incorpora as atividades da regulação de conformidade (*compliance regulation*) – marcas da pirâmide regulatória original – e o que Kolieb chama de regulação aspiracional, os mecanismos regulatórios que incentivem os regulados a buscarem padrões de comportamentos para além da aderência aos patamares mínimos exigidos. Ou seja, tomam-se como ponto de partida as técnicas de persuasão e punição consagradas pelas primeiras versões da teoria da regulação responsiva e representadas na pirâmide, e adicionam-se instrumentos de recompensa que incentivem a melhoria contínua nas práticas dos agentes regulados para além dos mínimos legais, uma busca por metas elevadas de comportamentos virtuosos.

A representação gráfica do diamante se dá com base em três elementos: a) os padrões mínimos de comportamentos, representados pela linha que reparte o diamante no meio; b) os mecanismos que visam garantir a aplicação (*enforcement*) desses padrões, representados pela regulação de conformidade (*compliance regulation*) na parte inferior do diamante (a pirâmide regulatória invertida); e c) os mecanismos de incentivo, que buscam encorajar os regulados a excederem os padrões mínimos e atingirem objetivos mais elevados, representados pela regulação aspiracional (*aspirational regulation*) na parte superior do diamante.

Assim como na pirâmide regulatória, permanece no diamante o sistema de camadas, de escalonamento, tanto no nível superior quanto no inferior da figura. Os níveis mais próximos ao centro representam os mecanismos de diálogo, as medidas educacionais, em que a maioria das intervenções regulatórias deve ocorrer. À medida que se afastam do meio, as medidas regulatórias têm um caráter cada vez mais oneroso e punitivo (na parte inferior) ou de recompensa (na parte superior). Em ambos os casos, a frequência dessas intervenções deve diminuir à medida que se movem para as pontas.

Kolieb destaca ainda o papel da lei no esquema regulatório. Ao contrário do desenho da pirâmide, o diamante inclui a lei no meio da figura, como o instrumento que estabelece os padrões mínimos exigidos e cuja aderência permeia a sua parte inferior. A previsão de uma parte superior ao mínimo legalmente exigido busca demonstrar, assim, que a aderência à lei não deve ser o objetivo principal da regulação.

O elemento que busca de fato elevar a regulação responsiva é o que o autor chama de regulação aspiracional, localizada na parte superior do diamante. Inspirada na pirâmide de incentivos de Braithwaite, Makkai e Braithwaite, busca destacar que há uma série de opções regulatórias disponíveis para elevar o comportamento dos regulados que atingiram os padrões mínimos, ou seja, encorajar práticas ainda mais positivas, elevar os padrões comportamentais dos regulados para patamares mais complexos que a mera conformidade.

O cumprimento dos ditames legais mínimos não deve representar o objetivo último da regulação. Assim, o destaque também para os objetivos regulatórios ideais teria o potencial de "abrir uma nova forma de se ver a função do direito na regulação como instrumento regulatório relevante para a definição de padrões mínimos, mas ao mesmo tempo, insuficiente para a projeção de padrões ideais" (ARANHA, 2019, p. 146).

6.3 Repercussão e aplicação da regulação responsiva

Concomitantemente ao amadurecimento teórico da metodologia da regulação responsiva no âmbito acadêmico, seus elementos foram sendo também objeto de aplicação prática em vários países e nos mais diversos setores regulados. A ideia de responsividade e sua flexibilidade encontraram campo fértil de aplicação, num contexto de busca de eficácia das estratégias regulatórias, e vêm sendo objeto inclusive de recomendações de organizações internacionais.

A Organização para a Cooperação e Desenvolvimento Econômico (OCDE) recomenda aos seus membros a adoção dos princípios da regulação responsiva na aplicação das normas regulatórias. Segundo o *OECD Regulatory Enforcement and Inspections Toolkit*,[43] as ações regulatórias devem ser moduladas de acordo com o perfil e comportamento de cada regulado. Sobre a aplicação de sanções, o

---

[43] *Conjunto de ferramentas de fiscalização e inspeção regulatória da OCDE*, em tradução livre.

documento afirma que há fortes evidências de que a regulação responsiva alcança resultados melhores do que a política de aplicação de sanções uniformes para cada violação (OECD, 2018, p. 25-26).

Elementos da regulação responsiva são também referidos pela União Europeia no documento da Comissão Europeia denominado *Commission staff working document: impact assessment*[44] (EUROPEAN COMMISSION, 2017), que elenca propostas de harmonização das diversas regras regulatórias do mercado comum e menciona as estratégias de dissuasão como táticas preferenciais a serem adotadas pelos agentes reguladores.

No âmbito do Brasil, algumas agências reguladoras, seguindo a tendência internacional, deram início à reformulação das respectivas legislações e procedimentos regulatórios para aplicar instrumentos inspirados na regulação responsiva.

A Agência Nacional de Aviação Civil (Anac), responsável pela regulação e fiscalização das atividades da aviação civil e da infraestrutura aeronáutica e aeroportuária, editou a Resolução nº 472/2018, que estabelece providências administrativas decorrentes do exercício das atividades de fiscalização. A norma prevê que o resultado da fiscalização desencadeará a adoção de providência administrativa, que poderá ser preventiva, sancionatória e acautelatória. Essas medidas são escalonadas, e a decisão pela sua aplicação deve levar em consideração o histórico e os indicadores de risco e de desempenho dos regulados.

Na mesma linha, a Agência Nacional de Energia Elétrica (Aneel), responsável pela regulação do setor elétrico, editou a Resolução Normativa nº 846/2019, que aprova os procedimentos, parâmetros e critérios para a imposição de penalidades aos agentes do setor de energia elétrica e dispõe sobre diretrizes gerais da fiscalização da agência. A resolução prevê como objetivos primordiais da fiscalização a educação e orientação dos agentes do setor de energia elétrica e a prevenção de condutas violadoras da lei, dos regulamentos e dos contratos. A aplicação das penalidades previstas se dá de forma escalonada e de acordo com o histórico e comportamento dos regulados.

---

[44] *Documento de trabalho dos funcionários da Comissão: avaliação de impacto*, em tradução livre.

A Agência Nacional de Telecomunicações (Anatel) também adotou a regulação responsiva, com a publicação da Resolução nº 717/2019, que aprovou o Regulamento de Qualidade dos Serviços de Telecomunicações (RQual), tendo a atuação de forma responsiva como princípio da gestão de qualidade do setor e prevendo que, para alcançar os objetivos e princípios da qualidade, a agência deve se basear na regulação responsiva, com a adoção de medidas proporcionais ao risco identificado e à conduta das prestadoras.

A aplicação da regulação responsiva nos processos sancionatórios parece já estar se consolidando nas agências reguladoras nacionais. Não obstante esse viés, constata-se também o início das discussões para aplicação também dos instrumentos regulatórios de incentivos. Nesse sentido, a Anatel firmou, em janeiro de 2019, uma parceria com a Universidade de Brasília (UnB), com o objetivo de elaborar um estudo aprofundado dos impactos da implementação de um modelo regulatório mais responsivo, notadamente com a proposta de adoção de uma regulação apoiada em incentivos.

6.4 Articulação entre regulação por incentivos e política de garantia da qualidade

A construção da política regulatória da educação superior se deu de forma concomitante e complementar à implementação da política de garantia de qualidade prevista no Sinaes. Nesse contexto, pode-se afirmar que a reformulação da regulação foi encarada como prioridade, e isso resultou na sua sobreposição à agenda da melhoria da qualidade, que não foi contemplada com objetivos e metas próprios, e restou assumindo o caráter de mero subsídio, insumo para a análise dos processos regulatórios.

A política pública de garantia da qualidade da educação superior não contempla instrumentos coordenados de incentivos para que as instituições melhorem os índices em busca dos padrões mais elevados. Essa ênfase na garantia do padrão mínimo acaba por reduzir o escopo da avaliação de qualidade a um mero dado a ser utilizado nos processos regulatórios e limitar o alcance da política, em desacordo inclusive com os preceitos legais que a instituíram.

A articulação entre regulação e avaliação não precisa, no entanto, ser construída sob essas bases. É possível que a política regulatória e a política de garantia da qualidade se retroalimentem num ciclo virtuoso, de modo que se mantenha a ideia da qualidade como elemento essencial da regulação, mas também que se possa dispor de instrumentos e estratégias regulatórias de incentivo para induzir a melhoria contínua dos indicadores oficiais de qualidade.

A regulação responsiva vem sendo implementada nas agências majoritariamente pelo viés sancionatório, tendo a previsão de estratégias de persuasão e pirâmides de sanções para conferir maior grau de conformidade à legislação regulatória como elementos de destaque.

Aqui, rememora-se que Ayres e Braithwaite deixam claro que a teoria da regulação responsiva não prescreve um modelo de regulação pronto e acabado a ser seguido, mas recomendações e análises com base em experiências, que podem ser adaptadas a diversos setores e ambientes regulatórios (AYRES; BRAITHWAITE, 1992).

Sob essa perspectiva, pode-se pensar também numa reformulação da política regulatória da educação superior com base na responsividade. O universo regulatório, com 2.416 instituições de educação superior e 36.382 cursos sob responsabilidade do Ministério da Educação (INEP, 2020), aumenta o desafio do mapeamento e monitoramento dos comportamentos dos agentes para uma atuação responsiva do regulador. No entanto, o histórico dos indicadores de qualidade e dos processos de supervisão pode fornecer importantes subsídios para a adoção de elementos de responsividade ligados à qualidade.

Tendo em vista o problema do foco na regulação de conformidade apontado, o presente trabalho pretende centrar no aspecto da regulação aspiracional, na possibilidade da utilização de instrumentos regulatórios de incentivo como parte da política de melhoria da qualidade.

Uma vez identificado que o foco da avaliação de qualidade é verificar a conformidade das IES e cursos aos padrões mínimos exigidos pela legislação e que isso limita o escopo da política de garantia da qualidade, entende-se que os elementos da regulação responsiva, notadamente a utilização de instrumentos regulatórios para incentivar os agentes a perseguirem níveis mais elevados de qualidade – a porção superior do diamante regulatório de Kolieb (2015) –, podem ressignificar a política e conferir efetividade ao objetivo de melhoria da qualidade previsto pela Lei do Sinaes.

6.4.1 A regulação de conformidade na educação superior

Os dados dos indicadores de qualidade das IES e cursos não permitem uma comparação da série histórica e não representam resultados objetivos obtidos com base em parâmetros predefinidos de qualidade,[45] mas uma comparação entre as IES e cursos avaliados naquele ano. No entanto, mesmo com essas limitações metodológicas, é possível perceber que há um espaço considerável para a melhoria da qualidade.

Os dados do Índice Geral de Cursos (IGC) entre 2009 e 2018 demonstram que uma maioria de IES enquadra-se na faixa de conformidade 3 e que um percentual pequeno de instituições está nos patamares maiores. Em 2018, 21% das IES foram enquadradas na faixa 4, e apenas 2% na faixa 5, ante um universo de 63% no indicador mínimo exigido, a faixa 3.

Tabela 15 – Percentual de IES em cada faixa do IGC

IGC	2009	2010	2011	2012	2013	2014	2015	2016	2017	2018
1	0,6%	0,5%	0,4%	0,5%	0,5%	0,3%	0,4%	0,4%	0,5%	0,3%
2	38%	37%	30%	18%	17%	15%	14%	14%	13%	13%
3	52%	54%	57%	64%	63%	67%	67%	66%	66%	63%
4	6%	7%	10%	16%	17%	15%	16%	17%	19%	21%
5	1,4%	1,5%	1,5%	1%	1,2%	1,2%	1%	1,4%	1,6%	2%

Fonte: Elaboração própria a partir das publicações do Inep.

Fenômeno semelhante pode ser observado na análise dos dados dos resultados dos cursos no Conceito Preliminar de Curso

---

[45] Vide Capítulo 5.

no mesmo período. Em 2018, 28% dos cursos foram enquadrados na faixa 4, e apenas 1,5% na faixa 5, ante um universo de 58% no indicador mínimo exigido, a faixa 3.

Tabela 16 – Percentual de cursos em cada faixa do CPC

CPC	2009	2010	2011	2012	2013	2014	2015	2016	2017	2018
1	1,3%	0,9%	0,7%	0,5%	0,5%	0,6%	0,4%	0,3%	0,4%	0,4%
2	36%	22%	16%	16%	12%	15%	13%	8%	10%	10%
3	48%	52%	51%	57%	52%	56%	61%	53%	54%	58%
4	12%	21%	28%	23%	32%	25%	23%	36%	32%	28%
5	1,3%	1,8%	2,9%	1,4%	1,8%	1,8%	1%	1,5%	2%	1,5%

Fonte: Elaboração própria a partir das publicações do Inep.

Essa maioria de instituições e cursos na faixa mínima pode ser caracterizada como o que Ayres e Braithwaite (1992) chamam de agentes racionais, aqueles que cumprem a legislação regulatória a partir de um cálculo econômico que demonstraria a vantagem da manutenção nesse mínimo legal exigido; ou seja, num universo cada vez mais guiado pelas práticas empresariais, avaliam que não haveria necessariamente ganhos econômicos diretos na obtenção de indicadores superiores de qualidade em comparação com o investimento que é demandado para se obter a faixa de conformidade ou, ainda, o nicho de mercado por elas ocupado não comportaria o investimento para mudança de faixa de qualidade.

Em primeiro lugar, os indicadores de qualidade não são sempre apontados pelos estudantes como elemento primordial na escolha de uma instituição. Não há um pleno entendimento no corpo estudantil sobre o significado desses índices, possivelmente resultado da falta de campanhas públicas de explicação e conscientização da importância da qualidade e da sua exteriorização por meio dos indicadores.

Os dados do Questionário do Estudante do Exame Nacional de Desempenho dos Estudantes (Enade) 2016, compilados por Gottschalk (2020), apontam que, no tópico referente ao critério de escolha da instituição de educação superior nas IES públicas, 38%

dos estudantes avaliados assinalaram a "qualidade/reputação" e 41% destacaram a "gratuidade". Nas IES privadas, 39% dos estudantes assinalaram "qualidade/reputação"; 19%, "proximidade da residência"; e 18%, os critérios financeiros (taxas e possibilidade de bolsas). Os dados indicam ainda que o percentual de influência do critério qualidade/reputação nas IES privadas é superior nos cursos de maior concorrência e de perfil econômico discente mais elevado (ex.: medicina, 35%) do que nos cursos de menor concorrência e de perfil discente de menor renda (ex.: serviço social, 28%).

McCowan (2019) destaca que, infelizmente, o elemento principal da demanda por educação superior – a possibilidade de mobilidade social através de oportunidades de emprego – dá-se mais pela certificação do que pelo aprendizado. Um diploma de graduação seria apto a conferir vantagens no mercado de trabalho, mesmo que o graduado em questão tenha recebido um ensino de baixa qualidade, com pouco valor de aprendizado. Esse fenômeno criaria certa cumplicidade entre os estudantes e as instituições nas quais aqueles aceitam educação de baixa qualidade sem reclamar ou trancar a matrícula, desde que recebam o respectivo diploma no final do curso. O autor destaca ainda que essa cumplicidade seria marcante na expansão das instituições com fins lucrativos (como no Brasil), mas que também poderia ser observada nos sistemas públicos.

Em segundo lugar, a mesma lógica pode ser aplicada também ao aspecto regulatório. Mesmo que uma IES ou curso obtenham indicadores de qualidade nas faixas 4 ou 5, seguirão sendo submetidos ao mesmo crivo do Ministério da Educação para a obtenção ou renovação dos seus respectivos atos autorizativos, por exemplo. Não há qualquer diferenciação em relação às IES e cursos de faixa mínima, e esses processos são onerosos dos pontos de vista econômico e administrativo.

Ainda no tocante aos programas governamentais de fomento, o Fundo de Financiamento da Educação Superior (Fies) e o Programa Universidade para Todos (Prouni) exigem das instituições indicadores positivos de qualidade, sem prever qualquer diferenciação entre as faixas, o seja, a obtenção da faixa mínima já habilita o agente a obter pleno acesso aos financiamentos e bolsas disponibilizados nesses programas.

Diante desse quadro, o investimento no corpo docente, na estrutura física, nas metodologias de ensino e nos demais insumos que compõem os indicadores para fins de obtenção de faixas mais elevadas de qualidade não acarreta ganhos diretos aos agentes regulados, e isso sugere a ausência de instrumentos regulatórios especificamente voltados à melhoria da qualidade.

6.4.2 Regulação por incentivos na educação superior: possibilidades

A previsão de incentivos regulatórios na legislação educacional ligados aos indicadores de qualidade não é inédita. Podem-se identificar alguns movimentos recentes de utilização de benefícios regulatórios ligados à obtenção de índices positivos de qualidade.

O Decreto nº 9.235, de 2017 (BRASIL, 2017), que dispõe sobre o exercício das funções de regulação, supervisão e avaliação das instituições de educação superior e dos cursos superiores de graduação e de pós-graduação no sistema federal de ensino, previu um tratamento diferenciado para IES que obtenham Conceito Institucional (CI)[46] a partir da faixa 4 no tocante à progressão de categoria administrativa para centro universitário e universidade, credenciamento prévio de instituições e também para o credenciamento de câmpus fora de sede:

> Art. 16. As IES privadas poderão solicitar recredenciamento como centro universitário, desde que atendam, além dos requisitos gerais, aos seguintes requisitos: (...)
> VI – terem obtido Conceito Institucional – CI maior ou igual a quatro na avaliação externa in loco realizada pelo Inep, prevista no § 2º do art. 3º da Lei nº 10.861, de 14 de abril de 2004; e (...)
> Art. 17. As IES privadas poderão solicitar recredenciamento como universidade, desde que atendam, além dos requisitos gerais, aos seguintes requisitos: (...)
> VI – *terem obtido CI maior ou igual a quatro na avaliação externa in loco realizada pelo Inep*, prevista no § 2º do artigo 3º da Lei nº 10.861, de 2004; (...)
> Art. 24. O Ministério da Educação poderá estabelecer, nos termos do art. 81 da Lei nº 9.394, de 1996, processo de credenciamento prévio para

---

[46] Indicador de qualidade resultado da avaliação *in loco*.

> instituições vinculadas cujas mantenedoras possuam todas as suas mantidas já recredenciadas com CI, obtido nos últimos cinco anos, maior ou igual a quatro e que não tenham sido penalizadas em decorrência de processo administrativo de supervisão nos últimos dois anos, contado da data de publicação do ato que penalizou a IES, conforme documentos e critérios adicionais a serem estabelecidos em regulamento. § 1º O credenciamento prévio de que trata o *caput*:
> I – será acompanhado da autorização de, no máximo, cinco cursos de graduação; II – os cursos de que trata o inciso I deverão ser ofertados por, no mínimo, uma das mantidas já recredenciadas com CI, obtido nos últimos cinco anos, maior ou igual a quatro; e
> III – os cursos de que trata o inciso I já devem ser reconhecidos com Conceito de Curso – CC, obtido nos últimos cinco anos, maior ou igual a quatro. (...)
> Art. 31. Os centros universitários e as universidades poderão solicitar credenciamento de *campus* fora de sede em Município diverso da abrangência geográfica do ato de credenciamento em vigor, desde que o Município esteja localizado no mesmo Estado da sede da IES.
> § 1º As instituições de que trata o *caput*, que atendam aos requisitos dispostos nos art. 16 e art. 17 e que *possuam CI maior ou igual a quatro, na última avaliação externa in loco realizada pelo Inep na sede*, poderão solicitar credenciamento de *campus* fora de sede.
> § 2º O pedido de credenciamento de *campus* fora de sede será processado como aditamento ao ato de credenciamento, aplicando-se, no que couber, as disposições processuais que o regem.
> § 3º O pedido de campus fora de sede será deferido quando o resultado da sua avaliação externa in loco realizada pelo Inep for maior ou igual a quatro (BRASIL, 2017, grifos nossos).

A Portaria MEC nº 1.428, de 28 de dezembro de 2018, introduziu a possibilidade da oferta, pelas IES, de até 20% da carga horária total do curso presencial de disciplinas na modalidade a distância em cursos de graduação presencial. A norma estabeleceu também a possibilidade da ampliação desse percentual para até 40% no caso de indicadores de qualidade a partir da faixa 4:

> Art. 2º As IES que possuam pelo menos 1 (um) curso de graduação reconhecido poderão introduzir a oferta de disciplinas na modalidade a distância na organização pedagógica e curricular de seus cursos de graduação presenciais regularmente autorizados, até o limite de 20% (vinte por cento) da carga horária total do curso.
> Parágrafo único. As disciplinas na modalidade a distância devem estar claramente identificadas na matriz curricular do curso, e o projeto pedagógico do curso deve indicar a metodologia a ser utilizada nestas disciplinas.

Art. 3º O limite de 20% (vinte por cento) definido art. 2º poderá ser ampliado para até 40% (quarenta por cento) para cursos de graduação presencial, desde que também atendidos os seguintes requisitos:
I – a IES deve estar credenciada em ambas as modalidades, presencial e a distância, *com Conceito Institucional – CI igual ou superior a 4 (quatro)*;
II – a IES deve possuir um curso de graduação na modalidade a distância, *com Conceito de Curso – CC igual ou superior a 4 (quatro)*, que tenha a mesma denominação e grau de um dos cursos de graduação presencial reconhecidos e ofertados pela IES;
III – os cursos de graduação presencial que poderão utilizar os limites definidos no caput devem ser reconhecidos, *com Conceito de Curso – CC igual ou superior a 4 (quatro)*; e
IV – A IES não pode estar submetida a processo de supervisão, nos termos do Decreto nº 9.235, de 2017, e da Portaria Normativa MEC nº 315, de 4 de abril de 2018 (BRASIL, 2018, grifos nossos)

A Portaria MEC nº 2.117, de 6 de dezembro de 2019 (BRASIL, 2019), editada já em outra gestão do Ministério, no entanto, disciplinou a oferta de carga horária na modalidade de ensino a distância (EaD) em cursos de graduação presenciais sem a previsão de tratamento diferenciado quando da obtenção de indicadores de qualidade em níveis superiores ao padrão de conformidade. Os benefícios regulatórios previstos pela Portaria MEC nº 1.428, de 2018, foram então revogados sem maiores discussões ou justificativas, sem que tenha havido um exame de pertinência pela comunidade acadêmica ou pela gestão do Ministério. Essa alteração pode representar uma mensagem inversa, no sentido de que não interessa ao regulador que os agentes regulados persigam faixas de qualidade mais elevadas.

Essas previsões denotam o embrião da discussão sobre regulação com base em incentivos no âmbito do Ministério da Educação, notadamente nos anos de 2017 e 2018, mas se caracterizam ainda como medidas esparsas e com alcance limitado. Não há um projeto amadurecido e delineado para incentivar a melhoria da qualidade a partir da previsão da regulação por incentivos – a revogação das disposições nesse sentido previstas na Portaria MEC nº 1.428, de 2018, é um indício.

A implementação de elementos da regulação responsiva – notadamente em seu aspecto de incentivos – na educação superior deve, para ter sentido e efetividade, ser acompanhada de uma ressignificação da política de garantia da qualidade hoje em vigor. A melhoria contínua da qualidade deve ser realmente reconhecida como objetivo a ser alcançado pela implementação do Sinaes, com a consequente atribuição de instrumentos aptos a concretizar essa política pública, e a utilização da política regulatória pode – e deve – cumprir um papel de destaque nesse cenário, para além da utilização dos indicadores de qualidade para os processos referentes aos atos autorizativos.

Nos dizeres de Aranha e Lopes (2019), instrumentos regulatórios são meios para influenciar o comportamento social e alcançar os objetivos aspirados. As estratégias regulatórias integram funcionalmente esses instrumentos (ARANHA; LOPES, 2019, p. 179-186). No âmbito regulatório da educação superior, as possibilidades são amplas. Para além de tratamento diferenciado nos casos de progressão de categoria administrativa de faculdades para centro universitário e universidade e para o credenciamento de câmpus fora de sede, já previstos de forma esparsa no Decreto nº 9.235, de 2017, podem-se elencar outros benefícios regulatórios a serem oferecidos às IES que obtenham indicadores de qualidade em faixas acima do patamar mínimo exigido pela legislação.

Como visto nos capítulos anteriores, os atos autorizativos da educação superior são temporários, devendo ser periodicamente renovados. A uma instituição com um histórico de indicadores de qualidade nas faixas 4 e 5 poderiam ser concedidos prazos mais dilatados de duração do ato de credenciamento do que a IES com faixa 3, por exemplo. Um agente regulado que obteve sucessivas avaliações positivas para além do mínimo legal exigido deveria receber um voto de confiança do regulador, e não ser submetido aos processos avaliativos nos mesmos prazos que os agentes enquadrados no mínimo legal. Não há razão para despender os cada vez mais escassos recursos públicos no monitoramento de agentes que têm demonstrado condutas virtuosas de forma reiterada. Por um lado, haveria um incentivo para os agentes almejarem índices superiores de qualidade e, por outro, a racionalização dos recursos administrativos para o acompanhamento de agentes que realmente apresentam risco regulatório.

Nesse ponto, tem-se um exemplo da falta de coordenação do MEC na previsão dos incentivos na legislação educacional.

A Portaria Normativa MEC nº 23, de 21 de dezembro de 2017, que dispõe sobre os fluxos dos processos de credenciamento e recredenciamento de instituições de educação superior e de autorização, reconhecimento e renovação de reconhecimento de cursos superiores, prevê um processo simplificado para a prorrogação e renovação do reconhecimento dos cursos em vigor, com dispensa da avaliação externa *in loco*. Para tal, exige como requisito de qualidade "indicadores de qualidade satisfatórios", ou seja, basta a obtenção da faixa mínima de 3 que já será concedido o benefício. A mensagem é clara: o regulador já estará satisfeito se o regulado apenas cumprir a legislação.

> Art. 38. Em cada ciclo avaliativo, poderá ser prorrogada a validade dos atos de reconhecimento ou renovação de reconhecimento de curso em vigor, nos termos do Decreto nº 9.235, de 2017, por meio de processo simplificado, com dispensa de avaliação in loco, desde que observados os seguintes requisitos, cumulativamente:
> I – atos autorizativos válidos;
> II – indicadores de qualidade satisfatórios;
> III – não tenham sido penalizados em decorrência de processo administrativo de supervisão nos últimos 2 (dois) anos, a contar da publicação do ato que penalizou o curso; e
> IV – inexistência de medida de supervisão em vigor (BRASIL, 2017).

A previsão de benefícios regulatórios pode agregar outro sentido à integração entre regulação e avaliação. O que hoje é uma via de mão única, com a avaliação alimentando a regulação, pode vir a ser uma real intersecção, uma integração em que a avaliação fornece subsídios para os processos regulatórios, enquanto os atos regulatórios seriam também utilizados para induzir a melhoria da qualidade.

Para além dos benefícios regulatórios em si, há também espaço para a utilização dos programas de fomento à expansão da educação superior como instrumentos da regulação por incentivos. As leis do Fies e do Prouni (Lei nº 10.260, de 12 de julho de 2001, e Lei nº 11.096, de 13 de janeiro de 2005, respectivamente) estabelecem como requisito para adesão a essas políticas a obtenção de indicadores positivos de qualidade.

> Art. 1º É instituído, nos termos desta Lei, o Fundo de Financiamento Estudantil (Fies), de natureza contábil, vinculado ao Ministério da

Educação, destinado à concessão de financiamento a estudantes de cursos superiores não gratuitos *e com avaliação positiva nos processos conduzidos pelo Ministério*, de acordo com regulamentação própria. (...)
§ 2º São considerados cursos de graduação com avaliação positiva, aqueles que obtiverem conceito maior ou igual a 3 (três) no Sistema Nacional de Avaliação da Educação Superior – SINAES, de que trata a Lei nº 10.861, de 14 de abril de 2004.
§ 3º Os cursos que não atingirem a média referida no § 2º ficarão desvinculados do Fies sem prejuízo para o estudante financiado. (BRASIL, 2011, grifos nossos)
Art. 7º (...)
§ 4º O Ministério da Educação desvinculará do Prouni o curso considerado insuficiente, sem prejuízo do estudante já matriculado, segundo critérios de desempenho do Sistema Nacional de Avaliação da Educação Superior – SINAES, por duas avaliações consecutivas (BRASIL, 2005, grifos nossos).

A mera previsão de indicadores positivos de qualidade, mais uma vez, permite pleno acesso a essas políticas com a mera obtenção dos patamares mínimos de qualidade. Não há qualquer benefício para os agentes virtuosos em detrimento daqueles que se limitam a cumprir a lei.

Uma política coordenada de melhoria da qualidade poderia dispor desses programas para induzir melhoria dos indicadores. A mera previsão do conceito 4 na avaliação do curso como requisito de entrada para habilitação no Fies e no Prouni desencadearia um movimento expressivo dos provedores da educação superior em busca da melhoria dos indicadores de qualidade. Como visto, essas políticas desempenham um papel essencial na saúde financeira do setor privado – a própria manutenção de muitas instituições depende desses programas. Como forma de escalonamento, podem-se ainda prever maiores percentuais de bolsas quanto maior a faixa de qualidade, tendo a faixa 5 os benefícios máximos.

Esse universo de possibilidades – elencadas em caráter exemplificativo e aplicáveis aos setores privado e público (com exceção do Fies e Prouni) – representaria uma política de reconhecimento de esforços dos agentes regulados no cumprimento das normas, mas também de reconhecimento e incentivo de comportamentos virtuosos, para além do mínimo exigido. A regulação da educação superior teria, assim, um aspecto responsivo, na medida em que benefícios regulatórios e acesso a políticas públicas de fomento seriam concedidos de forma escalonada, de acordo com os indicadores de qualidade obtidos pelos agentes regulados.

6.5 Conclusões

A política de avaliação da educação superior operacionalizada pelo Sinaes representou um importante avanço na concretização da garantia da qualidade preconizada pela Constituição Federal. Sua implementação, no entanto, resultou num formato que limitou seu alcance e significado.

A consideração dos indicadores nos processos regulatórios deixa claro que a qualidade é um elemento essencial para o regulador. Para serem autorizados a operar no sistema federal de educação superior, as instituições e cursos têm que atender aos patamares mínimos de qualidade exigidos pela legislação e mensurados pelo Inep.

No entanto, uma política de avaliação da qualidade que tenha por objetivo efetivamente melhorar de forma contínua os indicadores não pode se limitar a fornecer subsídios para a regulação. Essa articulação entre avaliação e regulação pode deixar de ser uma via de mão única e ser dotada de instrumentos que permitam que ambas se retroalimentem.

Hoje, o Ministério da Educação busca alcançar a chamada regulação de conformidade, ou seja, garantir o cumprimento dos patamares mínimos de qualidade pelas instituições e cursos de educação superior. Não adentrando no mérito da forma de cálculo dos indicadores, verifica-se que o regulador é bem-sucedido nesse aspecto, uma vez que percentuais altos dos indicadores aferidos se encontram nessas faixas de conformidade. A análise dos dados mostra, no entanto, que há um potencial importante para melhoria desses indicadores, uma vez que a maioria se situa na faixa mínima exigida.

A melhoria contínua desses indicadores demanda uma ação coordenada que ressignifique a política de garantia da qualidade para além da regulação de conformidade. No atual formato, não há incentivos consideráveis para que os regulados invistam na obtenção dos patamares mais altos de qualidade, para além do exigido pela legislação.

Nesse sentido, a regulação responsiva, notadamente no seu aspecto de regulação de incentivos, mostra-se aplicável ao setor da educação superior e fornece interessantes instrumentos à disposição do regulador para incentivar a melhoria da qualidade. Verificam-se diversas possibilidades de incentivos a partir dos processos regulatórios, bem como do acesso às políticas públicas de fomento à expansão.

A aplicação desses instrumentos poderia elevar o significado da garantia da qualidade, que deixaria de ser encarada como uma verificação cartorial do cumprimento das exigências mínimas, com base na análise fria dos instrumentos, e passaria a ter objetivos e metas próprios, condizentes com o objetivo de melhoria contínua da qualidade preconizado pela Lei do Sinaes.

CONSIDERAÇÕES FINAIS

O processo de expansão da educação superior no Brasil, a partir de 1997 (governo Fernando Henrique Cardoso) como resultado de uma política de abertura do sistema para exploração da atividade com fins lucrativos e, a partir de 2003 (governo Lula), como parte de uma política de inclusão social, teve resultados numéricos marcantes com o incremento substancial no número de IES, cursos e matrículas. As metas de expansão de matrículas previstas nos dois Planos Nacionais de Educação foram cumpridas, e o ingresso na educação superior tornou-se uma realidade possível para boa parte dos egressos do ensino médio interessados em dar continuidade aos estudos formais. Passou-se de um sistema de elite para um sistema de massa, na definição de Trow (2013).

Foi seguida a tendência internacional de expansão dos sistemas de educação superior, implementada, em geral, a partir de políticas de Estado para impulsionar o desenvolvimento pelo viés do crescimento econômico com o incremento da produtividade dos trabalhadores e qualificação para a chamada economia do conhecimento e, também, pelo viés dos benefícios sociais causados direta ou indiretamente pela vivência dos estudantes nesse espaço. As políticas buscaram ainda atender uma demanda social historicamente reprimida por uma até então limitação do ingresso na educação superior apenas para setores das elites econômicas e culturais.

Esse fenômeno foi marcado pela ascensão das IES com fins lucrativos. Até o ano de 1997, a oferta da educação superior no Brasil era permitida apenas para as instituições públicas e privadas sem fins lucrativos. Era um sistema marcado por provedores já estabelecidos num contexto de políticas restritivas e com disponibilidade limitada de vagas. Com a abertura de mercado, o processo de crescimento foi rápido, e criou-se um setor econômico relevante, inclusive com o ingresso de fundos de investimento e grupos educacionais internacionais.

Do ponto de vista social, famílias de baixa renda que não tinham perspectiva de que seus filhos tivessem oportunidade de obter um diploma de educação superior passaram a ter esse horizonte como possível – e um grande número desses estudantes eram os primeiros em seus grupos familiares a concluírem esse grau de educação formal – pela diversidade de provedores e pelos programas públicos de incentivo, com financiamentos (Fies) e bolsas (Prouni).

Para que os impactos econômicos e sociais da educação superior sejam concretizados, no entanto, faz-se necessário que o elemento da qualidade esteja presente. A expansão dos sistemas de educação superior ao redor do mundo trouxe essa tensão em torno da garantia da qualidade, notadamente nos países com maior incidência de instituições com fins lucrativos. E, no caso do Brasil, esse debate assume destaque em razão do papel determinante do Estado no fomento dessa expansão.

O conceito de qualidade em educação superior admite variados significados, a depender dos agentes envolvidos, das expectativas, dos modelos implementados. As teorias analisadas apontam que não é possível se estabelecer um conceito universal que englobe toda a complexidade do fenômeno. Cabe a cada país, no entanto, determinar, de acordo com seu próprio contexto e objetivos, um processo de avaliação que verifique o cumprimento dos parâmetros determinados de acordo com o que esperam e desejam da educação superior.

A criação do Sinaes se deu num contexto de percepção geral na sociedade de que a rápida expansão da educação superior no Brasil tinha resultado numa crise de qualidade no setor (FELIX, 2006) e de que a avaliação pelo Exame Nacional de Cursos (ENC), conhecido como "Provão", não seria suficiente para garanti-la; e significou a retomada das experiências, objetivos e metas mais relevantes da avaliação da educação superior brasileira (RISTOFF; GIOLO, 2006).

A Lei do Sinaes representou um avanço importante na construção da avaliação como uma política pública e na ideia de avaliação como sistema, no qual os diversos instrumentos são integrados. Também significou avanço quanto à diversificação dos processos e objetos da avaliação, à articulação entre avaliação e regulação e à ressignificação do exame de desempenho dos estudantes. Pela primeira vez, a política de avaliação da educação superior assumia o caráter de política de Estado, instituída em lei.

O art. 1º da lei estabeleceu as finalidades do Sinaes, dentre elas, a melhoria da qualidade da educação superior.

A partir dessas premissas, o presente trabalho buscou fazer uma análise da implementação e dos resultados do Sinaes com base nas categorias analíticas da abordagem Direito e Políticas Públicas (DPP), que, a partir da ideia do ciclo de políticas públicas, enfatiza a concepção, implementação e funcionamento dos arranjos institucionais como expressões particulares de organização da ação governamental em função de objetivos determinados (BUCCI; COUTINHO, 2016).

O estudo do processo de implementação do Sinaes – das normas que regulamentaram a lei e das diretrizes publicadas pela Conaes que resultaram nos arranjos jurídico-institucionais que concretizaram a política – sinalizou uma predominância do modelo de avaliação quantitativo e da avaliação como mero insumo da regulação.

Apesar do modelo híbrido de avaliação estar previsto na lei, a política foi desenhada de forma a priorizar a avaliação controle/quantitativa em detrimento da avaliação formativa/emancipatória então em disputa. A adoção dos indicadores quantitativos de qualidade como base da avaliação se sobrepôs à autoavaliação, elemento que era considerado central nas primeiras propostas do Sinaes. Tendo em vista a agenda de resposta à expansão do setor privado sem o devido controle de qualidade pelo poder público, a prioridade inicial da implementação do programa foi garantir um padrão mínimo de qualidade para as instituições e cursos.

Sobre a articulação entre avaliação e regulação, tem-se que a previsão de consequências regulatórias objetivas decorrentes dos resultados da avaliação de qualidade representou um importante avanço do programa, uma vez que a qualidade passou a ser efetivamente considerada nos desenhos institucionais da educação superior, mas, ao invés de funcionar como referencial básico para a regulação, conforme previsto na Lei do Sinaes, a avaliação foi desenhada como fase do processo regulatório e passou a funcionar como mero instrumento da regulação, sem metas e monitoramento adequados sobre a melhoria do sistema.

A lei prevê que a avaliação de instituições, cursos e estudantes resultará na aplicação de conceitos numa escala com cinco níveis.

O resultado desses conceitos pode desencadear diferentes ações do poder público, a depender do objetivo para o qual são construídos. À medida que a avaliação adota como elemento prioritário a construção de subsídios para a regulação, os resultados desses indicadores passam a funcionar apenas como balizadores da busca pela conformidade, da garantia de um padrão mínimo de qualidade. Afasta-se, de certa forma, da ideia de busca contínua de melhoria que balizou a criação do Sinaes.

Na fase de avaliação da política, a avaliação dos processos, adotando como ponto de partida os relatórios detalhados elaborados pelo TCU e pela OCDE, demonstra que o sistema pode – e deve – ser aperfeiçoado. Pode-se fazer referência, como pontos cruciais, aos insumos considerados nas fórmulas de cálculo, à metodologia de cálculo dos indicadores de qualidade e à dinâmica de realização e de integração dos resultados das visitas *in loco*.

No tocante aos resultados do Sinaes, a análise dos dados brutos do Censo da Educação Superior de 2009 a 2018 que têm relação com os insumos de qualidade (grau de formação docente, regime de trabalho dos docentes e relação matrícula/função docente em exercício) permite perceber melhoras significativas no grau de formação com o aumento do número de docentes com mestrado e com doutorado. O regime de trabalho deixou de ser majoritariamente horista nas instituições privadas, com o aumento dos números dos regimes de tempo parcial e integral, e nas federais houve um aumento no regime integral com dedicação exclusiva. Ambas as categorias administrativas passaram a conceder mais bolsas de pesquisa e de extensão nesse período. A relação matrícula/função docente em exercício, no entanto, permaneceu estável nas federais e teve uma piora nas IES particulares, que observaram um aumento no número de matrículas em relação a cada função docente.

A análise do percentual de cursos e IES em cada faixa do CPC e IGC também demonstra uma tendência de melhoria, com um movimento constante em direção às faixas de conformidade. Houve um crescimento nos cursos e instituições nas faixas 3 e 4. A faixa 5 – de excelência – seguiu, no entanto, com números insignificantes.

Apesar dos entraves metodológicos de se fazer uma avaliação objetiva dos resultados do Sinaes, a análise dos dados do Censo e dos indicadores possibilita inferir que a implementação dos instrumentos da política teve um impacto positivo na qualidade da educação superior. As condições de oferta analisadas hoje são, em geral, melhores do que antes da implementação da política de indicadores de qualidade da educação superior. Como fatores que justificam esse incremento, pode-se fazer referência ao Sinaes e também às políticas públicas de fomento à pesquisa e expansão da educação superior, como o Programa de Apoio a Planos de Reestruturação e Expansão das Universidades Federais (Reuni), o Programa Ciência sem Fronteiras e o aumento na concessão de bolsas de mestrado e doutorado.

Não obstante esse incremento nas condições de oferta, a política de garantia da qualidade prevista na Constituição Federal e reproduzida na Lei do Sinaes pode obter melhores resultados se passar a ser considerada também enquanto programa de ação governamental para a melhoria constante da qualidade. Com efeito, a melhoria dos dados mostra uma influência do Sinaes, mas o desenho dos arranjos institucionais do programa não permite aferir essa tendência de forma irrefutável. Não existe um diagnóstico oficial sobre a situação da qualidade quando do início da implementação do sistema e sobre o momento atual.

O desenho da política não priorizou a aferição e o monitoramento do objetivo da garantia da qualidade previsto na Lei do Sinaes. A implementação da política pública de garantia da qualidade se deu de forma simultânea à consolidação do novo sistema regulatório e resultou num sistema que tem como foco a garantia do índice mínimo de qualidade, o conceito 3 na escala de 1 a 5 prevista na lei. Os instrumentos regulatórios giram em torno dessa faixa de conformidade. Havendo intercorrências na avaliação que mostrem resultados abaixo do padrão mínimo, a regulação prevê medidas de saneamento e penalidades. Não há uma política coordenada de concessão de incentivos regulatórios em caso da obtenção de indicadores superiores ao mínimo exigido.

A articulação entre regulação e avaliação da educação superior pode se dar com base em outros preceitos, e os institutos regulatórios podem cumprir o papel de instrumentos da política de melhoria da qualidade a partir da ideia de incentivos, ou seja, a política regulatória pode dispor de seus instrumentos não apenas para aferir o cumprimento das normas pelos regulados e aplicar sanções em caso de desconformidade, mas também para incentivar boas práticas e comportamentos nos regulados.

A melhoria contínua desses indicadores demanda uma ação coordenada que ressignifique a política de garantia da qualidade para além da regulação de conformidade, com a participação dos diversos atores governamentais, acadêmicos e da sociedade civil. No atual formato, não há incentivos significativos para que os regulados invistam na obtenção dos patamares mais altos de qualidade, para além do exigido pela legislação.

Nesse sentido, a regulação responsiva, notadamente no seu aspecto de regulação de incentivos, mostra-se aplicável ao setor da educação superior e fornece interessantes instrumentos ao regulador para incentivar a melhoria da qualidade. Podem-se pontuar diversas possibilidades de incentivos a partir dos processos regulatórios, bem como do acesso às políticas públicas de fomento à expansão.

Nos dizeres de Aranha e Lopes (2019, p. 179-186), instrumentos regulatórios são meios para influenciar o comportamento social e alcançar os objetivos aspirados. As estratégias regulatórias integram funcionalmente esses instrumentos.

No âmbito regulatório da educação superior, as possibilidades são amplas. Para além de tratamento diferenciado nos casos de progressão de categoria administrativa de faculdades para centro universitário e universidade e para o credenciamento de câmpus fora de sede, já previstos de forma esparsa no Decreto nº 9.235, de 2017, pode-se trabalhar também com a dilatação dos prazos de validade dos atos autorizativos de instituições e cursos com histórico de avaliações positivas acima do mínimo. Haveria um incentivo para os agentes almejarem índices superiores de qualidade e, por outro lado, a racionalização dos recursos administrativos para o acompanhamento de agentes que realmente apresentam risco regulatório.

A previsão de benefícios regulatórios pode agregar outro sentido à integração entre regulação e avaliação. O que hoje é uma via de mão única, com a avaliação alimentando a regulação, pode vir a ser uma real intersecção, uma integração em que a avaliação fornece subsídios para os processos regulatórios, enquanto os atos regulatórios seriam também utilizados para induzir a melhoria da qualidade.

Para além dos benefícios regulatórios em si, há também espaço para a utilização dos programas de fomento à expansão da educação superior como instrumentos da regulação por incentivos, como o Fundo de Financiamento Estudantil (Fies) e o Programa Universidade para Todos (Prouni). A mera previsão de indicadores positivos de qualidade, mais uma vez, permite pleno acesso a essas políticas com a simples obtenção dos patamares mínimos de qualidade. Não há qualquer benefício para os agentes virtuosos em detrimento daqueles que se limitam a cumprir a lei.

Esse universo de possibilidades – elencadas em caráter exemplificativo e aplicáveis aos setores privado e público (com exceção do Fies e Prouni) – representaria uma política de reconhecimento de esforços dos agentes regulados no cumprimento das normas, mas também de reconhecimento e incentivo de comportamentos virtuosos, para além do mínimo exigido. A regulação da educação superior teria, assim, um aspecto responsivo, na medida em que benefícios regulatórios e acesso a políticas públicas de fomento seriam concedidos de forma escalonada, de acordo com os indicadores de qualidade obtidos pelos agentes regulados.

A aplicação desses instrumentos poderia elevar o significado da garantia da qualidade, que deixaria de ser encarada como uma verificação cartorial do cumprimento das exigências mínimas e passaria a ter objetivos e metas próprios, condizentes com o objetivo de melhoria contínua da qualidade preconizado pela Lei do Sinaes.

Defende-se uma avaliação de qualidade que materialize a busca pela melhoria contínua dos indicadores, de forma a conferir efetividade ao mandamento constitucional da garantia de qualidade pelo Estado e a possibilitar a concretização do direito à educação superior e dos impactos econômicos e sociais – individuais e coletivos – esperados da expansão do sistema.

REFERÊNCIAS

AMORIM, A. *Avaliação institucional da universidade*. São Paulo: Cortez, 1992.

ANDERSON, J. E. *Public Policy-Making*. New York: Praeger, 1975.

ARANHA, M. I. *Manual de Direito Regulatório*. London: Laccademia Publishing, 2019.

ARANHA, M. I.; LOPES, O. *Estudo sobre Teorias Jurídicas da Regulação apoiadas em incentivos*. Pesquisa e Inovação Acadêmica sobre Regulação apoiada em Incentivos na Fiscalização Regulatória de Telecomunicações. Brasília: ANATEL/UnB, 2019.

ARAÚJO, M. A. D.; PINHEIRO, H. D. Reforma gerencial do Estado e rebatimentos no sistema educacional: um exame do REUNI. *Ensaio*, Belo Horizonte, v. 18, n. 69, p. 647-668, out./dez. 2010.

ATCON, R. *Rumo à reformulação estrutural da universidade brasileira*. Rio de Janeiro: Ministério da Educação, 1966.

AYRES, I.; BRAITHWAITE, J. *Responsive regulation*: transcending the deregulation debate. Oxford: Oxford University Press, 1992.

BANDEIRA DE MELLO, C. A. *Curso de Direito Administrativo*. Rio de Janeiro: Malheiros, 2006.

BALDWIN, R.; BLACK, J. Really responsive regulation. *Modern Law Review*, v. 71, n. 1, p. 59-94, 2008.

BALDWIN, R.; CAVE, M.; LODGE, M. *Understanding Regulation*: Theory, Strategy, and Practice. Oxford: Oxford University Press, 2011.

BAPTISTA, C. M.; ARAÚJO, R. A. Q.; FONTES, C. P.; PINHEIRO, I. A.; VÉRAS, R. M. O Estado da arte sobre o Reuni. *In*: COLÓQUIO INTERNACIONAL SOBRE GESTÃO UNIVERSITÁRIA NAS AMÉRICAS, 13., Buenos Aires, 2013. Anais [...]. Disponível em: https://repositorio.ufsc.br/handle/123456789/114850. Acesso em: 16 set. 2020.

BARREYRO, G. B. Do Provão ao SINAES: o processo de construção de um novo modelo de avaliação da educação superior. *Avaliação*, Campinas; Sorocaba, v. 8, n. 4, p. 37-49, 2004.

BARREYRO, G. B.; ROTHEN, J. C. "SINAES" contraditórios: considerações sobre a elaboração e implantação do Sistema Nacional de Avaliação da Educação Superior. *Educação & Sociedade*, Campinas, v. 27, n. 96, p. 955-977, out. 2006.

BARREYRO, G. B.; ROTHEN, J. C. Para uma história da avaliação da educação superior brasileira: análise dos documentos do PARU, CNRES, GERES e PAIUB. *Avaliação*, Campinas; Sorocaba, v. 13, n. 1, p. 131-152, mar. 2008.

BARNETT, R. *Improving higher education*: total quality care. Bristol: SRHE and Open University Press, 1992.

BECKER, G. *Human Capital*: A Theoretical and Empirical Analysis with Special Reference to Education. Chicago: University of Chicago Press, 1964.

BERTOLIN, J. A transformação do SINAES: da proposta emancipatória à Lei híbrida. *Avaliação*, Campinas; Sorocaba, v. 9, n. 4, p. 67-97, dez. 2004.

BERTOLIN, J. Indicadores em nível de sistema para avaliar o desenvolvimento e a qualidade da educação superior brasileira. *Avaliação*, Campinas; Sorocaba, v. 12, n. 2, p. 309-331, 2007.

BITTENCOURT, H. R.; VIALI, L.; CASARTELLI, A. O.; RODRIGUES, A. C. M. Uma análise da relação entre os conceitos Enade e IDD. *Estudos em Avaliação Educacional*, São Paulo, v. 19, p. 247-262, 2008.

BLACKMUR, D. The Public Regulation of Higher Education Qualities: Rationale, Processes, and Outcomes. *In*: WESTERHEIJDEN, D.; STENSAKER, B.; ROSA, M. J. (Org.). *Higher Education Quality Assurance*: Trends in Regulation, Translation and Transformation. Springer, 2007.

BORGES, M. C.; AQUINO, O. F. Educação superior no Brasil e as políticas de expansão de vagas do REUNI: avanços e controvérsias. *Educação: Teoria e Prática*, Rio Claro, v. 22, n. 39, p. 117-138, jan./abr. 2012.

BRASIL. Decreto nº 62.937, de 2 de julho de 1968. Dispõe sobre a instituição de grupo de trabalho para promover a reforma universitária e dá outras providências. *Diário Oficial da União*, Brasília, DF, 3 jul. 1968. Seção 1, p. 5481.

BRASIL. Lei nº 5.540, de 28 de novembro de 1968. Fixa normas de organização e funcionamento do ensino superior e sua articulação com a escola média, e dá outras providências. *Diário Oficial da União*, Brasília, DF, 3 dez. 1968. Seção 1, p. 10433.

BRASIL. Comissão Nacional para Reformulação da Educação Superior. *Relatório final:* uma nova política para a educação superior brasileira. Brasília, DF: Ministério da Educação, 1985. 134 p.

BRASIL. Decreto nº 92.200, de 23 de dezembro de 1985. Institui o Programa Nova Universidade e dá outras providências. *Diário Oficial da União*, Brasília, DF, 24 dez. 1985, Seção 1, p. 18948.

BRASIL. Ministério da Educação. Gabinete do Ministro. Portaria MEC nº 100, de 6 de fevereiro de 1986. Institui o Grupo Executivo de Reforma do Ensino Superior (GERES). 1986.

BRASIL. Grupo Executivo para Reformulação da Educação Superior. *Relatório Final*. Brasília, DF: Ministério da Educação, 1986.

BRASIL. Constituição (1988). *Constituição da República Federativa do Brasil*. Brasília, DF: Senado Federal, 1988.

BRASIL. Ministério da Educação. Gabinete do Ministro. Portaria MEC nº 130, de 14 de julho de 1993. Cria a Comissão Nacional de Avaliação das Universidades Brasileiras, com o objetivo de estabelecer diretrizes e viabilizar a implementação do processo de avaliação institucional das universidades brasileiras. *Diário Oficial da União*, Brasília, DF, 15 jul. 1993. Seção 1, p. 73.

BRASIL. *Documento Básico* – Avaliação da Universidade Brasileira: uma proposta nacional. Brasília, DF: Ministério da Educação, 1993.

BRASIL. Lei nº 9.131, de 24 de novembro de 1995. Altera dispositivos da Lei nº 4.024, de 20 de dezembro de 1961, e dá outras providências. *Diário Oficial da União*, Brasília, DF, 25 nov. 1995. Seção 1 - Edição Extra, p. 19257.

REFERÊNCIAS

BRASIL. Decreto nº 2.026, de 10 de outubro de 1996. Estabelece procedimentos para o processo e avaliação dos cursos e instituições de ensino superior. *Diário Oficial da União*, Brasília, DF, 11 out. 1996. Seção 1, p. 20545.

BRASIL. Lei nº 9.394, de 20 de dezembro de 1996. Estabelece as diretrizes e bases da educação nacional. *Diário Oficial da União*, Brasília, DF, 23 dez. 1996. Seção 1, p. 27839.

BRASIL. Medida Provisória nº 1.477-39, de 8 de agosto de 1997. Dispõe sobre o valor total anual das mensalidades escolares e dá outras providências. *Diário Oficial da União*, Brasília, DF, 11 ago. 1997. Seção 1, p. 17151.

BRASIL. Decreto nº 2.306, de 19 de agosto de 1997. Regulamenta, para o Sistema Federal de Ensino, as disposições contidas no art. 10 da Medida Provisória nº 1.477-39, de 8 de agosto de 1997, e nos arts. 16, 19, 20, 45, 46 e § 1º, 52, parágrafo único, 54 e 88 da Lei nº 9.394, de 20 de dezembro de 1996, e dá outras providências. *Diário Oficial da União*, Brasília, DF, 20 ago. 1997. Seção 1, p. 17991.

BRASIL. Medida Provisória nº 1.827-1, de 24 de junho de 1999. Dispõe sobre o Fundo de Financiamento ao Estudante do Ensino Superior e dá outras providências. *Diário Oficial da União*, Brasília, DF, 28 maio 1999. Seção 1, p. 2.

BRASIL. Lei nº 10.172, de 9 de janeiro de 2001. Aprova o Plano Nacional de Educação e dá outras providências. *Diário Oficial da União*, Brasília, DF, 10 jan. 2001. Seção 1, p. 20.

BRASIL. Lei nº 10.260, de 12 de julho de 2001. Dispõe sobre o Fundo de Financiamento ao estudante do Ensino Superior e dá outras providências. *Diário Oficial da União*, Brasília, DF, 13 jul. 2001. Seção 1, p. 2.

BRASIL. Ministério da Educação. Gabinete do Ministro. Portaria MEC/SESU nº 11, de 28 de abril de 2003. Cria a Comissão Especial de Avaliação da Educação Superior (CEA). *Diário Oficial da União*, Brasília, DF, 30 abr. 2003. Seção 2, p. 19.

BRASIL. Ministério da Educação. Gabinete do Ministro. Portaria MEC/SESU nº 19, de 27 de maio de 2003. Designa membros para integrarem a Cria a Comissão Especial de Avaliação da Educação Superior (CEA). *Diário Oficial da União*, Brasília, DF, 28 maio 2003. Seção 2, p. 11.

BRASIL. Lei nº 10.861, de 14 de abril de 2004. Institui o Sistema Nacional de Avaliação da Educação Superior – SINAES e dá outras providências. *Diário Oficial da União*, Brasília, DF, 15 abr. 2004. Seção 1, p. 3.

BRASIL. Ministério da Educação. Gabinete do Ministro. Portaria MEC nº 2.051, de 9 de julho de 2004. Regulamenta os procedimentos de avaliação do Sistema Nacional de Avaliação da Educação Superior (SINAES), instituído na Lei nº 10.861, de 14 de abril de 2004. *Diário Oficial da União*, Brasília, DF, 12 jul. 2004. Seção 1, p. 12.

BRASIL. Medida Provisória nº 213, de 10 de setembro de 2004. Institui o Programa Universidade para Todos - PROUNI, regula a atuação de entidades beneficentes de assistência social no ensino superior, e dá outras providências. *Diário Oficial da União*, Brasília, DF, 13 set. 2004. Seção 1, p. 1.

BRASIL. Lei nº 11.096, de 13 de janeiro de 2005. Institui o Programa Universidade para Todos - PROUNI, regula a atuação de entidades beneficentes de assistência social no ensino superior; altera a Lei nº 10.891, de 9 de julho de 2004, e dá outras providências. *Diário Oficial da União*, Brasília, DF, 14 jan. 2005. Seção 1, p. 7.

BRASIL. Decreto nº 5.773, de 9 de maio de 2006. Dispõe sobre o exercício das funções de regulação, supervisão e avaliação de instituições de educação superior e cursos superiores de graduação e seqüenciais no sistema federal de ensino. *Diário Oficial da União*, Brasília, DF, 10 maio 2006. Seção 1, p. 6.

BRASIL. Ministério da Educação. Gabinete do Ministro. Portaria Normativa MEC nº 1, de 10 de janeiro de 2007. Calendário do ciclo avaliativo do SINAES, triênio 2007/2009. *Diário Oficial da União*, Brasília, DF, 11 jan. 2007. Seção 1, p. 8.

BRASIL. Decreto nº 6.095, de 24 de abril de 2007. Estabelece diretrizes para o processo de integração de instituições federais de educação tecnológica, para fins de constituição dos Institutos Federais de Educação, Ciência e Tecnologia – IFET, no âmbito da Rede Federal de Educação Tecnológica. *Diário Oficial da União*, Brasília, DF, 25 abr. 2007. Seção 1, p. 6.

BRASIL. Decreto nº 6.096, de 24 de abril de 2007. Institui o Programa de Apoio a Planos de Reestruturação e Expansão das Universidades Federais – REUNI. *Diário Oficial da União*, Brasília, DF, 25 abr. 2007. Seção 1, p. 7.

BRASIL. *O Plano de Desenvolvimento da Educação*: razões, princípios e programas. Brasília, DF: Ministério da Educação, 2007.

BRASIL. Ministério da Educação. Gabinete do Ministro. Portaria Normativa MEC nº 40, de 12 de dezembro de 2007. Institui o e-MEC, sistema eletrônico de fluxo de trabalho e gerenciamento de informações relativas aos processos de regulação da educação superior no sistema federal de educação. *Diário Oficial da União*, Brasília, DF, 13 dez. 2007. Seção 1, p. 39-43.

BRASIL. Ministério da Educação. Gabinete do Ministro. Portaria Normativa MEC nº 4, de 5 de agosto de 2008. Regulamenta a aplicação do conceito preliminar de cursos superiores, para fins dos processos de renovação de reconhecimento respectivos, no âmbito do ciclo avaliativo do Sistema Nacional de Avaliação da Educação Superior – Sinaes. *Diário Oficial da União*, Brasília, DF, 6 ago. 2008. Seção 1, p. 19.

BRASIL. Ministério da Educação. Gabinete do Ministro. Portaria Normativa MEC nº 12, de 5 de setembro de 2008. Institui o Índice Geral de Cursos da Instituição de Educação Superior (IGC). *Diário Oficial da União*, Brasília, DF, 8 set. 2008. Seção 1, p. 13.

BRASIL. Lei nº 11.892, de 29 de dezembro de 2008. Institui a Rede Federal de Educação Profissional, Científica e Tecnológica, cria os Institutos Federais de Educação, Ciência e Tecnologia, e dá outras providências. *Diário Oficial da União*, Brasília, DF, 30 dez. 2008. Seção 1, p. 1.

BRASIL. Lei nº 12.101, de 27 de novembro de 2009. Dispõe sobre a certificação das entidades beneficentes de assistência social; regula os procedimentos de isenção de contribuições para a seguridade social; altera a Lei nº 8.742, de 7 de dezembro de 1993; revoga dispositivos das Leis nº 8.212, de 24 de julho de 1991, 9.429, de 26 de dezembro de 1996, 9.732, de 11 de dezembro de 1998, 10.684, de 30 de maio de 2003, e da Medida Provisória nº 2.187-13, de 24 de agosto de 2001; e dá outras providências. *Diário Oficial da União*, Brasília, DF, 30 nov. 2009. Seção 1, p. 1.

BRASIL. Lei nº 12.202, de 14 de janeiro de 2010. Altera a Lei nº 10.260, de 12 de julho de 2001, que dispõe sobre o Fundo de Financiamento ao Estudante do Ensino Superior – FIES (permite abatimento de saldo devedor do FIES aos profissionais do magistério público e médicos dos programas de saúde da família; utilização de débitos com o INSS como crédito do FIES pelas instituições de ensino; e dá outras providências). *Diário Oficial da União*, Brasília, DF, 15 jan. 2010. Seção 1, p. 16.

BRASIL. *Análise sobre a expansão das universidades federais 2003 a 2012*. Brasília, DF: Ministério da Educação, 2012.

BRASIL. Lei nº 12.871, de 22 de outubro de 2013. Institui o Programa Mais Médicos, altera as Leis nº 8.745, de 9 de dezembro de 1993, e nº 6.932, de 7 de julho de 1981, e dá outras providências. *Diário Oficial da União*, Brasília, DF, 23 out. 2013. Seção 1, p. 10.

BRASIL. Lei nº 13.005, de 25 de junho de 2014. Aprova o Plano Nacional de Educação – PNE e dá outras providências. *Diário Oficial da União*, Brasília, DF, 26 jun. 2014. Seção 1 - Edição Extra, p. 1.

BRASIL. Ministério da Educação. Gabinete do Ministro. Portaria Normativa MEC nº 21, de 26 de dezembro 2014. Altera dispositivos das Portarias Normativas MEC nº 2, de 31 de agosto de 2008; nº 1, de 22 de janeiro de 2010; nº 10, de 30 de abril de 2010; nº 15, de 8 de julho de 2011; nº 23, de 10 de novembro de 2011; nº 25, de 22 de dezembro de 2011; nº 16, de 4 de setembro de 2012; nº 19, de 31 de outubro de 2012; e nº 28, de 28 de dezembro de 2012, que dispõem sobre o Fundo de Financiamento Estudantil – FIES. *Diário Oficial da União*, Brasília, DF, 29 dez. 2014. Seção 1.

BRASIL. Portaria Normativa MEC nº 23, de 29 de dezembro de 2014. Altera dispositivos das Portarias Normativas MEC nº 1, de 22 de janeiro de 2010, nº 15, de 8 de julho de 2011, e nº 21, de 26 de dezembro de 2014, que dispõem sobre o Fundo de Financiamento Estudantil - Fies. *Diário Oficial da União*, Brasília, DF, 30 dez. 2014. Seção 1.

BRASIL. Ministério da Educação. Gabinete do Ministro. Portaria Normativa MEC nº 8, de 2 de julho de 2015. Dispõe sobre o processo seletivo do Fundo de Financiamento Estudantil – Fies referente ao segundo semestre de 2015 e dá outras providências. *Diário Oficial da União*, Brasília, DF, 3 jul. 2015. Seção 1, p. 26.

BRASIL. Ministério da Educação. Gabinete do Ministro. Portaria Normativa MEC nº 10, de 31 de julho de 2015. Altera dispositivos das Portarias Normativas MEC nº 1, de 22 de janeiro de 2010, nº 10, de 30 de abril de 2010, nº 15, de 8 de julho de 2011, nº 25, de 22 de dezembro de 2011, e nº 22, de 29 de dezembro de 2014, que dispõem sobre o Fundo de Financiamento Estudantil – FIES. *Diário Oficial da União*, Brasília, DF, 3 ago. 2015. Seção 1, p. 99.

BRASIL. Medida Provisória nº 785, de 6 de julho de 2017. Altera a Lei nº 10.260, de 12 de julho de 2001, a Lei Complementar nº 129, de 8 de janeiro de 2009, a Medida Provisória nº 2.156-5, de 24 de agosto de 2001, a Medida Provisória nº 2.157-5, de 24 de agosto de 2001, a Lei nº 7.827, de 27 de setembro de 1989, a Lei nº 9.394, de 20 de dezembro de 1996, a Lei nº 8.958, de 20 de dezembro de 1994, e dá outras providências. *Diário Oficial da União*, Brasília, DF, 7 jul. 2017. Seção 1, p. 2.

BRASIL. Lei nº 13.530, de 7 de dezembro de 2017. Altera a Lei nº 10.260, de 12 de julho de 2001, a Lei Complementar nº 129, de 8 de janeiro de 2009, a Medida Provisória nº 2.156-5, de 24 de agosto de 2001, a Medida Provisória nº 2.157-5, de 24 de agosto de 2001, a Lei nº 7.827, de 27 de setembro de 1989, a Lei nº 9.394, de 20 de dezembro de 1996 (Lei de Diretrizes e Bases da Educação Nacional), a Lei nº 8.958, de 20 de dezembro de 1994, a Lei nº 9.766, de 18 de dezembro de 1998, a Lei nº 8.745, de 9 de dezembro de 1993, a Lei nº 12.101, de 27 de novembro de 2009, a Lei nº 12.688, de 18 de julho de 2012, e a Lei nº 12.871, de 22 de outubro de 2013; e dá outras providências. *Diário Oficial da União*, Brasília, DF, 8 dez. 2017. Seção 1, p. 17.

BRASIL. Decreto nº 9.235, de 15 de dezembro de 2017. Dispõe sobre o exercício das funções de regulação, supervisão e avaliação das instituições de educação superior e dos cursos superiores de graduação e de pós-graduação no sistema federal de ensino. *Diário Oficial da União*, Brasília, DF, 18 dez. 2017. Seção 1, p. 2.

BRASIL. *Tribunal de Contas da União*. Relatório de Fiscalização. Brasília, DF: TCU, 2018.

BRASIL. Ministério da Educação. Instituto Nacional de Estudos e Pesquisas Educacionais Anísio Teixeira – INEP. Portaria INEP nº 260, de 13 de abril de 2018. Institui a Comissão de Assessoramento para Revisão dos Processos Avaliativos, Instrumentos e Técnicas de Coleta de Dados e Indicadores da Educação Superior do Instituto Nacional de Estudos e Pesquisas Educacionais Anísio Teixeira – Inep. *Diário Oficial da União*, Brasília, DF, 23 abr. 2018. Seção 1, p. 34.

BRASIL. Ministério da Educação. Gabinete do Ministro. Portaria Normativa MEC nº 840, de 24 de agosto de 2018. Dispõe sobre os procedimentos de competência do Instituto Nacional de Estudos e Pesquisas Educacionais Anísio Teixeira referentes à avaliação de instituições de educação superior, de cursos de graduação e de desempenho acadêmico de estudantes. *Diário Oficial da União*, Brasília, DF, 31 de ago. 2018. Seção 1, p. 51-55.

BRASIL. Ministério da Educação. Instituto Nacional de Estudos e Pesquisas Educacionais Anísio Teixeira – INEP. Portaria INEP nº 984, de 22 de novembro de 2018. Extingue a Comissão de Assessoramento para Revisão dos Processos Avaliativos, Instrumentos e Técnicas de Coleta de Dados e Indicadores da Educação Superior do Instituto Nacional de Estudos e Pesquisas Educacionais Anísio Teixeira – Inep. *Diário Oficial da União*, Brasília, DF, 25 nov. 2019. Seção 1, p. 34.

BRASIL. *Relatório de Gestão do exercício de 2017* – Fundo de Financiamento da Educação Superior-Fies. Brasília, DF: Ministério da Educação, 2018.

BRASIL. Ministério da Educação. Gabinete do Ministro. Portaria MEC nº 2.117, de 6 de dezembro de 2019. Dispõe sobre a oferta de carga horária na modalidade de Ensino a Distância – EaD em cursos de graduação presenciais ofertados por Instituições de Educação Superior – IES pertencentes ao Sistema Federal de Ensino. *Diário Oficial da União*, Brasília, DF, 11 dez. 2019. Seção 1, p. 131.

BRASIL. Decreto nº 10.195, de 30 de dezembro de 2019. Aprova a Estrutura Regimental e o Quadro Demonstrativo dos Cargos em Comissão e das Funções de Confiança do Ministério da Educação e remaneja e transforma cargos em comissão e funções de confiança. *Diário Oficial da União*, Brasília, DF, 31 dez. 2019. Seção 2, p. 1.

BRASIL. Instituto Nacional de Estudos e Pesquisas Educacionais Anísio Teixeira (INEP). *Censo da Educação Superior*. Brasília, DF: INEP, 2020.

BRASIL. Instituto Nacional de Estudos e Pesquisas Educacionais Anísio Teixeira (INEP). *Censo da Educação Superior*. Brasília, DF: INEP, 2023.

BRAITHWAITE, J. *Restorative Justice and Responsive Regulation*. Oxford: Oxford University Press, 2002.

BRAITHWAITE, J., MAKKAI, T.; BRAITHWAITE, V. *Regulating Aged Care*: Ritualism and the New Pyramid. Cheltenham: Edward Elgar Publishing, 2007.

BRAITHWAITE, J. *The Essence of Responsive Regulation* (Fasken Lecture): UBC Law Review, Vancouver, v. 44, n. 3, p. 475-520. 2011.

BRENNAN, J. The social dimension of higher education: reproductive and transformative. *In*: CANTWELL, B.; COATES, H.; KING, R. *Handbook on the Politics of Higher Education*. Cheltenham: Edward Elgar Publishing, 2018.

BUCCI, M. P. D. O conceito de política pública em direito. *In*: BUCCI, M. P. D. (Org.). *Políticas públicas*: reflexões sobre o conceito jurídico. São Paulo: Saraiva, 2006. p. 1-49.

BUCCI, M. P. D. O art. 209 da Constituição 20 anos depois: estratégias do poder executivo para a efetivação da diretriz da qualidade da educação superior. *Fórum administrativo*: direito público, Belo Horizonte, v. 9, n. 105, nov. 2009.

BUCCI, M. P. D. Processo administrativo eletrônico e informação pública. O sistema e-MEC e o marco regulatório da educação superior. *In*: MARQUES NETO, F. A. *et al.* (orgs.). *Direito e Administração Pública*: estudos em homenagem a Maria Sylvia Zanella Di Pietro. São Paulo: Atlas, 2013. p. 700-725.

BUCCI, M. P. D. Contribuição para a redução da judicialização da saúde. Uma estratégia jurídico-institucional baseada na abordagem Direito e Políticas Públicas. *In*: BUCCI, M. P. D.; DUARTE, C. S. (Coords.). *Judicialização da saúde*: a visão do poder executivo. São Paulo: Saraiva, 2017.

BUCCI, M. P. D.; COUTINHO, D. R. Arranjos jurídico institucionais da política de inovação tecnológica: uma análise baseada na abordagem de direito e políticas públicas. *In*: COUTINHO, D. R.; FOSS, M. C.; MOUALLEN, P. S. B. (Orgs.). *Inovação no Brasil*: avanços e desafios jurídicos e institucionais. São Paulo: Blucher, 2017.

BUCCI, M. P. D. Método e aplicações da abordagem Direito e Políticas Públicas. *Revista Estudos Institucionais*, Rio de Janeiro, v. 5, n. 3, p. 791-832, 2019.

CABRAL, R. C. A estrutura da regulação da educação superior no Brasil: o debate sobre a criação de uma agência. *Journal of Law and Regulation*, v. 5, n. 1, p. 17-38, maio 2019.

CAMPBELL, C.; ROZSNYAI, C. *Quality Assurance and the Development of Course Programmes*. Papers on Higher Education Regional University Network on Governance and Management of Higher Education in South East Europe Bucharest, UNESCO. 2002.

CARVALHO, C. H. A. Política para o ensino superior no Brasil (1995-2008). Ruptura e continuidade nas relações entre o público e o privado. *In*: SILVA, J. R.; OLIVEIRA, J. F.; MANCEBO, D. (orgs.). *Reforma universitária*: dimensões e perspectivas. Campinas: Alínea, 2013. p. 125-139.

CARVALHO, C. H. A. A mercantilização da educação superior brasileira e as estratégias de mercado das instituições lucrativas. *Revista Brasileira de Educação*, Rio de Janeiro, v. 18, n. 54, p.761-776, jul./set. 2013.

CARVALHO, J. M. *A construção da ordem*: a elite política imperial. Rio de Janeiro: Civilização Brasileira, 2008.

CATANI, A. M.; OLIVEIRA, J. F. As políticas de educação superior no Plano Nacional de Educação (PNE). *Pro-posições*, Campinas, v. 14, n. 1, p. 143-148, jan./abr. 2003.

CHAVES, Vera Lúcia Jacob; AMARAL, Nelson Cardoso. Política de Expansão da Educação Superior no Brasil – O Prouni e o Fies como financiadores do setor privado. *Educação em Revista*, Belo Horizonte, v. 32, n. 4, p. 49-72, dez. 2016.

CM CONSULTORIA. *Fusões e Aquisições no Ensino Superior Brasileiro* - Volume de Negócios e Histórico 2007-2015. Maio 2015.

CONAES. Ministério da Educação. *Diretrizes para a avaliação das Instituições de Educação Superior*. Brasília, DF, 2004. Disponível em: http://portal.mec.gov.br/arquivos/pdf/diretrizes.pdf. Acesso em: 18 abr. 2020.

COSTA, F. L.; CASTANHAR, J. C. Avaliação de programas públicos: desafios conceituais e metodológicos. *Revista de Administração Pública*, Rio de Janeiro, v. 37, n. 5, p. 969-992, jan. 2003.

COSTA, D.; PAIVA, R. V. C.; FERREIRA, J. C. P. A educação superior tecnológica como um caminho para a expansão da educação superior no Brasil. *In*: COLÓQUIO INTERNATIONAL SOBRE GESTIÓN UNIVERSITÁRIA EN AMÉRICA DEL SUR, 10., Mar del Plata, 2010. *Anais* [...]. Disponível em: http://repositorio.ufsc.br/xmlui/handle/123456789/96783. Acesso em: 18 set. 2020.

COSTA, D.; FERREIRA, N. B. O PROUNI na educação superior brasileira: indicadores de acesso e permanência. *Avaliação*, Sorocaba, v. 22, n. 1, p. 141-163, jan./abr. 2017.

COTTA, T. C. Avaliação educacional e políticas públicas: a experiência do Sistema Nacional de Avaliação da Educação Básica (Saeb). *Revista do Serviço Público*, Brasília, n. 4, p. 89-111, out./dez. 2001.

COUTINHO, D. R. O direito nas políticas públicas. *In*: MARQUES, E.; FARIS, C. A. P. (orgs.) *A política pública como campo multidisciplinar*. São Paulo: Ed. Unesp/Ed. Fiocruz, 2013.

COUTINHO, D. R. *Direito e economia política na regulação de serviços públicos*. São Paulo: Saraiva, 2014.

DIAS SOBRINHO, J. Educação superior: flexibilização e regulação ou avaliação e sentido público. *In*: DOURADO, L. F.; CATANI, A. M.; OLIVEIRA, J. F. (orgs.). *Políticas e gestão da educação superior*: transformações recentes e debates atuais. São Paulo: Xamã; Goiânia: Alternativa, 2003.

DIAS SOBRINHO, J. Avaliação da educação superior: regulação e emancipação. *Avaliação*, Campinas; Sorocaba, v. 8, n. 2, p. 31-47, 2003.

DIAS SOBRINHO, J. Campo e caminhos da avaliação: a avaliação da educação superior no Brasil. *In*: FREITAS, L. C. (org.). *Avaliação*: construindo o campo e a crítica. Florianópolis: Insular, 2002.

DIAS SOBRINHO, J. Exames gerais, Provão e avaliação educativa. *In*: DIAS SOBRINHO, J. *Avaliação da educação superior*. Petrópolis: Vozes, 2000.

DIAS SOBRINHO, J. Qualidade, avaliação: do SINAES a índices. *Avaliação*, Campinas; Sorocaba, v. 13, n. 3, p. 817-825, 2008.

DIAS SOBRINHO, J. Avaliação e transformações da educação superior brasileira (1995-2009): do provão ao Sinaes. *Avaliação*, Campinas; Sorocaba, v. 15, n. 1, p. 195-224, 2010.

DI PIETRO, M. S. Z. *Direito Administrativo*. Rio de Janeiro: Forense, 2016.

DYE, T. R. *Understanding Public Policy*. Englewood Cliffs, NJ: Prentice-Hall, 1972.

EUROPEAN COMMISSION. *Commission staff working document*: impact assessment. Brussels, 2017. Disponível em: https://ec.europa.eu/transparency/regdoc/rep/10102/2017/EN/SWD-2017-466-F1-EN-MAIN-PART-1.PDF. Acesso em: 26 out. 2020.

FARIA, C. A. P. (org.). *Implementação de Políticas Públicas*: teoria e prática. Belo Horizonte: Ed PUC Minas, 2012.

FÁVERO, M. L. A. *Da universidade modernizada a universidade disciplinada*: Acton e Meira Mattos. São Paulo: Cortez, 1991.

FEINTUCK, M. Regulatory Rationales Beyond the Economic: In Search of the Public Interest. *In*: BALDWIN, R.; CAVE, M.; LODGE, M. (org.). *The Oxford Handbook of Regulation*. Oxford: Oxford University Press, 2010.

FELIX, L. P. M. Da reinvenção do ensino jurídico – considerações sobre a primeira década. *In*: *OAB Recomenda*: um retrato dos cursos jurídicos. Brasília: OAB, 2001.

FELIX, L. P. M. *A educação como bem público - perspectivas da regulação do ensino superior*. Brasília, Ministério da Educação. 2006. Disponível em: http://www.dominiopublico.gov.br/pesquisa/DetalheObraForm.do?select_action=&co_obra=18595. Acesso em: 12 set. 2020.

FONTE, F. M. *Políticas Públicas e Direitos Fundamentais*. São Paulo: Saraiva, 2015.

FRAZER, M. Quality in higher education: an international perspective. *In*: GREEN, D. *What is Quality in Higher Education?* Buckingham: Open University press and Society for Research into Higher Education, p. 101-111, 1994.

GOTTSCHALK, I. *Brazilian higher education data compiled*. Disponível em: https://sites.google.com/view/israelgottschalk/datasets. Acesso em: 12 dez. 2020.

GREEN, D. What is Quality in Higher Education? Concepts, Policy and Practice. *In*: GREEN, D. *What is quality in higher education?* Bristol: SRHE and Open University Press, 1994.

GUNNINGHAM, N.; GRABOSKY, P. *Smart Regulation*: Designing Environmental Policy. Clarendon Press, 1998.

GUNNINGHAM, N. Enforcement and Compliance Strategies. *In*: BALDWIN, R.; CAVE, M.; LODGE, M. (eds.). *The Oxford Handbook of Regulation*. Oxford: Oxford University Press, 2010.

HANUSHEK, E. A. Economic growth in developing countries: The role of human capital. *Economics of Education Review*, v. 37, p. 204-212, dec. 2013.

HARVEY, L.; GREEN, D. Defining quality. *Assessment & Evaluation in Higher Education*, v. 18, n.1, p. 9-26, apr. 1993.

HARVEY, L. *Analytic Quality Glossary*, Quality Research International. Disponível em: http://www.qualityresearchinternational.com/glossary/. Acesso em: 20 fev. 2020.

HARVEY, L.; NEWTON, J. Transforming Quality Evaluation: moving on. *In*: *Quality assurance in higher education*. Trends in regulation, translation and transformation. Quality in Higher Education, p. 149-165, 2004.

HAYDON, G. The Right to Education and Compulsory Schooling, *Educational Philosophy and Theory*, v. 9, n. 1, p. 1-15, 1977.

HODGES, C. *Law and Corporate Behaviour*: Integrating Theories of Regulation, Enforcement, Compliance and Ethics, Oxford, UK and Portland, USA: Hart Publishing, 2015.

HODGSON, D. *The Human Right to Education*. Dartmouth: Ashgate, 1998.

HOWLET, M.; RAMESH, M.; PEARL, A. *Política Pública*: seus ciclos e subsistemas: uma abordagem integradora. Rio de Janeiro: Elsevier, 2013.

JENKINS, W. L. *Policy analysis*: a political and organisational perspective. London: Martin Robertson, 1978.

KING, R. Risk-based regulation in higher education: why, how, when, and what else? *In*: CANTWELL, B.; COATES, H.; KING, R. *Handbook on the Politics of Higher Education*. Cheltenham: Edward Elgar Publishing, 2018.

KOLIEB, J. When to Punish, When to Persuade and When to Reward: Strengthening Responsive Regulation with the Regulatory Diamond. *Monash University Law Review*, v. 41, n. 1, p. 136-162, 2015.

LASSWELL, H. D. *The Decision Process*: Seven Categories of Functional Analysis. College Park: Bureau of Governmental Research, College of Business and Public Administration, University of Maryland, 1956.

LEHER, R. Para silenciar os campi. *Educação e Sociedade*, Campinas, v. 25, n. 88, p. 867-891, out. 2004. Disponível em: https://www.scielo.br/pdf/es/v25n88/a11v2588.pdf. Acesso em: 10 set. 2020.

LIMA, M. A. M. A avaliação no contexto histórico brasileiro recente da educação superior. *Avaliação*, Campinas; Sorocaba, v. 10, n. 2, 11. p. 83-95, jun. 2005.

LODGE, M. Regulating higher education: national audit explosions in international markets. In: CANTWELL, B.; COATES, H.; KING, R. Handbook on the Politics of Higher Education. Cheltenham: Edward Elgar, 2018.

LUCAS, R. E. On the mechanics of economic development. Journal of Monetary Economics. v. 22, n. 1, p. 3-42, 1988.

MARGINSON, S. The worldwide trend to high participation higher education: dynamics of social stratification in inclusive systems. High Education, London, n. 72, p. 413-434, jun. 2016.

MARGINSON, S. Limitations of human capital theory. Studies in Higher Education, v. 44, n. 2, p. 287-301, 2017.

MARGINSON, S. High participation systems (HPS) of higher education. In: CANTWELL, B.; MARGINSON, S.; SMOLENTSEVA, A. High Participation Systems of Higher Education. Oxford: Oxford Scholarship Online, 2018.

MARTINS, C. B. A Reforma Universitária de 1968 e a abertura para o ensino superior privado no Brasil. Educação & Sociedade, Campinas, v. 30, n. 106, p. 15-35, jan./abr. 2009. Disponível em: https://www.scielo.br/pdf/es/v30n106/v30n106a02. Acesso em: 10 set. 2020.

MARCHELLI, P. S. O sistema de avaliação externa dos padrões de qualidade da educação superior no Brasil: considerações sobre os indicadores. Ensaio: aval. pol. públ. Educ., Rio de Janeiro, v. 15, n. 56, p. 351-372, set. 2007. Disponível em: http://www.scielo.br/scielo.php?script=sci_arttext&pid=S0104-40362007000300004&lng=en&nrm=iso. Acesso em: 19 fev. 2020.

MCCOWAN, T. Education as a human right: principles for a universal entitlement to learning. London: Bloomsbury, 2013.

MCCOWAN, T. A base conceitual do direito universal à educação superior. Conjectura: Filos. Educ., Caxias do Sul, v. 20, n. especial, p. 155-182, 2015.

MCCOWAN, T. O direito humano à aprendizagem e a aprendizagem dos direitos humanos. Educar em Revista, Curitiba, n. 55, p. 25-46, jan./mar. 2015. Disponível em: https://www.scielo.br/scielo.php?pid=S0104-40602015000100025&script=sci_abstract&tlng=pt. Acesso em: 4 jan. 2021.

MCCOWAN, T. Three Dimensions of Equity of Access to Higher Education. Compare: A Journal of Comparative and International Education, v. 46, n. 4, p. 645-665, 2015.

MCCOWAN, T. Higher Education for and Beyond the Sustainable Development Goals. London: Palgrave Macmillan, 2019.

MCCOWAN, T. Existe um direito universal à Educação Superior? Jornal de Políticas Educacionais, Curitiba, v. 14, n. 1, p. 1-26, jan. 2020.

MCMAHON, W. Education and development: Measuring the social benefits. Oxford: Oxford University Press, 1990.

MCMAHON, W.; OKETCH, M. Education's Effects on Individual Life Chances and On Development: An Overview. British Journal of Educational Studies, London, v. 61, n. 1, p. 79-107, jun. 2013.

MELLO, C. A. B. Curso de Direito Administrativo. 21. ed. São Paulo: Malheiros, 2006.

MORGAN, B.; YEUNG, K. An Introduction to Law and Regulation: Text and Materials. Cambridge: Cambridge University Press, 2007.

OCDE. Organização para a Cooperação e Desenvolvimento Econômico. *Repensando a Garantia de Qualidade para o Ensino Superior no Brasil*. 2018. Disponível em: https://download.inep.gov.br/acoes_internacionais/ocde/Repensando_a_Garantia_de_Qualidade_para_o_Ensino_Superior_no_Brasil_PT.pdf. Acesso em: 17 maio 2020.

OECD. Organisation for Economic Co-operation and Development. *OECD Regulatory Enforcement and Inspections Toolkit*. Paris: OECD Publishing, 2018.

OKETCH, M.; MCCOWAN, T.; SCHENDEL, R. *The Impact of Tertiary Education on Development*: A Rigorous Literature Review. London, Department for International Development, 2014.

OLIVEIRA, R. P. A transformação da educação em mercadoria no Brasil. *Educação & Sociedade*, Campinas, v. 30, n. 108. p. 739-760, out. 2009. Disponível em: http://www.scielo.br/scielo.php?script=sci_arttext&pid=S0101-73302009000300006&lng=pt&nrm=iso. Acesso em: 21 set. 2020.

OLIVEIRA, R. P. A financeirização da economia e suas consequências para a educação superior no Brasil. *In*: MARINGONI, G. (org.). *O negócio da educação*: a aventura das universidades privadas na terra do capitalismo sem risco. São Paulo: Olhos d'Água, 2017.

ONU. ORGANIZAÇÃO DAS NAÇÕES UNIDAS. *Declaração Universal dos Direitos Humanos*. 1948.

POLIDORI, M. M.; MARINHO-ARAUJO, C. M.; BARREYRO, G. B. SINAES: perspectivas e desafios na avaliação da educação superior brasileira. *Ensaio: aval. pol. públ. Educ.*, Rio de Janeiro, v. 14, n. 53, p. 425-436, dez. 2006. Disponível em: http://www.scielo.br/scielo.php?script=sci_arttext&pid=S0104-40362006000400002&lng=en&nrm=iso. Acesso em: 28 fev. 2020.

POLIDORI, M. M. Políticas de avaliação da educação superior brasileira: Provão, SINAES, IDD, CPC, IGC e... outros índices. *Avaliação*, Campinas; Sorocaba, v. 14, n. 2, p. 439-452, jul. 2009. Disponível em: http://www.scielo.br/scielo.php?pid=S1414-40772009000200009&script=sci_abstract&tlng=pt. Acesso em: 24 abr. 2020.

RAMOS, M. P.; SCHABBACH, L. M. O estado da arte da avaliação de políticas públicas: conceituação e exemplos de avaliação no Brasil. *Revista de Administração Pública*, Rio de Janeiro, v. 46, n. 5, p. 1271-1294, 2012.

RELATÓRIO Meira Matos. *Paz e Terra*, Rio de Janeiro, v. 4, n. 9, p. 199-241, out. 1969.

RIBEIRO. A avaliação como política pública: uma análise da implementação do SINAES. *In*: LORDÊLO, J. A. C.; DAZZANI, M. V. (orgs.). *Avaliação educacional*: desatando e reatando nós. Salvador: EDUFBA, 2009. p. 57-84.

RISTOFF, D. I. Avaliação institucional: pensando princípios. *In*: DIAS SOBRINHO, J.; BALZAN, N. *Avaliação institucional*: teoria e experiências. 2. ed. São Paulo: Cortez, 2000. p. 37-52.

RISTOFF, D. I. Algumas definições de avaliação. *Avaliação*, Campinas; Sorocaba, v. 8, n. 1, p. 19-30, mar. 2003.

RISTOFF, D.; GIOLO, J. O Sinaes como Sistema. *Revista Brasileira de Pós-Graduação*, Brasília, v. 3, n. 6, p. 193-213, dez. 2006.

RISTOFF, D. Perfil socioeconômico do estudante de graduação. Uma análise de dois ciclos completos do Enade (2004 a 2009). *Cadernos do GEA*. Brasília, n. 4, p. 1-36, jul./dez. 2013.

RISTOFF, D. O novo perfil do campus brasileiro: uma análise do perfil socioeconômico do estudante de graduação. *Avaliação*, Campinas; Sorocaba, v. 19, n. 3, p. 723-747, nov. 2014.

ROTHEN, J. C. Os bastidores da reforma universitária de 1968. *Educação & Sociedade*, Campinas, v. 29, n. 103, p. 453-475, ago. 2008. Disponível em: http://www.scielo.br/scielo.php?script=sci_arttext&pid=S0101-73302008000200008&lng=en&nrm=iso. Acesso em: 27 fev. 2020.

ROTHEN, J. C. O vestibular do Provão. *In*: DIAS SOBRINHO, J.; RISTOFF, D. I. (org.). *Avaliação e compromisso público*: a educação superior em debate. Florianópolis: Insular, 2003.

ROTHEN, J. C.; SCHULZ, A. Sinaes: do documento original à legislação. *Revista Espaço Pedagógico*, v. 13, n. 3, p. 104-121, 2006.

ROTHEN, J. C. Ponto e contraponto na Avaliação Institucional: análise dos documentos de implantação do SINAES. *EDUCAÇÃO: Teoria e Prática*, v. 15, n. 27, p. 119-137, jul./dez. 2006.

ROTHEN, J. C.; BARREYRO, G. B. Avaliação da educação superior no segundo governo Lula: "provão II" ou a reedição de velhas práticas? *Educação & Sociedade*, v. 32, n. 114, p. 21-38, jan./mar. 2011. Disponível em: http://www.scielo.br/scielo.php?script=sci_arttext&pid=S0101-73302011000100002&lng=en&nrm=iso. Acesso em: 23 abr. 2020.

RUIZ, I.; BUCCI, M. P. D. Quadro de Problemas de Políticas Públicas: uma ferramenta para análise jurídico-institucional. *REI – Revista Estudos Institucionais*, v. 5, n. 3, 2019, p. 1142-1167.

SABATIER, P. Introduction: the need for better theories. *In*: SABATIER, P. (org.). *Theories of the policy process*. Colorado, USA: Westview Press, 2007.

SAMPAIO, H. *Ensino superior no Brasil*: o setor privado. São Paulo: Fapesp/Hucitec, 2000.

SANTOS FILHO, J. C. Análise teórico-política do Exame Nacional de Cursos. *In*: DIAS SOBRINHO, J.; RISTOFF, D. I. (orgs.). *Universidade descontruída*: Avaliação institucional e resistência. Florianópolis: Insular, 2000.

SAMPAIO, H. Setor privado de ensino superior no Brasil: crescimento, mercado e Estado entre dois séculos. *In*: *Ensino superior*: expansão, diversificação, democratização. Rio de Janeiro: 7Letras, 2014.

SANTOS FILHO, J. C. Avaliação da educação superior do Brasil: Breve histórico, desafios e perspectivas. *Tendências Pedagógicas*, Madrid, v. 31, p. 253-274, 2018.

SCHENDEL R.; MCCOWAN, T. Expanding higher education systems in low and middle-income countries: the challenges of equity and quality. *High Education*, London, v. 72, p. 407-411, aug. 2016.

SCHULTZ, T. Investment in Human Capital. *American Economic Review*, Pittsburgh, v. 51, n. 1, p. 1-17, mar. 1961.

SCHWARTZMAN, S. O contexto institucional e político da avaliação. *In*: DURHAM, E.; SCHWARTZMAN, S. (org.). *Avaliação do ensino superior*. São Paulo: EDUSP, 1992.

SCHWARTZMAN, J.; SCHWARTZMAN, S. *O ensino superior privado como setor econômico*. Rio de Janeiro, 2002. Disponível em: http://www.schwartzman.org.br/simon/pdf/suppriv.pdf. Acesso em: 17 dez. 2020.

SECCHI, Leonardo. *Políticas públicas*: conceitos, esquemas de análise, casos práticos. São Paulo: Cengage Learning, 2012.

SEN, A. K. Radical needs and moderate reforms. *In*: DREZE, J.; SEN A. K. *Indian development*. Selected Regional Perspectives. Bombay: Oxford University Press, 1997.

SGUISSARDI, V. Modelo de expansão da educação superior no Brasil: predomínio privado/mercantil e desafios para a regulação e a formação universitária. *Educação & Sociedade*, Campinas, v. 29, n. 105, p. 991-1022, set./dez. 2008. Disponível em: https://www.scielo.br/pdf/es/v29n105/v29n105a04.pdf. Acesso em: 17 set. 2020.

SGUISSARDI, V. Educação Superior no Brasil. Democratização ou massificação mercantil? *Educação & Sociedade*, Campinas, v. 36, n. 133, p. 867-889, out./dez. 2015. Disponível em: https://www.scielo.br/pdf/es/v36n133/1678-4626-es-36-133-00867.pdf. Acesso em: 17 set. 2020.

SGUISSARDI, V. Para avaliar propostas de avaliação do ensino superior. *In*: SGUISSARDI, V. (org.). *Avaliação universitária em questão*: reformas do estado e da educação superior. Campinas: Autores Associados, 1997.

SILVA, P. L. B.; MELO, M. A. B. O processo de implementação de políticas públicas no Brasil: características e determinantes da avaliação de programas e projeto. *Caderno NEPP/UNICAMP*, Campinas, n. 48, p. 1-16, 2000.

SOUZA, C. Políticas Públicas: Questões Temáticas e de Pesquisa. *Caderno CRH*, Salvador, v. 16, n. 39, p. 11-24, jul./dez. 2003. Disponível em: https://periodicos.ufba.br/index.php/crh/article/view/18743/12116. Acesso em: 12 set. 2020.

SOUZA, C. Políticas públicas: uma revisão da literatura. *Sociologias*, Porto Alegre, n. 16, p. 20-45, jul./dez. 2006. Disponível em: https://www.scielo.br/pdf/soc/n16/a03n16. Acesso em: 12 set. 2020.

SOUZA, E. P.; PAULA, M. C. S. Qualis: a base de qualificação dos periódicos científicos utilizada na avaliação CAPES. *Infocapes*, Brasília, v. 10, n. 2, p. 6-24, abr./jun. 2002.

SOUZA, C. P.; MARCONDES, A. P.; ACOSTA, S. F. Auto-Avaliação Institucional: uma discussão em processo. *Estudos em Avaliação Educacional*, São Paulo, v. 19, n. 39, p. 29-47, jan./abr. 2008.

SPARROW, M. *The Regulatory Craft*. Washington: Brookings Institution Press, 2000.

TOURINHO, R. O Alcance do Ato Administrativo de Autorização no Ordenamento Jurídico Brasileiro. *Revista do Ministério Público do Rio de Janeiro*, Rio de Janeiro, n. 69, p. 213-222, jul./set. 2018. Disponível em: http://www.mprj.mp.br/documents/20184/1240456/Rita_Tourinho.pdf. Acesso em: 12 set. 2020.

TROW, M. *Problems in the Transition from Elite to Mass Higher Education*. Carnegie Commission on Higher Education, Berkeley, 1973.

TROW, M. Reflections on the Transition from Elite to Mass to Universal Access: Forms and Phases of Higher Education in Modern Societies since WWII. *In*: FOREST, J. J. F.; ALTBACH, P. G. (eds.). *International Handbook of Higher Education*. Springer International Handbooks of Education, v. 18. Springer, 2007.

UNESCO. United Nations Educational, Social and Cultural Organization. *UNESCO Institute for Statistics data on education*. Disponível em: http://data.uis.unesco.org/. Acesso em: 16 set. 2020.

UNTERHALTER, E.; HOWELL, C. Unaligned connections or enlarging engagements? Tertiary education in developing countries and the implementation of the SDGs. *High Education*, London, v. 81, p. 9-29, dez. 2020.

VLĂSCEANU, L.; GRÜNBERG, L.; PÂRLEA, D. *Quality Assurance and Accreditation*: A Glossary of Basic Terms and Definitions. 2007. Disponível em: https://unesdoc.unesco.org/ark:/48223/pf0000134621. Acesso em: 2 mar. 2020.

VROEIJENSTIJN, T. I. External quality assessment: servant of two masters? *In*: *Conference on Quality in Higher Education*. Hong Kong: HKCAA, 1991.

WATTY, K. When will Academics Learn about Quality? *Quality in Higher Education*, Taylor & Francis Online, v. 9, n. 3, 2003.

WBATUBA, B. B. R. *Políticas públicas de expansão do ensino superior*: a implementação do Prouni e Fies por instituições comunitárias de ensino superior no RS. 2018. Tese (Doutorado em Desenvolvimento Regional) – Universidade de Santa Cruz do Sul – UNISC, Santa Cruz do Sul, 2018.

WEBER, S. Avaliação e regulação da educação superior: conquistas e impasses. *Educação & Sociedade*, Campinas, v. 31, n. 113, p. 1247-1269, out./dez. 2010.

WILLIAMS, R.; RASSENFOSSE, G.; JENSEN, P.; MARGINSON S. The determinants of quality national higher education systems. *Journal of Higher Education Policy and Management*, v. 35, n. 6, p. 599-611, 2013.

WORLD BANK. *Data and statistics*. Disponível em: http://data.worldbank.org/indicator/all. Acesso em: 16 set. 2020.

WRINGE, C. The Human Right to Education. *Educational Philosophy and Theory*, v. 18, n. 2, p. 23-33, 1986.

ZANDAVALLI, C. B. Avaliação da educação superior no Brasil: os antecedentes históricos do SINAES. *Avaliação*, Campinas; Sorocaba, v. 14, n. 2, p. 385-438, jul. 2009.

Esta obra foi composta em fonte Palatino Linotype, corpo 10,5
e impressa em papel Pólen Bold 70g (miolo) e Supremo 250g
(capa) pela Formato Artes Gráficas.